# 不退轉法輪經講義

——第八輯

平實導師　述著

ISBN:978-626-7517-12-3

佛法是具體可證的，三乘菩提也都是可以親證的義學，並非不可證的思想、玄學或哲學。而三乘菩提的實證，都要依第八識如來藏的實存及常住不壞性，才能成立；否則二乘無學聖者所證的無餘涅槃即不免成爲斷滅空，而大乘菩薩所證的佛菩提道即成爲不可實證之戲論。如來藏心常住於一切有情五蘊之中，光明顯耀而不曾有絲毫遮隱；但因無明遮障的緣故，所以無法證得；只要親隨眞善知識建立正知正見，並且習得參禪功夫以及努力修集福德以後，親證如來藏而發起實相般若勝妙智慧，是指日可待的事。古來中國禪宗祖師的勝妙智慧，全都藉由參禪證得第八識如來藏而發起；佛世迴心大乘的阿羅漢們能成爲實義菩薩，也都是緣於實證如來藏才能發起實相般若勝妙智慧。如今這種勝妙智慧的實證法門，已經重現於臺灣寶地，有大心的學佛人，當思自身是否願意空來人間一世而學無所成？或應奮起求證而成爲實義菩薩，頓超二乘無學及大乘凡夫之位？然後行所當爲，亦不行於所不當爲，則不唐生一世也。

——平實導師

如聖教所言，成佛之道以親證阿賴耶識心體（如來藏）爲因，《華嚴經》亦說**證得阿賴耶識者獲得本覺智**，則可證實：證得阿賴耶識者方是大乘宗門之開悟者，方是大乘佛菩提之眞見道者。經中、論中又說：證得阿賴耶識而轉依**識上所顯眞實性**、**如如性**，能安忍而不退失者即是**證眞如**，即是大乘賢聖，在二乘法解脫道中至少爲初果聖人。由此聖教，當知親證阿賴耶識而確認不疑時即是開悟眞見道也；除此以外，別無大乘宗門之眞見道。若別以他法作爲大乘見道者，或堅執**離念靈知**亦是實相心者（堅持意識覺知心離念時亦可作爲明心見道者），則成爲實相般若之見道內涵有多種，則成爲實相有多種，則違**實相絕待**之聖教也！故知宗門之悟唯有一種：親證第八識如來藏而轉依如來藏所顯眞如性，除此別無悟處。此理正眞，放諸往世、後世亦皆準，無人能否定之，則堅持離念靈知意識心是眞心者，其言誠屬妄語也。

——平實導師

# 目次

# 自序

正覺同修會諸同修們證悟的事實，藉由《我的菩提路》第一輯披露以後，在臺灣與大陸某些自稱證悟者跟著仿效，也開始舉辦四天三夜的禪三，並且也要求學員同樣撰寫見道報告，模仿本會同修們寫的報告；然而都只是徒具表相似是而非的假佛法報告，與三乘菩提中的見道全然無關，因為所證的所謂第八識如來藏，全都仍墮五陰之中，未曾脫離，只能說是末法時代佛門外史的又一章罷了，並無實質。

此乃因於大乘佛法之見道極為甚難，何況能以相似的表相佛法而撰寫見道報告。衡之以第八識如來藏的妙法深妙難解，乃至聞者亦難信受，雖有實證者出現於世；觀乎釋印順等一派學人，主動承嗣於天竺部派佛教諸聲聞僧的六識論邪見，與密宗應成派中觀古今所有諸師的六識論常見同一步伐，所說並無絲毫差異，然而至死不肯認錯；反而以其見取見而發起鬥爭之業，對所有評論其法之人大力撻伐，不遺餘力，唯獨放過平實一人，對於平實十餘年來於書中多方面公開評論其謬等事，似如一無所知、一無所見，默然以對。由是可知大乘佛法實證之義極難可知、可思、可議、可證、可傳。

而此一法即是第八識如來藏，亦名眞如、阿賴耶識、異熟識、無垢識，教外別傳的禪宗名之爲本地風光、莫邪劍、花藥欄、綠瓦、父母未生前的本來面目……等無數名，於《佛藏經》中 世尊說之爲「無名相法、無分別法」，以如來藏運行之一切時中皆不墮於名相及分別之中故。若人滅其無明，則此識隨時可證，證已即時發起般若正觀，佛菩提中名之爲「諦現觀」，即入第七住位而無退失；若人往昔無量阿僧祇劫前曾謗此第八識妙法，則是已墮無間地獄而次第輪轉三惡道中，其數無量阿僧祇劫受諸苦惱，終於業盡受生人間，歷經九十九億佛所奉事、供養、勤心修學，來到 釋迦世尊座下重新受學已，而仍然不得順忍；每聞第八識如來藏妙法心便不喜，連聲聞果的實證都不可能，遑論大乘菩提，由是故說此第八識妙法難聞、難信、難解、難證、難持、難忍。今於此《不退轉法輪經》中重說此法，令一切學人聞「此經」及「釋迦牟尼佛」聖名已，盡未來際不復退轉於此第八識妙法，未來當得不退轉於大乘法輪；以是緣故，特爲學人講授之。今以講授圓滿而整理完畢，用饗佛門四眾，普願皆得早立信心，殷重受學，有日必得證悟，得階菩薩僧數之中，是所至盼。

佛子　平實　謹序

公元二〇二二年小暑　誌於松柏山居

# 《不退轉法輪經》卷第三

## 〈降魔品〉第七（承續第七輯未完內容）

就像《成唯識論》寫下來，部派佛教的聲聞凡夫論師們，他們講了多少錯誤的法都被寫進去；雖然譯成中文時，窺基法師要求玄奘不要指名道姓，所以沒有指名道姓而變成「有義」，每一個題目都以「有義」來顯示。但是後來窺基自己覺得這樣也不是辨法，因為「破邪」跟「顯正」的功德都不能彰顯了，導致錯誤的說法世人還繼續信受；有人信受就會有人奉行，那就耽誤人家的道業了；所以窺基後來寫《成唯識論述記》時，乾脆自己再把那些部派佛教的主張，是名部派中的某個部派的什麼人講的，自己再寫出來，總算彌補了一部分的過失。

那我們也是這樣，早期就像窺基那樣，不指名道姓說別人，結果功效不彰，只好拿破壞佛法最嚴重的釋印順先來開刀。諸位想想，當年我是個沒有名氣的人，我們只有中山北路六段巷子裡租來的那間地下室講堂，當時我們才有一百多人，我竟敢寫《眞實如來藏》破釋印順，也是在那裡時印刷出版的。後來從《楞伽經詳解》第三輯開始，我把釋印順的姓名寫進去，並且每一輯都寄給他，早期那十年都是我親手寄的；他可是臺灣鼎鼎大名的佛教導師，而我是個名不見經傳的小人物，竟然敢把他寫了又寄給他，可怪的是他竟然都不曾回應。他通常不是這個個性，只要你敢說他一句話，他就送給你一篇文章，他就是這樣子。然而我爲他出書，他竟然沒有動靜，表示他知道遇到高人，所以不敢回應。

沒想到現在張志成用他的東西來否定、來指責正覺，那我說：「應該撐不了多久吧。」沒想到他們越搞越起勁兒。好了，有人下載送給我看看，我說：「這樣分量還不夠，回應之後還不足以成書。」我的重點是要能夠成書。那後來看說分量夠，可以出書了，所以我們就找了一位親教師撰寫，在《正覺電子報》開始連載；雖然也有許多人跟我反應說：「老師啊！那個文章曲高和寡。」我說：「應該不會吧！我看起來，這個法義辨正剛剛好啊。」後來看看諸同修寫的，還眞是有一點曲高和寡！但是我想應該也不會，因爲前面只是先說觀念；說明佛法觀念時的調子會比較高一點，那後面實際上就牽涉到法義的辨正；諸位去讀了，我相信一定會增長智慧。

那些質疑有許多也是將來我在《成唯識論釋》裡面要說明的法義，我還沒有解說，他就先提出來質疑，但我不會跟著起舞。《成唯識論釋》的範圍很廣，今天才寫到一百二十四萬字，我希望一百三十萬字可以把它完成。但是從整個佛法的脈絡來說，一切的實證就是從「證眞如」開始；《大品般若經》說：「**眞如雖生諸法，而眞如不生。**」說這個眞如本來無生、不曾有生，沒有生就不會有滅；祂雖然出生諸法，可是祂自己從來不生，表示這眞如就是在指第八識。而三界一切法假使離開第八識心，就沒有眞實又如如的法可證，所以眞如就是指第八識。

那麼第八識可以持種，可以執持身根，可以執持一切業種、一切八識心王的種子、各類煩惱的種子等，以及一切無漏有爲法的種子，所以有情可以連續不斷地沉淪生死，嚐盡了各種悲哀與喜樂；也因此，人才可以去熏習三界中的一切法，乃至於熏習佛法、最後可以成佛。細意識是生滅法，不能持身及持種，如果沒有這個第八識持身、持種的話，人就成爲只有一世，不可能三世輪迴；人既然只有一世，那應該像共產國家無神論者一樣，能貪就貪、能搶就搶，幹嘛還要行善、還要去修行與布施？因爲只有一世，沒有未來世的後報。這意思就是說，佛法是實證之學，而證眞如心是義學，不是玄學！釋印順那個思想叫作玄學，所以它永遠只能叫作思想，不能說是佛法！因爲是意識思惟所得思想。

那你如果證得第八識眞如時，可以現觀一切法都有所依，也都依心眞如而可以緣於一切法，最後乃至可以成佛；所以腳跟著地一步一步往前走，都知道自己離佛地越來越近了；如果沒有證得這個第八識，或證得以後不能現觀其眞如法性，所謂的佛法修證一切都是空談，因爲都是玄學。玄學懂嗎？還是有人不懂。「玄」就是黑的意思，黑到看不見；當你黑到看不見的時候，你就不知道那裡面是什麼，所以學了一世以後，心中依舊茫然，感嘆說：「三藏十二部經太浩瀚了，根本無從理解。」可是當你證得第八識，接著現觀祂的眞如性以後，腳跟著地了，從此以後這一部經、那一部經漸漸地懂了，你就知道自己在佛道上眞正上路了，一定會逐漸走到佛地去，這樣當然覺得很踏實。

但你回頭來看這個第八識眞如的時候，又覺得好像祂沒什麼；可是祂很實在，實在之中卻又很平凡，因爲祂有「無漏有爲法」的功德，讓我們每天可以受用祂；繼續深入修學及現觀以後，才知道祂的不凡與金剛性。所以跟釋印順學的時候，一天到晚只會想著無漏法、無漏法，從來不懂得什麼叫作「無漏有爲法」。無漏法可以是有爲的，也可以是無爲的，這才妙！所以佛法的實證中心就是第八識如來藏，證得以後從此所有的石頭都放下了！那不是十五顆石頭，也不是十五個水桶，而是全部都放下了，因爲知道自己走對路了。

可是這個第八識爲什麼能持身、持種（執持各類善惡無記業等種子）呢？因爲祂是無記性，不但無記而且無覆，所以祂對你五陰從來沒意見，由著你五陰索喚；祂可以跟你互動，你要騎祂，祂就讓你騎；你要幹嘛，祂就幫著你幹嘛，都行！可以跟你互動，所以很實在；但祂就是這麼平凡，所以才叫作蕭平實，我當年取名就是這樣來的。當初第　本書要出版的時候，說到底該用什麼名字？我說就叫蕭平實！可是以前有位詹師兄跟我說：「老師！您這個名字取得好！」我說：「怎麼講？」他說：「平等實相嘛！」我說：「喔！你想的也對啦！不過我想的是平凡實在。」因爲他知道那是平等實相，所以一切法莫不從之生，一切法莫不從之滅，而祂從來無生、永遠不滅。

你證得這個心，可以從這個心的自性「無覆無記性」，由祂從來不分別、完全不分別六塵境界，來現觀祂的眞如法性。就好比一面鏡子，鏡子影像裡面的主人翁，在領受鏡子裡面的色、聲、香、味、觸、法，他覺得很鬧啊！可是鏡子本身完全沒有發出聲音，鏡子中的主人翁只是在玩鏡子裡面的六塵，他並沒有碰觸到外面的六塵，只玩鏡子中的六塵，而且鏡子攝取外六塵變生內六塵時並不加以了知，所以鏡子自己的境界是寂滅的。鏡子自身的境界中，沒有任何一法；就好像你們每天有空就看電視新聞，電視新聞裡面有人來來去去、講話、殺人、冒險，什麼都有，一點都不寧靜！可是你看那電視螢幕本身，它有那些六塵境界嗎？全都沒有啊！

好！記住這個原則，那我們就可以來談這句「菩提無住處」。現在一定有人說：「你講了將近半個鐘頭，是爲了說明這一句喔？」我說：「對啊！本來就是在講這一句。」一般都說：「證悟了以後，你就是住於菩提。」想到住於菩提，心裡面好羨慕：「你看禪師家多麼灑脫！因爲他們住於菩提。我要等到何年、何月呀？想來是要等到驢年馬月到來吧！」因爲等不到。可是菩提眞的無住處，所以不要妄想一個什麼東西叫作菩提，也不要像釋印順那樣臆想思惟就說：「我瞭解一切法都是緣起（生）性空，這就是不生不滅眞性（菩提）。」如果這樣就是菩提的話，那他就跟斷見外道合流了。

所以佛菩提的實證就是證悟如來藏，現觀祂的眞如法性而轉依眞如；菩提譯成中文叫作「覺悟」，但覺悟的對象是什麼？是生滅法或斷滅空？或是常見外道所墮的粗細意識？以前佛教界兩個現象：第一個現象就是剛剛講的釋印順那些人，墜入一切法空的邪見中；第二個現象就是要把覺知心的自己修行轉變成眞如，要把意識妄心修行變成離開妄想、雜念，說那樣叫作離念靈知、說那樣就是眞實心、細意識，就是證悟，同於常見外道。如果證得離念靈知叫作證悟，顯然菩提就是有住處了，住於哪裡呢？住於六根與六塵中；因爲離念靈知不離六根六塵；即使修行非常好、證得四空定，也還是住在定境法塵中。所以以前佛教界就是這兩個系統：一個是釋印順的「一切法空」，一個就是修成「離念靈知」說它叫作證悟；其實都待在六塵中，那變成菩提有住處了！

可是證悟菩提是悟得第八識如來藏，而如來藏祂的境界中，無有一法可得，不住於任何境界中；那你依止於祂的無所得、無智慧、無所住的境界，所以變成有智慧、變成有佛法的所證與所得；有這個佛法的所證、所得，卻發覺：「那是從第八識如來藏的親證而得，但證悟後轉依如來藏時終歸無所得；轉依如來藏的時候，如來藏的境界中也沒有智慧。」這樣的「無智亦無得」就叫作菩提。所以如來藏無有所住，那你的菩提智慧依於如來藏而有，請問你住個什麼？也是無住處啊！所以如果離開了第八識如來藏，所謂的「菩提無住處」就變成妄想，因爲沒有實體，變成一種虛妄的想像或思想。

那你現在親證了如來藏，轉依如來藏的時候，發覺「菩提無住處」，請問：「你是實證如來藏的人，你是發起佛菩提智慧的人；在現象上來看，你是一個能證者，你這個能證者就是能住於菩提的人；可是你轉依了如來藏以後，你的智慧及五陰在如來藏的自住境界中就不存在了！那你對菩提有沒有能住的事可說？」沒有了！所以你證得菩提以後，不可以一天到晚嚷嚷說：「我證菩提了！我住於菩提中。」那就錯了！你不可以說：「我住於菩提中。」因爲你轉依而歸於如來藏所有時，如來藏的境界中是一切法空，沒有菩提可住，所以「亦無能住者」。

在過去二十年、三十年中，好多大法師都勸人家說：「你證悟了，不可以講喔！你講出來了，就是沒有悟。」這就有個問題了：講了就沒悟，沒講就有悟？（大眾笑…）是不是？他的意思就是這樣，沒講就是有悟，因爲他的悟是離念靈知；那你講話的時候就是有妄想，有妄想就不叫開悟了。啊！那麼糟了！現在要吩咐徒弟去作事時，一開口講話時又變成沒悟了！因爲講話了！等一下上座入定時又是離念靈知，又有悟了，那樣的悟豈不是變異生滅呢？因爲現在悟了，等一下又沒悟；等一下沒悟以後又上座靜坐，又悟了！那就一天到晚在悟與沒悟中變來變去。

所以我當年就被聖嚴法師警告過：「悟了，不可以說你有悟。」那我心裡就想：「奇怪哩！那六祖一天到晚在講開悟，六祖到底悟了沒有？」問題就來了。所以法的實證，要有一個能悟者，也有一個被悟者才對；而且是一悟永悟，沒有人是前一小時有悟，後一小時說話就變成沒悟。就好像學佛的時候，你在熏習佛法，那就有一個能熏者七轉識，還有另一個被熏者第八識，這能熏與所熏同時同處，你的熏習才能成功；否則你現在這兩個小時熏習了一堆佛法，兩小時以後就全部忘光光，就變成沒有熏習了！可是兩個小時以後，你還是懂：「今天晚上的經典說得好啊！」你知道怎麼個好法，沒有忘光光，表示有所熏，而離念靈知是能熏，因爲有能熏與所熏的第八識同時同處，熏習才能成就；正因爲有能熏也有所熏，所以一世又一世熏習佛法，來到今生可以證悟，這樣成就了熏習的功德。

如果能熏的跟所熏的是同一個離念靈知意識心，那問題就來了！因爲能熏的這六識心加上意根是有記性，意根和六識合在一起的時候就有記了；如果意根單獨存在，祂是無記性的，但是意根同時又是有覆性，這樣就不可能成爲所熏！所熏的心一定是不加簡擇，不管熏習什麼好的、壞的、無記性的全部收存，才能成就熏習的道理。但以前佛教界就是要把這個能熏的六識心（他們還不知道意根呢！）變成所熏的眞如；可是能熏的心永遠都是能熏，不可能變成所熏，因爲是有記性。

你參禪求悟時要證得那個所熏的心，那個心是無覆無記性，對一切法都不加簡擇，你投給祂什麼法種，祂就收存什麼法種。就好像一間倉庫，你給它什麼，它就收存什麼，從來不選擇說：「倉庫主人給我這不好的東西，我不要！」從來不會！祂完全無覆無記性。但張志成告訴你說：「這第八識能分別五塵。」請問：「他說的第八識是有記性、還是無記性？」是有記性！因爲能分別五塵就一定會跟順心境、違心境相應，乃至於會跟「順意捨」相應——他覺得順意時的捨心。

什麼叫作「順意捨」知道嗎？譬如說你現在本來很累，終於坐下來，然後什麼都不想、什麼都不作，但也沒有給你什麼快樂的東西，都沒有！也沒有給你惱怒，你知道什麼都不必作；然後感覺不領受快樂或痛苦，覺得那個境界還蠻不錯的；有沒有？有沒有過這個境界？有的！所以那個捨心住在離苦、離樂的一種不苦不樂的境界裡面，你覺得很舒服，那叫作「順意捨」，這也覺得蠻不錯的。可是如果能了知五塵的時候，大多數時候都沒有「順意捨」了，因爲能了知五塵的心一定也會領受到快樂的境界，也會領受痛苦的境界，那就不是無記性了！因爲他領受快樂境界的時候就會貪取，領受痛苦境界的時候就會厭棄，那這樣他就有取捨，就不是無覆無記性心，就顯示張志成所說的「所謂第八識」能了別五塵，還是意識心，不可能是第八識。

這表示什麼？表示他已經忘記了如來藏，所以在他的群組裡面很多人要求他說：「你既然說阿賴耶識可以明講，那你就講出來吧。」結果他貼出了一段文字，那段文字是《成唯識論》裡面的文字。我說：「如果讀了《成唯識論》這段文字就叫作開悟，那應該包括學術界的很多人都開悟了！」因爲讀過《成唯識論》的人太多了，可見張志成已經忘了當年悟個什麼。那我就回覆說：「凡是經論上可以講出來的，都不叫作密意。」因爲他的目的是要威脅我說：「你再評論我的文章，說我講錯了，我就把密意公開。」而結果他眞的公開了，他所公開的是《成唯識論》中的文字，可是那些文字在《楞伽經》、《楞嚴經》、《解深密經》都有啊！全都是可以公開的，怎會是般若的密意？

所以說，所悟的眞與假，其實玄奘菩薩在〈八識規矩頌〉已經講得夠白了，但張志成還是弄錯了！最後他發覺人家都知道他忘了悟個什麼，就乾脆回到釋印順的思想中，用印順的邪說來把自己包裹著、保護自己，隨後依著釋印順的思想講出來的東西，全都是與六識論相應的邪見，人家看到他落處的錯誤就更多了！因爲釋印順從頭到尾沒有一句眞正的佛法！所以要依第八識的無覆無記性，也就是祂的「眞如性」來作爲你的實證內涵，這樣的實證才是正確的，才不會落入思想中，成爲虛妄想。然後依於第八識的無覆無記性，依於祂的眞如法性來瞭解下面要講的很長的一段頌，你才能如實知、如實解。

佛法的修證不能有一點點的錯誤，所以禪宗祖師爲什麼那樣嚴厲，是有原因的；好在我平常不是禪宗祖師，不然你們都倒楣了！你看臨濟入門便喝，弟子才剛入門，他就大喝：「**出去！**」大聲喝出去了。德山入門便棒，弟子一進門來，都還沒有開口，他的拄杖已經打過去了！就這樣打出去，沒有容得你開口的地方。這表示什麼？禪師不要聽你說話，禪師要直接看你有沒有悟；有悟的話，進來是不同的！沒悟的話，一看就知道你沒悟，一棒就打出去了。

所以有的徒弟第三天進門來，看見禪師一棒又打過來，他趕快閃開、抗議說：「**師父！我都還沒開口哩！**」禪師說：「**等你開得口，濟得什麼事？**」說等你開口，那你那個悟能幹什麼？欸！這裡面是有文章的！但是，我不幹禪師已經很久了！有時候，沒事就混一混，就去當禪師吧！但是我這一世不以禪師自居，因爲我要把很多法義都寫出來，讓人家得到法益；可是又不能不當禪師，所以每年也辦禪三幫大家找如來藏，才能轉依眞如而生起智慧與解脫。

等有一天找到以後，開口說：「**嗄？這個就是如來藏喔？**」他心裡有疑，我就提示說：「那你認爲祂是不是很實在？」「很實在啊，可是這就是如來藏嗎？」那我只好又反問他：「那我問你：難道這個是意識嗎？」「不是！意識只住在內六塵中。」「那這個是身識嗎？」「也不是！因爲身識只在勝義根，也住在內六塵裡面哪。」那我就這樣一直問到眼識。最後他說：「都不是！」「那不然是不是意根？」「也不是啊！因爲祂也不會作主。」「那你說，祂是什麼？」「我看，應該就是如來藏吧！」（大眾笑…）

你看，就這樣，他不肯承擔啊！後來我說：「你接下來三天什麼都不要管，你也不要再參禪，你只作一件事情就好！」我就規定他作一件事情，不管什麼時候他就作那件事情，作上三天。三天後我問他：「這是不是如來藏？」「是！一定是！不可能不是。」因爲他有體驗了。你看！度人有那麼簡單喔？可是如果有的人善於隱藏，他有疑，可是不提出來，那我就沒辦法救他了！等到他承擔下來以後，我說：「那麼請問有沒有一個能悟的人跟被悟的心？」「有啊！」「好，那麼請問你轉依如來藏以後，有沒有被悟的境界、被悟的智慧？有沒有？」「沒有了啊！」「那麼轉依於如來藏以後，你還存在不存在？」「不存在了！」好像很落寞的樣子，可是事實上是這樣子。這時候等於逼他得死掉五陰，不死不行啊！那沒奈何！他想要法身慧命活過來，就得死掉五陰啊！所以如果五陰死不了，法身慧命就活不了，他就一直落在五陰裡面。

這樣看來，證悟這件事情在現象界中眞實存在，你可以證悟第八識眞如，證悟以後你的智慧就生起來；你證悟是證得那個第八識，第八識跟你同在一起，同時同處，永不分離，祂在運行過程中不斷顯示出眞實如如的法性，直到你死的時候沒有意識可以看見。現象界中有證悟的事，也有證悟後生起的智慧，也有你所證的第八識如來藏；那爲什麼你能證得如來藏？憑什麼你可以證得祂？因爲祂有無漏有爲法，這樣今天又洩漏密意給諸位了；可是有的人現在已經在想：「無漏有爲法、無漏有爲法，這到底是什麼？」看來我又好像沒有洩漏密意了。等到哪一天悟了就說：「啊！我知道了！原來是這個！」那已經是咱家的入室弟子了。

所以說，找到如來藏時就要你轉依，轉依以後既沒有智慧，也沒有所得，當你歸於如來藏時就一切都空；這時「以是因緣故，說無住菩提」，正是因爲這樣的因緣，就因爲如來藏無所住，所以轉依祂以後就無所住。由於你證悟無所住的如來藏，所以由這個因緣就說：「你現在有所悟時，依止第八識眞如的境界，叫作無住的境界。」那爲了這個因緣，就要跟大家說明「無住菩提」是什麼。

既然如是，悟後次第觀察的結果：「菩提及眾生，非一亦非異，以是因緣故，說無住菩提。」所以你要用釋印順那個思想來解釋這第一義諦，根本解釋不通！他萬一硬要解釋時，一定是解釋說：「就因爲這一切法空，空了就無所住啊！無所住時，這個空跟我們的五陰在一起，非一非異，所以這樣叫作無住菩提。」那我就說他是瞎扯淡！因爲所謂的佛法本來應該是很有意味的，結果他講出來的淡而無味，如同白開水一樣，完全沒有佛法的味道！那叫作瞎扯，我就說他扯淡。

其實佛菩提這個覺悟的內涵，祂就是第八識如來藏，這個眞如法性的如來藏心體成爲所熏，而你七轉識是能熏；你每一世學的法都熏入如來藏中，本就存在的無漏法種子就會增長，功不唐捐；可是這個如來藏祂就是菩提，因爲如來藏有很多不同的名稱，其中一個名稱叫作菩提；而這個菩提跟眾生「非一亦非異」，這個道理《阿含經》就講過了，說：「每一個人五陰身心之中，有一個眞實我；那一個眞實我，和每一個有情自己的五陰，非一亦非異。」《阿含經》是怎麼說的呢？

「**五陰非我，不異我，不相在。**」

這一句《阿含經》所講的聖教，釋印順還拿來寫在他的《妙雲集》裡面，可惜他讀不懂。五陰不是「我」，但五陰也是「我」，因爲五陰「**不異我**」，所以也是「我」的一部分；可是五陰跟這個第八識我不相在，只是同時同處；你不能夠說「我」在五陰裡面，或者五陰在「我」裡面，這個「我」就是講眞我，就是第八識如來藏，可是印順他搞不懂！所以說「**菩提及眾生，非一亦非異**」，因爲眾生由這個菩提心所生，並且跟菩提心和合在一起。

證悟者看一切有情、一切法都是如來藏，可是五陰也在其中；就好像你看一面鏡子，鏡中的影像一直都在，而鏡子之體也在。但沒智慧的人只看到鏡中的影像，沒看到鏡體！有智慧的人既看到鏡中的影像，也看到鏡子本身，所以就說：「**這鏡子跟影像非一亦非異。**」所以證悟者看見每一個有情都有如來藏，他們的五陰跟如來藏「**非一亦非異**」。那如來藏既然無住，跟如來藏「**非一亦非異**」的五陰也就同樣無住；所以當他證悟如來藏以後，得到菩提了，那他所得到的智慧、跟他所證悟的如來藏「**非一亦非異**」，由於這個因緣故，所以就「**說無住菩提**」。

「眾生本不動，其界亦復然，是法無成就，究竟無所得；」眾生本來就是不動其心。請問你，你看見鏡子裡面的影像，鏡子影像中有一個人在那邊唱歌跳舞，可是那個影像屬於鏡子所有；那你從鏡子的立場來看那個影像時，請問：「那裡面的影像有動心嗎？」它只是個影像，那影像是如來藏所有；只是鏡中的影像那個人覺得自己很厲害，會唱歌、會跳舞，他覺得自己很厲害，可是他歸如來藏所有；而如來藏從來不動其心，如來藏不會去管自己裡面的影像說：「欸！你不要那麼囂張哦！」如來藏不管這個，由著他去唱歌跳舞、跟人家辯論，乃至有時候跟人家打打殺殺；如來藏從來不干預！那麼當你從鏡體如來藏來看的時候，這個影像哪有動心，根本沒動心哪，只是鏡中的影像罷了，所以說「眾生本不動」。

那咱們的法界也是一樣，所以如來藏的無漏有爲法在運作，這些無漏有爲法的大部分供應鏡中的影像去運作；假使沒有如來藏眞如心，那影像是不能運作的。影像是什麼？就是我們這個五陰身心。所以從如來藏來看祂自己所攝受的這些影像時，眾生根本沒有動心；而眾生的所有法界中也是一樣，全都沒有動心！所以不管張三在唱歌跳舞，旁邊多少人跟他拍掌、讚歎等，那些鼓掌、讚歎的眾生也沒有動心，因爲都是鏡體如來藏中的事！所以五陰這樣的法是沒有所謂的「成就」可說的。

因此證悟了以後，你能夠把悟拿出來送給人家嗎？不能啊！證悟是你自家的事。禪三解三回到家裡，老爸說：「你這回悟了哦？」「悟了！」「那你給我看看你的悟在哪裡？」你說悟拿不出來。「那麼既然拿不出來，你悟個什麼？」「對啊！沒有悟啊！因爲無所得。」老爸就說：「欸！這孩子禪三回來精神錯亂了！」而其實沒有錯亂，這兒子心裡面笑說：「老爸你才精神錯亂呢！」因爲老爸都落在五陰裡面，而他現在脫離五陰了；所以這時候發覺說：「悟了還同未悟，還是同樣的那個人，但是現在有智慧了。」所以說到「悟」這件事情，「究竟無所得」。

接著說：「眾生體相空，其界難思議，無有能動者，唯一切智知。」眾生有五陰身心不斷地在動轉，可是眾生以什麼爲體？（有人答話，聽不清楚。）大聲一點！（大眾答：如來藏！）對！眾生以如來藏爲體，假使沒有如來藏，你根本就不成其爲人！糟糕了！好像罵大家不是人了！可是從我的所見，本來就不是人哪，因爲所有人都叫作如來藏。如來藏哪兒能夠是人？眾生既然以如來藏爲體，而如來藏無形無色，沒有什麼形狀、顏色可說，所以又名為空性；而眾生的體、眾生的一切行相，全都是空性如來藏。

現在有人一定想：「欸！為什麼我一切都是空性？」這時候有疑情了，好事！有疑情就有機會開悟，沒疑情就沒機會。而空性這個法界，祂就是眾生法界，眾生法界就是空性法界，不一不異！可是這個法界難思議，你看我們出來弘法之前，好多大學教授與中央部會的大官，都在寫禪、寫佛學的書；教授們寫的不夠，作家也來寫。我都覺得說：「佛法這麼簡單喔？大家都會寫？」可是到後來，他們都不寫了，因為寫了印出去以後，都怕哪天蕭平實把他們給寫進書裡面去！可是我不會寫他們，要能讓我寫進書裡面去，也得有一些分量吧！所以我挑密宗、挑達賴來寫，挑釋印順來寫。有的法師被我寫上去，是因為他來挑戰，所以我就被迫迎戰，才把他寫進書裡去。從來所有人被我寫進書裡去的都不敢回應，只有一個小法師叫作慧廣，他敢回應。好了，就讓游老師寫了書破他，後來就閉嘴了！

因為我們講的是無漏的有為法，是如來藏妙眞如性，這法不是思惟、分別之所能知，得要親證，所以說「其界難思議」。而這個如來藏是無覆無記性，是眞如法性，沒有誰能夠動轉祂，不管你罵祂也好，讚歎祂也好，祂始終不動其心；那祂不動其心，你再怎麼動也不曾外於祂，你始終都在祂裡面；所以你儘管再怎麼動，祂也還是不動心。所以人家說：「證悟了以後，再也不動其心了。」那有的人不懂，就說：「我看你一天到晚念頭動來動去、一天到晚在跟人家討論事情，你動心了！怎麼沒有？」他就回說：「你可知道動中有不動者？」那一般人聽了就懵了，不知道什麼道理；因爲這個道理太難瞭解了，實證乃知！所以說「唯一切智知」；也就是說，唯有 如來才能知道；因爲這個法就是 如來傳出來的，然後菩薩繼承了，繼續弘揚一直到法滅盡；佛法滅盡以後，到了某一個時間變成增劫了，人壽開始增長，人心都變好，又有佛來出世了；所以那時候才又由佛來爲眾生傳授，因此說「唯一切智知」。「一切智」就是講諸佛如來。

「如所說諸陰，眾生無動相，陰即是眾生，無二無住相；」猶如所說的諸陰，「陰」總共有五種。但爲什麼叫作陰？因爲這色、受、想、行、識五個法，會遮蓋眾生的光明，光明就叫作智慧。無明就是沒有智慧、不懂；懂了就是有智慧，就叫作明。這五陰遮蓋了眾生的智慧光明，所以叫作陰。猶如所說的五陰，這樣的眾生其實沒有動相；因為轉依如來藏的時候，五陰只是一個生滅法，暫起暫滅，就這樣三世輪轉，而實際理地的眾生卻是不動的如來藏，所以說「眾生無動相」。

因為如來藏沒有動相，五陰只是在如來藏中不斷地動轉，動轉來、動轉去都在如來藏心裡面，而如來藏心是空性；這個空性永遠沒有動相，這樣的五陰也就是眾生；可是這樣的五陰眾生跟空性如來藏無二。記住了我現在講的這一句話，等你證悟了以後，你拿來檢查看看，所有一切有情的五陰有沒有外於如來藏在活動？欸！你別答得這麼快啊！因為也許蕭老師講錯了呢！

那麼到時候你找到如來藏，你就來看看：「我這五陰有沒有外於如來藏？」如果你悟得眞確，會發覺五陰從來不曾外於如來藏；所以五陰就是眾生，但是五陰依空性如來藏而存在，不能一時一刻或離，也不能外於如來藏而活動。假使有的人說了：「我跟你買二十分鐘的時間，給你兩千萬臺幣；我只跟你買二十分鐘，這二十分鐘你要完全依照我講的來作。我們約定好了，兩千萬放在眼前，二十分鐘到了就是你的；我只要你作一件事情：閉氣二十分鐘！」（大眾笑…）眞要能等到二十分鐘到了，他可沒命了。那他沒命了，這兩千萬歸誰的？對方收回家了。就是說，如來藏一時一刻都不能離開的，因爲你是如來藏中的一部分；如果沒有如來藏，你根本活不了！所以你跟如來藏「非一亦非異」，而你五陰終究還是五陰，終究是眾生啊！可是你這個五陰跟如來藏「非一亦非異」，所以你這個五陰也等於如來藏，因爲非異。既然五陰也是如來藏，那麼請問如來藏有相嗎？沒有相，因爲你的如來藏就在你的五陰上面具足示現出來，就跟你五陰同樣；而如來藏無住，五陰也就跟著無住，所以「無二無住相」。

「陰以空爲體，性相即不動，若無相可取，云何有動者？」如果你要用六識論來解釋這一句，要怎麼解釋？六識永遠都在動，除非眠熟或者悶絕，就成爲無法，無法就不能說是有動或無動。六識只要一旦現起，就不斷地動心；如果要解釋說：「我雖然動心了，可是我沒動心啊！」那叫作強詞奪理，叫作狡辯。所以五陰以空性爲體，空性的自性、祂的行相從來不曾動心；你找到如來藏以後，如來藏雖然不斷地在運作，可是如來藏曾經對什麼動過心？祂運作歸運作，從來都沒動心；並不是這一世才這樣，也不是你證悟以後才這樣，無始以來祂就是這樣！既然祂的自性、祂的行相都不動心，就沒有相可取，你能看到祂起貪嗎？起瞋嗎？

或者愚癡嗎？全都沒有！貪瞋癡都是你五陰的事，而祂不在癡裡面，也不起貪、瞋；那麼既然祂無相可取，你怎麼可以說祂有動心？

「**是故知諸陰，亦無有動相，言說永寂滅，無相亦無體；**」由於這樣的緣故，就知道五陰其實也沒有動相；因爲五陰有動相，是在如來藏鏡體影像中的事，可是你如果從如來藏鏡體來看時，五陰就沒有動相了。那我請問諸位：「**你們今晚有沒有來講堂聽經？有沒有？**」有？答得這麼小聲！所以看來是有動相，好像有；可是你這六識覺知心加上你的意根，只住在如來藏變生的內相分六塵中，從來沒有接觸過外六塵呢！既然都沒有接觸過外六塵，你卻已經來到正覺講堂，那你憑什麼來到講堂？怎麼不敢拍胸脯說：「**我憑如來藏來講堂啊！**」由如來藏的關係你能夠來到講堂，而你從家裡出門來到講堂的過程中，覺知心從來都在如來藏變生給你的內六塵中，你並沒有接觸到外六塵；然而由於如來藏的關係，所以你來到講堂了；當你來到講堂時，如來藏都沒有動心呢！沒有一剎那動心過。

所以你說正覺這個法容不容易懂？很難啦！這時候也許有人心裡面抗議說：「**那是你蕭老師講的，我怎麼知道你說的對不對？**」有此一說啦！我就附帶一句話給你，記著：「等你將來悟了，你再來看看我說的對不對？」所以你這五陰只是在如來藏所變生的六塵影像中不斷地動心，而如來藏幫你來到了講堂；這個過程當中，如來藏從來沒有動過心；那你既然以如來藏為主，你就跟著沒有動心，所以歸結到最後，你五陰還是沒有動心。

因此說，由於這個緣故就了知到五陰也沒有動相，因為五陰以不動的如來藏為歸，所以依如來藏來看的時候，五陰說的一切話都是五陰自己的事，來不到如來藏的境界中，所以「言說永寂滅」。所以那荷澤神會見了六祖，六祖拿拄杖打了他，問他痛不痛，他說亦痛亦不痛，六祖就罵他；因為他不是真的知道什麼叫不痛，他是聽說如來藏離見聞覺知，不會痛，尚未實證，所以他當時還是一隻野狐。那六祖當然有慧眼，打了就知道他懂不懂如來藏，所以當他說不痛的時候，道理上對，可是實證上不對，因此六祖就打他，這是唯證乃知的事。所以當你轉依如來藏的時候，「言說永寂滅」，因為如來藏的境界中是寂滅的。祂的境界中「無相亦無體」，如來藏的境界中沒有任何的法相，祂也不是像物質一樣有個物體在那裡，所以不能用六識論來解釋這個經典。

「身即是陰相，陰即名行處；非行處而行，說陰名爲空。」所以那些六識論者不敢解釋這一部經，道理就在這裡；如果他強行解釋了，一定要一個字、一個字寫好，然後上得臺來照唸，照本宣科，否則他前後所講一定會產生矛盾；其實若只是依文解義照本宣科，前兩行跟後兩行講的就矛盾了！這就是說，這個色身其實也是五陰的法相，可是這色陰也就是「名」—受、想、行、識—所依止而運行的處所，所以受、想、行、識不能離開你這個色陰，也不能離開空性如來藏的所在；因爲離開空性的所在，五陰就歸於壞滅了。話雖如此，五陰畢竟有自己的行相；五陰行於什麼處呢？行於內六塵處，所以五陰都依內六塵而運行。但是空性不一樣喔！空性「非行處而行」，在六塵的行處以外而運作；空性如來藏不在六塵中運作，在五陰所運行之處以外來運作。

換句話說，第八識如來藏的功能差別跟前七識不混雜；前七識該作的自己去作，如來藏去作的是前七識辦不到的事。這樣講有點玄，因爲你現在沒有親證的時候，只能用想像的，可是想像不出來：到底是什麼地方叫作五陰所行以外的行處？這就是我剛剛跟諸位講的「無漏有爲法」。「非行處而行」表示空性的所行之處不在五陰的所行之內，因爲五陰也是由如來藏所生，所以如來藏和五陰和合似一，看起來如來藏也是有情；好像是這樣，但其實不是這樣！那麼既然如來藏於「非行處而行」，有行就表示如來藏是眞實存在的法，否則行從哪兒來的呢？部派佛教諸聲聞僧及其遺緒釋印順，怎能說第八識如來藏不存在呢？

那五陰跟如來藏和合在一起運作，所以五陰運作的時候，如來藏就是同時也在運作，運作時看起來如來藏跟五陰是一體的；那麼因爲五陰完全依如來藏運作，五陰不能剎那離開如來藏，所以就說五陰叫作空：「說陰名爲空。」因此五陰也是空性如來藏中的一部分，但五陰不能函蓋空性如來藏。空性有祂自己的功能差別在運作，同時函蓋五陰；從如來藏來看的時候，就可以說五陰也是空性；所以如果想要證如來藏，不能離開五陰，離開五陰時就找不到空性了！

「所說空界者，不生亦不起，如是同於陰，是名不可動：」佛法中所說的「空」這個法界，「不生亦不起」；祂不曾有生，所以說祂不生；祂既然不曾有生，怎麼可以說祂什麼時候現起？因爲祂有個「無漏有爲法」不斷地都在運作，無始以來不曾停止過，怎麼能說祂有起？祂一直在運作著，就像是這樣子，運作過程中看起來同於五陰；眞如同於五陰之中不斷地在運作，可是祂對於六塵境界從來不動其心，所以說這樣「是名不可動」；這很奇特吧？可是你如果完全落在不可動裡面，你的法身慧命就死掉了。這時候你會覺得好爲難：「既不可動，又不可以落在不可動裡面，那我該怎麼辦？」沒該怎麼辦，吃茶去！

「身見相無體，亦無法可得，不得故無動，我今如是說。」譬如說，某甲跟某乙兩個人一天到晚在諍論，某甲說：「你某乙就是身見沒有斷啦，所以學法都學不好。」某乙說：「我什麼地方身見沒斷？你一天到晚指責我沒斷身見。」兩個人吵得不可開交，可是他們兩個人的如來藏才不理他們怎麼吵架，兩個人的如來藏都不動其心；因爲身見之相是從五陰來說才有，如來藏的境界裡面沒有身見之相。所以某甲跟某乙兩個人在那邊吵身見有沒有斷，對如來藏來講，「身見相無體」，根本也沒有「身見」這個法可以說，所以祂的境界中無有身見可得。

因此 如來就依這個道理跟天魔波旬說：「我也沒看見有人動於身見。」天魔波旬聽了很歡喜說：「那這些人都會是我的眷屬。」可是 如來是從如來藏來講的，說沒有人動於身見；而天魔是從事相上來聽，就說：「沒有人動於身見，那就不會斷身見，就持續輪迴生死，就是我的眷屬。」他就歡喜了。但身見是五陰的事，證如來藏以後身見斷了；身見斷之後轉依如來藏來看時，也沒有斷身見這回事。所以證悟如來藏以後，就沒有斷身見這回事了，因爲如來藏的境界中，沒有斷身見這件事，所以也沒有斷身見的智慧可得；「由於不可得的緣故，所以不動其心，那我釋迦牟尼佛就是依這個不可得而說：『無有眾生於身見動。』」

「不取眾生相，究竟無所住，亦無有心相，形處不可得。」有些人弘法，一天到晚在罵他的弟子們：「你們都落在眾生相裡面！《金剛經》告訴你不可以有四相，那你們一天到晚落在眾生相裡面，就是有我相、有人相，連帶的你就有壽命相，四相具足，你們到底怎麼修的？」他一天到晚罵眾生，也罵他的出家弟子，而弟子們都不敢講說師父自己也一樣四相具足！（大眾笑…）就這樣互相籠罩一世。可是哪天來了某個人說：「師父講錯了，依如來藏來看，沒有眾生相；依現象界來看，大家都有眾生相。」欸！這一下師父就說：「請你留下來，等一下我請你喝茶！」等到大家都走了，把他留下來說：「上座、上座！請上座！」然後吩咐侍者：「泡茶、泡茶！泡好茶！」

那時他就要請問了，善知識就會告訴他：「因為你所證的如來藏沒有這四相，當然就沒有眾生相；因為你轉依如來藏以後，你當然不取眾生相，你取的是眞如！然而眞如無我人相、無眾生相壽命相；當你遠離這四相的時候，究竟無所住，這才是眞正的無所住。」在意識層面所理解的部分說：「我不要有所住。」這全都是妄想，因爲這意識都是有所住的境界，一定住於六塵境界中，不離六塵就有各種相，不可能無相。

所以當他證悟如來藏以後，轉依如來藏了，而如來藏無所住，他就跟著無所住；雖然五陰無妨繼續有所住，但是自己知道如來藏無所住，也知道五陰的自己是虛妄的，這時候轉依如來藏就成爲「亦無有心相」；因爲依於如來藏時，如來藏沒有覺知心的法相，也沒有意根的法相，也沒有五根的物質與形狀，什麼相都沒有！所以你要找如來藏的形狀、處所，根本不可得；無形無色的如來藏，你怎能說祂住在那裡？勉強說個「駐於五陰之中」，那是爲教導眾生求悟的方便說，不是眞的有所住，所以《阿含經》說：「非我，不異我，不相在。」

接著說：「若說於諸見，現示六十二；如是眾生等，亦如水中像；」我們每一本書的末後都有售書目錄，有沒有？其中有一本書一直都還沒有寫，叫作《六十二見》。這外道六十二見是怎麼來的？就是從常見、斷見來的，然後常見分成幾種，斷見也分成幾種；再從另一方面來看時，這常見也分成三、四種常見，斷見也分成三、四種斷見；這樣與第一層次的各三、四種常見與斷見加乘，再分爲前後三世……之後，就變成六十二種外道見。所以如果要說有各種外道見的話，總的來說，現世在人間的總共有六十二種，但是這六十二種的根本都在常見與斷見中。

那麼落在這六十二見中的外道們，這一些衆生看來好像是有，其實不是眞的存在，都像是水中的影像一樣。古時候有智慧的人一早起來，沒有鏡子就去一缸水旁邊照照自己，應該清理的就清理；可是那水中的影像畢竟是假，因爲你有看見那個水缸，知道自己在照那個影像，所以知道那影像是假，五陰身才是眞。同樣的道理，你如果看見自己的如來藏了，也確認自己五陰都生活在如來藏裡面，那你就會知道如來藏是眞，五陰是假。

所以古時候的祖師沒有在幫你殺我見的，你就是不斷地參禪、不斷地磨鍊，這個也不對、那個也不對，幾千種、幾萬種的不對以後，終於遇到一個對的，禪師跟你印證了，這時候你的我見早就不見了！因爲既然那些都不對，那你就把它否定了，全部否定以後剩下這個如來藏的時候，就發覺：「欸！這是眞的哩！」而其他的諸法全都依於這個第八識心而有，根本就是虛妄！所以五祖爲六祖講《金剛經》的時候，講到「**應無所住而生其心**」，就是跟他明講了。我好大膽喔！敢洩了六祖的底了，但我說的是眞話！

所以那個時候六祖聽懂了，就講了那個「**何期自性本自清淨**」，最後講到「**何期自性能生萬法**」；請問大家：張志成說的三無性，能生萬法嗎？（大眾答：不能！）如果你沒有證到一個能生萬法的心，沒證那個不像心的心，你就不叫開悟，因爲學佛的目的就是要證實一切法背後的眞相。一切法依什麼而有？對！就是諸位講的如來藏。如果學佛不是要追求生命的眞相，不是要追求器世間之所從來的眞相，只是要學一堆的名詞，然後說一切法都空，那到底學佛是要幹嘛？那便叫作學戲論！因爲所說全都言不及義。所以一定要證實那個諸法背後的眞相，也就是器世間之所從來，一切有情生命之所從來，要證得那個眞實不壞的金剛心。證得那個眞實心以後，你就知道：「**唯有這個眞實心是眞，五陰的我是虛妄的。**」

所以悟了以後，看見一切有情都猶如水中像，猶如鏡中影。因此證悟後已經有無生法忍的人，他跟七住位的證悟者不一樣；有無生法忍的人看見每一個眾生，都認為那只是一個影像，不是真實的存在。所以證得初地滿心的猶如鏡像觀，剛開始的時候，開車是有點危險的；因為開在路上，特別是開在山中，山道所見都是影像，所以要常常提醒自己：所見雖然都是影像，可是別開到山溝裡面（大眾笑…）。如果開到山溝裡，這個影像就消失了，五陰都壞了，你還度什麼眾生？所以剛恢復那個證量的時候，常常要提醒自己：「**雖然是影像，也不可以當作兒戲。**」因此說，有無生法忍的時候，看起來一切眾生就只是影像；可是七住位菩薩看一切眾生都叫作如來藏，並不是影像，這兩者是不一樣的。

所以當他弄清楚這六十二見的由來，所見的一切眾生都猶如水中的影像一樣，全都不真實；既然都不真實：自己不真實，別人也不真實，那麼不真實的五陰自我擁有的身分、財富、名聲，這一切更不真實。所以有無生法忍的人，不會去貪愛眾生所有的供養或任何的名聲、權位等，因為都只是影像而已。然後從如夢觀來看見自己往世當轉輪聖王，何等風光！而今安在？這就是所見猶如影像的道理。今天講到這裡。

《不退轉法輪經》我們上一週講到七十九頁，倒數第四行說完了；今天要從倒數第三行開始：

「諸見同水像，六十二亦然，無我無所有，其性不可動。」世間人有種種的見解，佛教界修行人也一樣有各種見解，各人說各人的，特別是在實相法界上面的見解；因爲實相法界這個事情不是只有佛法中說，外道們也在說。那麼外道有說：「我們一切人都是上帝創造的，所以我們沒有過去世，然後我們活著的時候每一個月收入的十分之一要奉獻給教會；由於這樣行善的緣故，死後可以生到上帝的天堂，永遠當上帝所牧養的羔羊。」看來往生上帝的天堂是可以用錢買的。可是問題來了：「如果每人都沒有前世，那表示未來世的我也應該一樣是沒有前世，也就不該有這一世。」這樣才是正確的邏輯。可是上帝沒有邏輯，他不懂邏輯，就說沒有前世，一切人都是他創造的，就說：「你們被我創造出來，又可以有下一世。」欸！既然是被創造出來的，就是有生，有生則有滅，不是常住法。有生的五陰不可能無滅吧？那麼將來生到上帝那裡去也是會死，爲什麼叫作永生？

繼續探討下去還會有其他問題，所以問題很多。

古印度的修行人中有一部分說：「**所有人都是大梵天生的。**」可是有一天，大梵天剛好下來禮拜 佛陀，因爲他有問題要請教，佛陀就藉機會問他：「**你說大家都是你生的嗎？**」他就顧左右而言他。佛陀連著問了三次，他沒得辦法了，就說：「**因爲大家都這樣講，我也不好否認。**」所以他也不敢承認自己是創造有情的人。色界大梵天都不敢說自己出生了眾生，住在欲界四王大山腳下的上帝竟敢這麼說。如此這般，古印度人也有講到自然生，也有講到四大所生等種種的說法，包括冥諦、勝諦什麼都有，莫衷一是。

那麼世間法的見解也是一樣，所以同一件事情有許多人看法不同，他們諍論到最後要吵架；吵架的時候一定要吵到對方認輸，這叫作「見取見」。所以「諸見」眞要講起來時很複雜，什麼見解都有，可是這些見解全部都是意識思惟想像出來的，並不是眞實有，也不是法界萬法背後的眞相，所以「**諸見同水像**」。因爲意識不能去到下一世，一世就滅了，既然如此，意識的所思、所想那些見解也就跟著滅了，所以來世重新出生的時候又是什麼都不懂，都得從頭開始學；除非你修到哪一個世代，修行到哪一劫，你有了意生身或是無師智，否則前後世是不連貫的；因為能連貫前後世的意根不知道這些事情，如來藏更不會理會這種事情；所以那些見解都如同水中的影像一樣，都不真實。既然如此，那外道所發明的、所講出來的總共有六十二種見解，也就不必再提了，同樣都猶如水像！

我記得本來想要寫《六十二種外道見》那本書，可是現在看來好像沒時間可寫了，因為《成唯識論釋》還在趕。現在修飾《成唯識論釋》，到今天已經一百二十六萬字了，所以大概就沒時間去寫那六十二外道見了，因為還有別的事情要作。也就是說各種世間的見解，包含六十二種外道見，全部都猶如水中像；因為這些見解全部都是意識的妄想、思惟之所得，不能證實；既然是意識妄想之所得，意識無我，意識不是真正的我，只有一世，所以這些意識所想出來的各種見解，就和意識一樣「無我無所有」。

因為意識是生滅的，附隨於意識而有的各種見解也就隨之生滅，所以全都「無我無所有」。假使你證真如了，再從真如來看六十二外道見、或者世間的各種見解，其實全都不存在了！當你轉依如來藏成功以後，看見真如的境界中無一法可得，這時對眞如來講，不說一個見解，乃至六十二種外道見解，如何能有一個法性可以讓你的眞如心動轉呢？所以說「其性不可動」。因爲三乘菩提都依第八識而開演，開演之不足，繼之以論，菩薩再將三乘法作各種細說；但是轉依如來藏後，從如來藏來看這一切法時，竟無一法可得！這些法都不可能動轉到眞實我如來藏。

「過去及未來，現在亦復爾，無相無所有，皆如炎水像，是名爲無我，不得眾生想。」關於過去及未來，也是含攝在六十二外道見中。這六十二種外道見的說法，在一千多年前也混入佛門中，被部派佛教那些聲聞論師所接受，所以他們主張說意識也可以持種。「持種」的意思就是說：「執持你無始劫以來所造作的一切業種、以及你所熏習的一切法種，包括八識心王的心所法。」他們這樣主張的時候，菩薩們說：「意識只有一世，不從前世來，也不能去至後世，那又怎麼能持種呢？」他們就辯解說：「過去意識可以持種，過去意識滅了以後，種子就自己轉到這一世來呀。」

諸位想想看，這樣說法有沒有道理？（眾答：沒有。）沒有啊！眞的沒有嗎？可是他們認爲有道理；那菩薩當然像你們一樣認爲沒道理，所以就破斥他們說：「過去意識跟現在意識不同時同處。」一定要同時同處才能交接，就好像說你現在退休了，有人要來接你的職位，那你要交接給他；既然要交接當然要跟他相見，兩人必須同一個時間同在一個地方，要在一起才能交接。所以菩薩說：「過去意識與現在意識不是同時同處，所以種子不可能移交給現在的意識；那種子就散失了，散失了就沒有業種了。那前世所熏習的一切有記性、無記性的法，那些種子也全部都喪失，所以你的說法不能成立！」但凡夫們這一類的執著見非常多。

聲聞人遇到有人說什麼，他就接收了，然後就當作自己的；密宗那個雙身法也是這樣，他們聽了就當作自己的法，然後就接收了，所以後來天竺佛教被密宗外道化，佛教就這樣滅掉了。天竺佛教被滅掉，很多人以爲是回教軍隊打進來，把佛教滅了。其實不是！回教軍隊打進來的兩、三百年前，或者四、五百年前，佛教已經印度教化了，就變成密宗假佛教，那已經不是佛教了。所以回教軍隊來消滅的是冒充爲佛教的密宗外道，並不是滅佛教。那麼聲聞人接收的外道見非常多，這就是部派佛教的事情；因此他們也會扯到未來世的意識，菩薩當然都把他們破了；所以這裡講的「過去及未來」就是講這外道見與佛法間的差異。

「現在亦復爾」呢？現在的意識當然也不可能持種，因爲意識是所生法，而且意識具足三性，有善性、惡性、無記性。凡是具足三性的心，或者只要具足一個惡性、一個善性的心，就表示祂會揀擇；會揀擇的心就不能持種，因爲祂會揀擇：「這個是善業種子，我把它留下來；這是惡業種子，我把它送給別人，我把它丟棄。」那這樣還有因果嗎？眞要是這樣的話，三惡道早就消滅了，因爲他們的意識也可以簡擇：「惡業種子我不要！我留善業種子就好。」所以意識與苦樂等三受相應，也與善惡等三性相應，永遠都是不可能持種的，那過去意識、現在意識、未來意識莫不如是。

而且這意識看來好像很伶俐，學什麼、像什麼；意識是八識心王裡面最會思惟的，最能學習的；可是意識終究只有一世，滅了以後，祂又不能持種，也不能去到未來世，入胎以後就永遠滅失了，如果是由意識持種，那麼就所有種子全部滅失了。因此說，現在意識不可能持種，過去意識也不能持種，未來意識同樣不能持種；部派佛教那些聲聞人就說：「但還有色法呀，色法可以持種。」他們的妄想眞的一大堆。將來你們讀了《成唯識論釋》，就會知道他們有多少妄想。老實說，釋印順的妄想都不外於他們的妄想。

可是當你證悟如來藏以後，回頭來看過去意識、未來意識、或現在這個意識，根本沒有實質存在啊！原來意識只是在如來藏中活動，依如來藏而有，終歸於壞滅；來世又換一個新的意識上來，還是在如來藏中活動。那你從如來藏來看，意識這個影像或者行相，根本就不是眞實的存在。從如來藏來看意識的時候，意識也就無所有了；可是在無所有當中，看到意識不斷地在運轉，其實那是虛妄的影像；就好像夏天，你看見遠處的熱砂地上有水在流動，那個水是假的，名爲陽焰，不是眞的水。在如來藏中運轉的意識，就像那個炎水像一樣。

講到這個炎水像，就有了第二種現觀；所以十住位眼見佛性之後，具足現觀第八識心體的兩面，也就是看清楚了如來藏有這兩面總相；看清楚之後，這只是如幻觀；因爲佛性是這麼眞實，在看見佛性對比一切法的時候，連世界都是虛妄的，就不說五陰身心了，這是「如幻觀」。可是進入初行位，繼續進修到十行位滿心，那要證得「陽焰觀」；也就是說，就像太陽晒下來以後，遠處熱砂地上好像有水流動一樣，就像那樣不眞實，這個就又回來如來藏的部分去對七轉識深入作觀。

這時候觀察如來藏，有佛性這個層面跟如來藏本身的層面，這樣深深地細觀，十行位滿心得到陽焰觀。

那這樣子繼續進修到十迴向位滿心前，有二禪或者以上的定力了，而且已經證得阿羅漢果，這時候常常定中看見自己往世的各種事情；回頭再來看這一世所作的事情都猶如夢境，所以自己很清楚知道：這一世是住在夢境中修行，因爲往世那麼多的事情全部串連起來，知道自己的來歷了，可是卻看見全都只是猶如夢境，就是一場又一場的夢，全都在夢中修行。那麼今世的事情，比照往世那麼多劫以來的事情亦復如是，同樣是夢境中的修行。有這個如夢觀的人，不會去貪求眾生的供養，也不會貪求名聲、貪求眷屬、貪求種種，全都不會貪，因爲一切都只是夢中的事。比如說，昨晚你夢見自己中了樂透，得到一億乃至一百億臺幣，夢中很歡喜，歡喜到醒過來以後說：「原來只是一場夢！」醒來以後你還歡喜夢中的一億乃至一百億元嗎？不歡喜了；在夢中時就會歡喜，但是醒來就不歡喜了。

有如夢觀的人，就是已經究竟醒過來的人，所以不會看重世間事。因此有人會說：「這蕭老師好奇怪喔！人家把他罵到那個地步，他竟然還不計較！」我說：

「沒什麼可計較的，因爲那是夢中被罵而已；既然都已經醒過來了，看他在夢中罵、就由他罵。」實修者想要眞正懂這個道理，至少要有這三個現觀——如幻觀、陽焰觀、如夢觀。這時候無生法忍的修學也完成了，該修的第一大阿僧祇劫的福德也修好了，就欠一樣——發無盡的十大願；那並不是在佛像前面發了就算數，得要發到那個十無盡願的意樂已經清淨了，絕對願意盡未來際實行了才行。這十個無盡的大願叫作「增上意樂」，要發到增上意樂清淨了，才能入地。當然，入地之前也要有佛加持及授予大乘照明三昧。

那麼現在請問諸位：「張志成說在大乘法中，一見道就入初地，諸位信不信？」爲什麼不信？因爲他說的也許是眞的呢！但諸位不信，是因爲我剛才把那個內容說明了。所以想要入地，第一要有無生法忍，第二要證阿羅漢果，第三叫作檢驗，就是要有三種現觀；然後發十無盡願，發到心增上清淨了才能入地，哪能一悟就入地？如果有人往昔世就已經入地了，現在世當然可以一悟就入地；可是如果已經失去無漏有爲法時他想要入地，悟後也要花上幾年重新觀行，原來的證量才能恢復回來，也沒那麼快！所以說，講到這個「皆如炎水像」，就是十行位的陽焰觀。

入地要有三種現觀，如果連第七住位的眞見道、證眞如都弄錯了，十住位的如幻觀就別提了，因爲必須要眼見佛性才行！那麼十行、十迴向位的陽焰觀與如夢觀更不用提了。由這裡就可以判斷說：「**我在正覺講堂學法，到底學得對、還是學錯了？**」當你證得陽焰觀的時候，還不用證得如夢觀，便已經很清楚看清了：原來過去、現在、未來的意識全部無相、無所有，猶如陽焰；這樣看來意識都無我了，那麼悟前常常聽命於意識、被意識所騙的意根當然也無我，因爲都不是眞實法！既然依如來藏而證得蘊處界的無我，這時候看見每一個有情，啊呀！原來全都是菩薩！因爲跟我一樣都是如來藏。

我們早期借人家的地方打禪三，有位師姊破參了，正在整理法義時，覺得脖子有點癢，一撥下來是一條蜈蚣！請問諸位：「**你如果看見是蜈蚣，會不會『媽呀！』一聲？**」不會喔？（有人說：會。）會啊！多數人都說會。可是這位老姊一點都不慌不忙，就盯著牠看，心想：「**原來是蜈蚣菩薩！牠跟我一樣。**」才剛破參呢，平等性智就拿出來用了：「**原來是蜈蚣菩薩！**」稱呼牠爲菩薩了，（天曉得牠還要過多少阿僧祇劫才能來當人呢！）爲什麼呢？因爲她轉依如來藏，看見一切有情都是如來藏；那個時候不是看見蜈蚣，是看見牠的如來藏，所以從她的見解當中來說，蜈蚣消失了、不見了，剩下牠的如來藏在那裡；這時候還有眾生想嗎？沒有了！看見蜈蚣也是如來藏，哪兒有眾生？看見蟑螂爬來爬去，也是如來藏，哪兒有蟑螂？看見一切有情都是如來藏，從此「不得眾生想」。

接著說：「**眾生不可動，亦無能動者；譬如殺生者，處生死曠野，亦住於寂滅，是名為不動。**」眾生的實際是第八識如來藏，所以「**眾生不可動**」。就好像有人以死亡威逼於菩薩，菩薩不理會：「**要錢？有，給你！要法？有，給你！要我改變自己對第八識的看法，不可得！那你要命？有，一條，就給你。**」這就是菩薩。所以有的人不懂菩薩，總是來威逼於菩薩，根本不可得。因為菩薩不接受威逼，如果情勢所逼，他要命，命就給他，但是不可能改變見地；因為菩薩的所證是實相，實相是不可能改變的。

那麼轉依實相、轉依眞如以後就無我了，無我時，你要命就拿去吧，反正我逃不掉。如果逃得掉，我就逃，你來追啊！也不會故意留下來給他殺；可是要菩薩改變所說的法義，絕不可得；因為菩薩轉依如來藏了，所以其心不可動；既然如此，有誰可以用什麼方法動轉菩薩的心呢？天上、天下絕無其法。所以大陸有個退轉的出家人叫作釋某護的罵說：「你蕭平實一天到晚批評別人講錯，都在說別人講錯法了，人家玄奘法師從來沒有批評別人！」玄奘沒有批評別人喔？玄奘《成唯識論》從一開頭講到最後，全都在批評別人（大眾笑…）；本來都是指名道姓寫出來的，後來是窺基法師強烈勸他說：「要維持佛教界的和諧，別指名道姓。」才改為「有義、有義」，這樣一個又一個「有義」，本來都是指名道姓破斥的。

釋某護又說：「人家玄奘菩薩是個守法的好國民，從來不違背國家的法令。」（大眾笑…）如果是守法的好國民，為什麼唐朝說不許出關，結果玄奘卻偷偷出關？還跑到天竺又回來！菩薩心中沒有什麼所謂的國法，也沒有所謂的批評、不批評的事，純粹以佛法為中心：「只要那個法是可以利益眾生的，國家禁止了，我還是要弘傳！」

這就是菩薩的想法：「怎麼樣能令正法久住，可以更長久地利益眾生。」這就是菩薩要作的事，不管什麼國法、不國法！所以人家說：「你再批評我，我就殺了你！」菩薩照樣批評，因為對方誤導眾生，菩薩就要評論他、要救眾生啊！否則菩薩是幹什麼的？難道是生來要接受人家恭敬供養的嗎？所以說菩薩轉依眞如之後，「亦無能動者」。因此天魔不管怎麼樣來威逼利誘，菩薩終究不理會他，天魔也無可奈何。

那麼 如來又講了一個譬喻說：就好像一個殺生的人，他當然不可能是解脫的人，造了殺生的業，一定會受業而不斷流轉於生死中，所以他是在生死海中流轉，那就說他「處生死曠野」之中。有情三世流轉無窮無盡，就好像一大片很大的曠野，他在這裡走上五百公里死了又生，生了又走上一千公里，死了又生；這樣一直走，都在生死曠野當中。可是 如來說：「處生死曠野，亦住於寂滅。」

我看到諸位在「生死曠野」當中，可是諸位也同時「住於寂滅」當中；因爲你這七轉識從來不曾外於如來藏，你的所見、所聞、所嗅、所嚐、所觸、所知的一切法都在如來藏中；因爲你的十八界中的六塵是如來藏變現給你的，而你這七轉識不曾外於如來藏所變現的六塵，所以你都生活在如來藏中。可是如來藏本來就無生無死，如來藏的境界中言語道斷，本來就是絕對寂滅的境界；所以正在生死當中、正在喧鬧的時候，在悲歡離合一直延續不斷的過程當中，每一分、每一秒同樣都住於寂滅中。如果你還沒有實證，你就會想：「怎麼會是這樣？這到底是眞的、還是假的？」

可是等到實證了以後，你去現觀，確實是這樣啊！這時候要叫你退轉就不可得了，假使有人威脅說要殺了你，你說：「你把我殺了，我還是不退轉。」因爲你的現觀是這樣，既然是這樣，你就很清楚看見說：「就算對方把我給殺了，我死了還是沒死，因爲如來藏不生不死，本來就住於解脫的彼岸。那我這一世看來死了，其實沒死，來世我換個影像在如來藏重新又出現，就是轉到下一世去。」世間人說的是下一世，從菩薩來看卻沒有下一世，因爲如來藏沒有下一世，永遠不死就不會有下一世。那這樣的話，依於如來藏來看一切法時，一切不可動。天魔波旬就是不懂這個道理，所以聽完 世尊所說之後就歡喜回天宮去了；可是 佛也沒騙他，因爲 佛也是爲了利益他，用實相的境界告訴他；而他求的是世間境界，他以爲 如來說的是世間境界，所以回復壯健，又回天宮享樂去了。等到他未來很多劫以後悟了，才懂得感激 如來，那時候他一定說：「世尊！我當時被您騙了，可是今天很歡喜，不會抱怨，只有感恩。」

接著說：「欲令眾生動，眾生不可得，實無有眾生，是名說不動。」想要讓眾生動心，一定要接觸眾生，如果你沒有接觸某甲，你就不能說服某甲；要說服某甲動心，一定要接觸他，不論是以言語或書籍影音都一樣，要跟他接觸而說很多，讓他聽進心裡面；當他完全信受了，才會動轉。可是當你證悟如來藏以後，看見一切有情都是如來藏，眾生不見了，從實際理地來看時，無有眾生可言，凡有所見都是如來藏；這時候「欲令眾生動，眾生不可得」，眞的沒有眾生了。

即使你從二乘菩提來講，也沒有眾生存在，因爲眾生是生滅無常的。那麼這一世你把他說到心動了，改變他的見解了；可是他死了，那個見解也跟著意識消失了，一樣不可得，所以因爲「眾生不可得」，就說「實無有眾生」；既然沒有眾生，你怎麼可能說到讓他動轉呢？

接下來說：「菩提無有斷，亦無有能度，是故當勤修，不得於動者。」覺悟實相這一件事情叫作菩提，而菩提是前後三世連亙不斷的，所以這個眞實義的菩提心執持一切種子。那麼祂執持你這一世證悟的種子，可以去到未來世、不會中斷；就像我們親教師們一樣，執持過去世證悟的種子來到這一世，又跟我相聚了；因此我幫他們證悟以後，他們就精進往前邁進，絕不退轉，一點都不動搖，所以所證悟的菩提不會中斷。假使下一世因緣不湊巧，沒有正法住世，沒機緣遇見正法，你就暫時當個凡夫也無所謂，叫作假名凡夫；因為你證悟的種子還在，遇緣即發——只要遇到個因緣馬上就會發動而運行起來，所以說「**菩提無有斷**」。

因此，如果沒有弘法的因緣，去當一條水牯牛也無所謂，（水牯牛知道嗎？是閹過而很雄壯的公水牛叫作水牯牛。）就這樣子度日，餓了吃吃草、喝喝水，日子也很好過，無憂無慮！這就是禪師的看法。如果悟了以後，老是執著說：「**不行喔！我得要保持這個人身，可別失去這個人身。**」禪師就要罵他、要打他；那如果隨緣而去都無所謂，他才是真解脫。可是他心裡想「**我當水牯牛也無所謂**」的時候，會去當水牯牛嗎？因為他是究竟解脫的聖者，永不下墮三惡道中，但這解脫的見地叫作「**異類墮**」。「**異類墮**」的人，得要先有阿羅漢的證量，再加上第一義諦的證道，可是古來少人知啊！那麼因此說「**菩提無有斷**」，因為真正的勝義菩提心就是第八識如來藏，三乘諸法都依這個第八識心而說。

既然無有斷，可是祂離見聞覺知。當你說：「**我要度你如來藏開悟！**」如來藏連跟你回應說「嗄？嗄？」都不會回應，因爲祂聽不見，言語道斷。所以從如來藏來看，沒有能度的人；因爲能度的人也是如來藏，被度的人也是如來藏，這時有誰能度，有誰被度？全都沒有啊！由於這個緣故，應當要精勤修學。如來付囑了：「**應當要精勤修學！**」學什麼、修什麼？學如來藏正見，證如來藏心體；如來藏叫作「**不得於動者**」，因爲如來藏永遠不動其心，那你看看如來藏有多重要！

世尊這整部經都在講如來藏，所以證得這第八識非常重要；如果你能證得第八識，對二乘菩提就會漸漸無有疑惑了；不論是四聖諦、八正道，不論是四識住、七識住，也不論是八背捨或者因緣法，你都不會有遮障。所以證得如來藏眞如心很重要，因此大乘法中才會說：「**眞見道是證得如來藏，轉依眞如。**」因爲如來藏無分別，所以你證得這個無分別心以後，就有根本無分別智現前；由於這個無分別智只是總相，還有很多無分別智的別相，需要後面相見道位中繼續去觀行及了知，所以這個證眞如只是「**根本無分別智**」。

那麼別相的無分別智，叫作「**後得無分別智**」，同樣是觀察這第八識的無分別性，而讓你的實相智慧越來越好，這樣一直修學到成佛，這個智慧改名叫「**一切種智」。「一切種智」是什麼意思？就是八識心王一切種子的智慧。種子又名為界、又名為功能差別，這一些功能差別（種子）都含藏在第八識如來藏中。當你完成一切種智的時候，表示你對八識心王的所有大的、小的、深的、細的功能差別全部具足了知；全部具足了知的時候，你就四智圓明，從「大圓鏡智」到「成所作智」全部都具足。所以大圓鏡智等四智以「一切種智」為體，如果沒有一切種智，就沒有大圓鏡智等四個智慧。那麼請問諸位：「**一切種子的智慧所說的這個『一切種子』收藏在哪裡？**」（大眾答：如來藏。）是在第八識如來藏中。所以大乘佛法的見道以證第八識如來藏為首要，依這個所證的如來藏去瞭解祂的功能差別，一直到佛地具足圓滿現觀了就能運用，那時叫作一切種智；顯然一切法都依第八識而有，成佛也是依第八識而成，那時候第八識改個名字叫「無垢識」。

好了！現在張志成把這第八識正法否定掉說：「**證得第八識不能叫作大乘見道。**」那麼諸位想一想，他那樣的說法可信嗎？在《楞嚴經》中 佛都告訴你：「**因地心與果地覺，你要去檢查有沒有一樣？**」因地心叫阿賴耶識，果地覺叫作無垢識，是不是同一個心？佛在《楞嚴經》很清楚告訴你，你要去檢查看看對不對。

顯然大乘見道就是證如來藏，乃至成佛還是證如來藏，是同一個第八識改名爲無垢識！現在有人把祂推翻掉，說這個不叫「見道」，那麼中國禪宗祖師們全都沒有開悟了？佛陀也沒開悟了？觀世音菩薩也沒開悟？玄奘也沒開悟？六祖也沒開悟？所有賢聖都沒開悟，只有他一個人開悟！

而他的開悟證眞如叫作「證三無性」，但三無性是意識思惟所得的思想，他死後就不存在了；三無性也不能出生萬法，怎麼能叫作實相般若？那要叫作虛相邪慧！所以有智慧的人應當要按部就班，一步一步去走；不要妄想一悟就入初地。如果有世間智慧的人，「人家講什麼，我聽聽就好；說得對不對呢，我後面慢慢去思惟。我用兩、三年的時間慢慢去觀察，看他說的對不對。」只有愚癡的人才會一聽就信！

那麼今天來講堂的路上，我跟我同修在聊，我說：「我們二〇〇三年退轉的一批人，到今天已經十七年了，也該再退轉一些人了（大眾笑…）。就趁勢淘汰，這沒有不好啊！」就好像 佛陀講《法華經》的時候，五千聲聞當眾退席，佛陀就是要淘汰這些人；因爲這些人不是菩薩，沒有資格聽《法華經》。有些人也許懷疑說：

「聽《法華經》還要限制資格喔？」我說：「當然啊！」因爲 佛說的《法華經》是我所解釋的法義，不是那些依文解義者所解釋的那樣，那你教那些聲聞人如何聽得進去？譬如說《法華經》講的：「菩薩悟後來到房間也要造個塔，走到後院也造個塔，隨便走到哪裡都要造個七寶塔。」他們怎麼能聽得進去？可是等我說：「那個七寶塔是指你這個五陰身心七寶莊嚴，但是其中有一個支撐著這個寶塔的，叫作第八識如來藏，所以你就這樣安個塔。而你建塔很簡單，你把腳地上這麼一跺，就建好了，有什麼難？這個塔無形無色，也不妨礙你！」可是 如來要講這個道理給那一些定性聲聞們聽，他們聽得進去嗎？所以那些人是應該淘汰的。

很多人想要證這個如來藏，我們已經十七年沒人退轉了，是該有一些人退轉，順便淘汰；這不是我淘汰的，而是他們自己主動淘汰的，別怪我！如果被淘汰了，是要去怪什麼人？他們去怪時可別怪上我，因爲我沒有要淘汰他們；所以如果哪一天想通了要回來正覺，我也接受；因爲他們經過考驗了，當然可以回來。所以我還是那八個字：「來者不拒，去者不追。」還是一樣，來到正覺學法，去來自由！離開了，不會有人打電話說：「你趕快回來喔，我好想你！你不回來，我都學不好。」

不會的，他們離開了，我們照樣學得好好的，繼續一步又一步往前進；每一步對他們來講，都是千里之遙！所以我這一世最大的任務，就是把《成唯識論》重講一遍，並且註釋出來可以傳之於後世，這才是最重要的事。

但是這樣看來，成佛既然是憑一切種智，而「一切種智」就是一切種子的智慧，全都收藏在第八識如來藏裡面；那你沒有證如來藏，如何能瞭解如來藏的一切功能差別？既然成佛是依如來藏，大乘見道當然要依如來藏而親證的，這個事情是天經地義、無可非議。所以現在張先生主張說：「大乘見道不是證第八識。」那諸位就有能力判斷了：到底他說的對不對？他們說：「印順講的對，網路上那些凡夫大法師講的對，離念靈知就是證悟之標的，離念靈知又名阿賴耶識，能分別五塵，開悟不是證第八識如來藏。」那諸位現在可以判斷到底誰講的對了。

依他們的說法：「大家都對，就只有你蕭平實錯了！」等於說百萬大將軍只率領一個兵，就是這樣啊！然而我這個「兵」講出來的勝妙法，他們百萬將軍無法推翻，所以張先生一個人要來推翻；那也可以啊！就推翻看看！說《成唯識論》他們眞的懂，說我把唯識學講錯了。可是我在整理《成唯識論釋》，在修飾的時候卻發現：「幾乎每一段文字都可以拿來證明張先生他們的錯誤。」你說這怎麼辦？這樣雙方能溝通嗎？不可能！因爲天差地遠，沒有辦法溝通！根本沒有交集點！因爲他堅持釋印順說的對，要用釋印順說的來檢查一切法、檢查一切人；可是依照釋印順的所說，等於指責 佛陀全都悟錯、講錯了；因爲 佛說的妙法全都是圍繞著第八識講的，見道是依第八阿賴耶識，入第八地是第八異熟識，成佛是依第八無垢識。這個道理諸位要懂喔。

那麼既然大乘見道是應該證第八識，轉依於第八識的眞如法性，我們就回到第八識來看：「是故當勤修，不得於動者。」如來藏第八識會不會動心呢？你可以試驗看看哪。早上一起床，你就跟祂說：「欸！如來藏老哥啊，你好！好在你一直都沒有離開，我一早醒來時就精神百倍了。」祂會怎麼回答？祂不回答你！到了晚上你說：「累了，我該睡覺了；但是我先吃一些點心。」吃完了說：「如來藏啊！今天過得不錯，我要休息了，感謝你一天的辛苦哦！」如來藏搭不搭話？不搭話呀！這時候你生氣起來說：「欸！如來藏！我早上也讚歎你，現在又讚歎你，你爲什麼都不搭理我？」如來藏依舊不搭話，祂從來不動心，因爲祂言語道斷。

那麼 佛陀就交代大家：「學佛法的人應當勤修，修哪個呢？修那個『不得於動者』。」就是說祂永遠不動其心，你要證那個心。那個心叫作什麼？（大眾答：如來藏！）對！叫作如來藏。想要證得大乘見道，就要精勤修學這個如來藏有關的妙法，看看祂的自性是什麼，祂的行相如何，祂的功能是什麼，祂的各種狀況到底善知識是怎麼講的，就說：「要依善知識所說，來幫助我建立正知、正見，我才可以參禪證得祂。」這個叫作「是故當勤修」。

如來都教大家要「是故當勤修」，要證這個如來藏，結果有人說：「大乘見道不是證如來藏！」你說有智慧的哪個人要相信他？欸！也有人信啊！因為我說過很多遍了：「天下不論多麼偏邪的邪見，都會有人信哪。」你看釋印順也有那麼多人信！我們都已經在《正覺電子報》連載破釋印順的邪見多少年了；現在還有人拿釋印順的法來否定這個法，也真的很「奇特」！只能說張先生奇特，不能說壞話！（大眾笑…）那麼比釋印順更偏邪的叫作密宗，現在不也照樣有人信嗎？可是不久前，達賴放話說：還要再來臺灣。我在想：「政府大概不會答應吧，如果來，就是他私人的行程，政府大概也不會接待他；因為現在局面不同於以前，不需要利用他了。大部分的成分，政府大概不會准他來，因爲他現在沒甚麼利用價值，現在臺灣已經拉上美國老大哥了，還需要用到他嗎？不需要啦！」那麼現在假使哪一天他來了，我們要不要去抗議？（眾答：要！）不對！不要抗議！（大眾笑…）我三年前就講過了，我們暫時不要再跟達賴爲敵，凶爲他面對的勢力太龐大了，而那個勢力把一切宗教都打壓了。也許過幾年我們會改變想法與作法，繼續破密宗，但這幾年不要再批判達賴領導的密宗。

你們不要以爲說：還有個孔教沒有被那個政權打壓。不對！孔教也一樣被打壓，只是需要利用的時候把它拿來用一用；所以孔廟、孔家流傳下來的相關事物，當年也是被毛某人整得不像話。正因爲背後這些因素，所以就算達賴來臺灣了，我們也不去抗議，隨他要怎麼作都行！但是我們可以藉著他來的機會，到處把《狂密與眞密》送給各道場，以及他的公開行程參與者。等他來的時候，《狂密與眞密》打三折，大家買了去送，三折就幾乎是不賺錢了，只是還可以繳一點點稅。因爲破密要在法上，不要在事相上，讓他沒有辦法從佛教界再深入去弘傳就夠了；他可以去度一些世俗人，那就讓他去度，因爲他們勢力壯大而對那個政權時，大陸的整個宗教界還是有益處，瞭解我的意思喔？所以他來了，我們也不去抗議。但我估計大概是不可能准，這就看蔡英文的智慧，我認爲她是很有智慧的。那麼這一段就是告訴大家說，佛陀付囑大家：「凡是菩薩都要努力精勤修學，去證得那個『不得於動』的心。」那個心叫作非心心、不是心的心，叫作如來藏。

「法施不思議，度過去眾生，應當勤修習，是名不可動。」佛法的布施是一切布施中之最。《優婆塞戒經》也講過：「一切布施以佛法布施爲最勝妙（原文：法施勝於財施）。」所以你們爲正法布施，我也爲正法布施，我每週二來這裡布施佛法。這個法施不可思議，是有原因的，因爲祂度過去眾生。爲什麼說叫作「度過去眾生」？諸位想想看，老趙州跟一個大官在園中走著，有一隻兔子看見老趙州，拔腿就跑。這個大官就開玩笑說：「禪師！您是大德啊！爲何兔子見驚？」說爲何兔子看見你，就驚嚇到逃跑了？老趙州說：「只爲老僧好殺。」說「我喜歡殺生，所以眾生看見我就逃了」。眾生被殺是不是就死了？死了就過去了。當你上了禪三，我幫你殺了我見；這個薩迦耶見一斷，戒禁取見、疑見跟著斷，你不就死了嗎？可是死了還得活轉過來，否則只是死了，不叫作被度。

所以鄭昂（鄭尚書）有一天拿了一片沉香去見大慧宗杲，因爲他要爲天童宏智正覺平反。大慧宗杲曾經說天童宏智那個默照禪叫作默照邪禪，他聽了老大不爽：「怎麼說我師父是邪禪？」於是拿了一片沉香，去見大慧宗杲說：「今天跟師父要論一個理，如果師父論得在理，我這片沉香供養；如果論得不在理，那我就要把你扯下來、推翻你！」然後一場法講下來，因爲他當尚書，官兒不小；大慧宗杲想想：「有膽氣到我這裡來辯論，這個人是我要度的人。」所以就問他：「你這個離念靈知如何、如何、如何。」最後質問他：「六十四年前，還沒有你鄭尚書的時候，這離念靈知在哪裡？過上幾年，你鄭尚書走的時候，你離念靈知又在哪裡？」就這樣把他一個一個點出來，點到他乖乖地奉上沉香供養。那你想想，後來大慧宗杲也幫他悟了；他悟了以後，再認不認這個五陰身心？不認了！知道這個是假的，那他五陰不就死了嗎？理上他就死了，因爲這時法身慧命才是活轉過來。

可是還沒有度他開悟之前，就那一天，大慧宗杲最後就罵他：「人家是死了活不了，你如今正是未曾死！」（註：這話在文字上沒有記錄下來，因爲他是大官。）欸！敢對這個大官這樣罵說：「人家是死了活不了！你如今是根本就未曾死！」那鄭尚書還得聽他的，果然眞的未曾死；而人家已經死了，知道五陰虛妄，只是法身慧命還沒有活過來，因爲還沒有證眞如。所以說想要當佛弟子、想要入門，得先徹底死一番！人都還好好活著，怎麼活過來法身慧命呢？所以那些一天到晚在堅持離念靈知爲眞心的人不可度，因爲他們還沒有死，還繼續認定這個五陰身心爲我。

離念靈知心正是意識，那叫作尚未死，法身慧命根本不可能活過來！得要把五陰身心先死了，才能證如來藏而現觀眞如，否則他一定退轉。衡之於前三次法難，以及現在第四批的退轉者（因爲退轉的人有四批了、法難有三次），張志成等人是第四批的退轉者，這談不上法難，因爲他們根本沒有把法義推翻！而且現在連一個親教師都沒有跟過去，怎麼能叫作法難！我再怎麼想，也想不出會有哪個親教師會去信他，除非那個親教師比他更笨！（大眾笑…）（編案：後來有個親教師張晉榮跟著他退轉了。）因爲明擺著這些法義都在這裡，而他認爲的眞如就是離念靈知；可是那個離念靈知所謂的眞如，又跟大乘眞見道無關，正是落在我見中，那到底什麼叫大乘眞見道？所以人得要先死，才當得了佛弟子。這個五陰身心死不掉，始終把這個五陰抓得緊緊的，說：「**我離念靈知才是眞心，離念靈知就是阿賴耶識**

眞如，能了別五塵。」他把離開語言文字當作就是不分別法塵，也眞可笑！

我們也講過很多遍了，如果離念靈知是眞實法，那我要請問了：「離念靈知生起之前要有六塵，六塵之前要先有六根，根觸塵才能使離念靈知出生；如果離念靈知就是眞如，那六塵更是眞如；六根比六塵更早出生，六根更應該是眞如了！」哇！那可賺死了，有好多的眞如哩！每一個人證一種眞如都可以了。可是眞如只有一種，「斯斯有兩種（編案：臺灣有名的廣告詞）」，但眞如永遠只有一種！你說要哪裡去證眞如？你把第八識否定就沒眞如可證了！所以說：「人先要死得，法身慧命才能活得。」這道理就是說，你要證的是「不可動」的心，不論遇到什麼境界法祂都不動心，就是第八識如來藏。可是你要證這個第八識如來藏之前，得要先死卻五陰；也就是說，當你被度的時候，是「度過去眾生」；因爲當你證得如來藏的時候就是被度了，被度的時候你這五陰身心就是死了，那就是已經過去的眾生！你看，佛說法就是有這一些道理，可別說：「這大乘經我讀不懂！那是人家亂寫的啦，所以它沒有個道理！」不是沒有道理，是他自己不懂道理。

接下來說：「度脫於邪欲，亦不得邪想，應當勤修習，是名不可動。」邪欲就是他有許多欲界中法不斷地貪著，而且都企圖用不正當的方法去獲得那些欲樂。所以你們看，有些人爲了女色就殺人；有些人在商場上巧取豪奪，有沒有？在官場上努力設計去陷害競爭性的對手，太多太多了！這些都叫作「邪欲」。從附佛外道來講，密宗就是最大的邪欲；他們妄想要成佛，藉著欺騙女眾來成佛，這是最大的邪欲，根本連見道都不可能。可是菩薩證得那個不動心的第八識，就「度脫於邪欲」了；因爲菩薩看見不管是多麼偏邪的人，那人一樣住於寂滅、住於解脫當中。所以《華嚴經》講的婆須蜜多那個女菩薩，她就是經中講的「先以欲勾牽」，因爲有的眾生還沒有度脫欲這一關，她就用欲度脫他、勾牽他來；因爲她絕妙好色猶如天女，所以很多人聞風而來，但聞風而來的時候，她藉著各種手段度他證如來藏。所以有的人來了，她跟對方笑一笑，結果對方就悟了；這個人的供養金可以少一點！有的人可不行，還得拉拉手，他才會悟，供養金就要多一點了。那有的人都已經擁抱、親吻了還不行，就得上床時再以言語指導，這樣才會悟，那個供養金就要很多了！

那婆須蜜多幫人家悟的是什麼？是第八識如來藏。這讓我想起來，那個達賴喇嘛西藏宗教基金會董事長達瓦才仁出了本書，竟然說我是認同他們雙身法的人，說我也在弘揚雙身法，怎麼我可以反對他們密宗的雙身法？（大眾笑…）他援用的資料是我書上寫的，可是他斷章取義、而且是斷句取義。我說的婆須蜜多是藉雙身法度人家證如來藏；但是我書中同時聲明嚴格禁止會裡的所有親教師用雙身法度人證如來藏；結果他把這一段文字都刪掉，單說我年輕就學過雙身法，所以我是證雙身法。但我沒學過、沒修過雙身法呀！（大眾笑…）我是年輕讀書的時候，研究過道家的《參同契》等，所以我瞭解雙身法；但我沒學過啊！結果你看，他就這樣斷章取義了！所以人不老實的時候，說什麼都不老實；可是我說的有憑有據，我的書還在流通之中喔。但也難怪他啦！因爲密宗自古就是用這個手段，他們都是斷章取義來講所謂的佛法，講出來就不是佛法！

但這個婆須蜜多同樣「度脫於邪欲」，因爲她知道在這個邪欲的過程當中同樣都是如來藏；要是沒有如來藏，這邪欲還成就不了呢！不說別的，單說那邪欲中的六塵相分就不可能出現了；所以從這裡面細觀而度脫了邪欲，然後證得如來藏的時候，轉從如來藏來看時，也沒有所謂正、邪可說了；因爲正與邪都是你意識心的事，和如來藏祂老兄無關啦！那麼 佛陀就說：「**應當勤修習，是名不可動。**」所以學佛首要之務，就是證這個「不可動」的心。如果證不可動的心因緣還不夠，就趕快把因緣補足；這不是什麼難題，就看要不要作而已。

「**妄語諸眾生，爲令得解脫，當發大精進，如彼不動相；惡口及兩舌，綺語亦復然，如是平等相，如炎無所有。**」好！意有三法應斷——貪、瞋、癡；口有四法應斷——妄語、兩舌、綺語以及惡口，這裡講的就是這個口有四業應斷。凡是說虛妄語的眾生，爲了要讓他們得解脫，就勸他們要發起大精進心，猶如那個不動相的心一樣，每天日夜不停。佛門中最精進的人，能比得上如來藏精進嗎？最多就是醒著的時候精進吧，睡著了以後不精進了。可是如來藏沒有休息過，即使你悶絕了、你睡著了、你入無想定了，祂都照樣精進，一直護持你、沒有停止過，這才是眞精進。可是祂對六塵不動其相；所以如果有人一天到晚說各種妄語，而你想要度他得解脫，要勸他發大精進。那怎麼樣叫作「大精進」？六度萬行，行之不已，有一天就可以證得這個不動者；如果六度都不修，一進入佛門就要證眞如，那他是當作別人都是傻瓜呀？是啊！人家別人都努力勤修六度，他不要修六度，一進來就要證悟，天下有這種道理喔？他都不修六度，那你說世尊會認定他是佛弟子嗎？不可能啊！因爲佛說：「三賢位裡面就是要精修六度，乃至入地以後還是修六度，然後六度後面再加上四度。」還要修更多哩！

所以「當發大精進」，就是六度要行萬行，一世之中行完六度、行萬行啦；如果六度每一度都只行一行，那不算數！六度總共要萬行。那如果有人是惡口的、有人是兩舌、有人是綺語、有人是妄語；要瞭解這四種口業都是會下墮三惡道的。那你遇到惡口、兩舌、綺語的人，想要讓他得解脫，同樣也是要叫他發大精進。發起大精進，六度萬行成就了，這時候才可以證得不動者眞如；當他證得不動者、轉依不動者以後，他的身、口、意行就「如彼不動相」；就好像那個不動者一樣，所行、所爲、所思、所想看來有動相，而其實他轉依的境界是不動相。從這個時候來看，自己與諸有情平等、平等；雖然平等、平等卻是「如炎無所有」。平等的時候一定是兩相比較：你與我平等、我與他平等、你又與他平等，一定是兩相比較啊。這時候還是有我、有你、有他、有眾生；可是從所證的不等的本質（就是那個不動心的眞如境界）來看時，這平等也不見了，所以說像這樣的平等相，猶如陽焰一樣無所有！

「諸法皆如是，亦無依止處，猶如呼聲響，善知寂滅相；過去諸無明，著我故生憂，若證於無我，是名爲不動。」這是說，一切諸法都像這個平等相「如炎無所有」一樣；因爲一切諸法其實都出之於如來藏、滅之於如來藏。從如來藏來看的時候，一切諸法都無依止處；就好像你看一面鏡子的時候，鏡子裡面有色、聲、香、味、觸、法在那邊動來動去；可是鏡子本身不了知那一些影像，對鏡中的六塵完全不加以了別，所以根本就沒有一個依止處。所謂的我與六塵影像，其實都只是這些影像裡面的「我」在作了別，所以諸法其實沒有依止處；但是爲了度眾生，你得要告訴他：「諸法有依止，依止於如來藏，所以要去找如來藏；找到如來藏以後，轉依如來藏來看諸法的時候，沒有諸法了，諸法不存在了！所以說諸法沒有依止處。」可是從現象界來看，諸法明明存在啊，可是那些諸法「猶如呼聲響」；就好像你呼喚某人、某人應答了，都有聲響，可是這聲響立即過去、不存在，要這樣來「善知寂滅相」。所以我常常說：「二乘聖人沒有證得涅槃，因爲他們不能善知寂滅相。」我說：「菩薩證得本來自性清淨涅槃，即使只是在第七住位，畢竟還是實證；遠勝過二乘聖者的有餘、無餘涅槃。」雖然這個第七住菩薩眼前還入不了涅槃，但是無妨！因爲無餘涅槃的境界已經現前證得了；而阿羅漢不懂無餘涅槃裡面是怎麼回事，所以這樣的菩薩才叫作「善知寂滅相」。

接著告訴大家說，過去的諸無明是因爲執著有我的緣故，所以生起了憂心；因爲證悟之前的有情都把五陰身心當作眞實我，所以就爲了這個假我生起煩惱。少年的時候想著我未來要怎麼樣生活，所以我要努力當學生，學習將來去到社會如何生活。可是我以前在學校，對這些都不關心，我一天度過一天，我也沒想要幹什麼！人家說好好學，學好了將來有這些技能，到社會上去生活，我也沒有好好學！所以我高中讀了四年，我讀到留級呢！我在高中讀大學，因爲四年才畢業，那是大學的學程啊；因爲我對那些都沒興趣，若是問我要幹什麼？我也沒有想要幹什麼，就只是混日子！可是大家都努力學，因爲將來要好好生活啊，所以都當好學生。我也是好學生，因爲我品行很好，只是學業不好；這就是菩薩，因爲對世間法沒有期待！可是一遇到佛法，我就一頭栽進去了，人家笑我迷信也好，我繼續信我的、繼續學我的，這就是我要的；可是眾生不這樣想！眾生想的都是：「我現在要好好當學生，因為我出了社會以後，就是要好好生活啊；所以為了在社會上好好生活，我該學的技能、我都要學！」

那如果在社會上五子登科了以後說：「我要好好保持我這些所有，不可以失去！」等到年紀大了說：「不！我可不能死，我賺了那麼多錢財，我全部都留給兒子喔？我才不甘心咧！因為我兒子又沒有很努力奮鬥，我憑什麼全部留給他！」他又不甘心了；可是他不甘心，也是為了這個五陰；到最後不得不留給兒子，還是不甘心，都是因為這個五陰，那就是無明！可是有的人學法以後，還是有無明；他不相信第七識、第八識，那就是最根本的無明，很難斷的！如果 佛都告訴你有第七識、第八識，那你修證佛法的時候，最少懂得說：「我寧可證第七識，我也不要證第六識！最好我能證第八識！」這才是聰明人。如果沒機會證得第八識，我至少也要證第七識吧？因為至少我比前六識更進一步啦！那如果有機會第七識證了以後，我再證第八識，那不是更好嗎？可是有人就永遠停在六識論裡面，那就是傻瓜加笨蛋！因為沒有人這麼笨的啊，當然是要越證越深細的才對啊。怎麼要停留在六識論裡面，然後來說你證第八識沒有用？如果那個第八識有一天終於實證了，你馬上就會知道：「哦，我過去所有的種種無明生起，都是因爲執著這個五陰身心的我，否則我幹嘛爲了自己五陰的未來發愁呢？」所以 如來說了：「過去諸無明，著我故生憂。」

這「生憂」有很多道理生憂，有的人生憂的道理簡直不可理喻！譬如說有個寓言，有一個人衣食無憂，可是一天到晚在擔憂說：「哎呀！糟糕了！老天不曉得什麼時候要掉下來？那會壓死多少人！我也會死。」他一直在憂愁這個，好不好笑？所以你們會笑。有一句成語叫作「杞人憂天」，那就是非常、非常笨的人，好在世間沒有這種人！所以它就是寓言式的一句成語。世間人的憂愁很多，都是爲了這個五陰身心的未來；可是你如果證得這個無我的不動心第八識眞如時，發覺：「原來五陰身心都是假的！而我證得這個第八識如來藏以後，這第八識如來藏也無我，而五陰身心生滅幻化，終歸無我，也是無我！所以從現象界來看，無我；從實相法界來看，依舊無我！」證得這個無我的時候，你心就不動了，知道這個才是究竟的實相，這樣就叫作「不動」。所以眞正不動的是如來藏，不論你跟祂講解脫、講如來藏、講實相、講佛法，叫祂要度脫牛死，祂永遠都不動其心，所以你跟祂說什麼佛法都沒用！因此說度眾生是要度眾生證得如來藏，那眾生證得這個如來藏就不動其心；所以那時候你跟他說我、五陰、解脫、如來藏、成佛，他的如來藏都沒有動，祂都不動其心；天魔聽不懂，就以為是說事相上眾生聽了都不動其心，他就歡喜回天宮去了；而 如來講的是這個第八識不動其心，只要證得這個第八識以後，五陰身心就「死」了！那麼究竟追溯起來，為什麼對五陰身心這麼執著？都是因為著於五陰身心，這就是無明。

「能知煩惱害，體性本無相，無相即菩提，是名為不動；深證諸邪見，得修於正智，離邪見叢林，是名為不動。」學佛為什麼剛開始要學很多的「次法」？因為眾生往往落在煩惱裡面、被煩惱所繫縛，卻不知道什麼叫作煩惱，所以要教導他苦諦、集諦。如果學佛久了，終於知道：「噢，煩惱會害死我的法身慧命！」所以就開始去追究煩惱背後的眞相，追究到最後終於發覺：「原來煩惱種子都收藏在我的阿賴耶識裡面！所以我要找到阿賴耶識、要滅阿賴耶識。」滅阿賴耶識那就變成異熟識，不再有阿賴耶識的性質了！可是有的人不懂，讀了亂誤會，就說要一槌把阿賴耶識搗碎！「嘩！」地一聲搗碎了，就證悟眞如佛性了。誰講的？

月溪法師講的，可是聖嚴法師也跟著月溪亂講，說要把阿賴耶識滅了，滅了就開悟了。那他認爲自己開悟了，請問他有沒有找到阿賴耶識呢？沒有找到阿賴耶識啊！那又怎麼能滅掉阿賴耶識而證悟？所以他也不知道「滅阿賴耶識」的意思。

滅阿賴耶識就是把阿賴耶性滅掉，阿賴耶識還有一個名稱叫作異熟識，滅掉阿賴耶識以後，剩下異熟性，就不再叫作阿賴耶識，只叫作異熟識，這就是「滅阿賴耶識」的正義。那他們說要滅阿賴耶識，滅了就開悟，而他們又宣稱開悟了，請問：「**他們有沒有找到阿賴耶識？**」這才是重點哪！他們沒有找到阿賴耶識，如何滅祂？總不能像密宗一樣虛空畫個東西或另外施設一個東西叫作阿賴耶識，然後把祂搗了、把祂滅了，就算滅了阿賴耶識。所以那些大法師們說法自相矛盾，可是自己不知道自相矛盾！這才需要有個蕭平實來當惡人。

現在終於證悟了如來藏，找到阿賴耶識了，漸漸地修學就知道說：「**喔，這阿賴耶識有能藏、所藏、執藏的特性；藏什麼呢？藏分段生死的種子。那我找到第八識以後，我要把這個能藏、所藏、執藏的阿賴耶識自性給滅掉。**」滅掉以後，祂就不叫阿賴耶識，祂改名叫作異熟識了。這時候終於知道：「**原來藏在阿賴耶識**

裡面的煩惱——會害死我法身慧命的煩惱，這些煩惱從阿賴耶識來看的時候，煩惱體性根本就無相可言哪；從阿賴耶識來看時，煩惱根本不存在！」那這樣就是證得實相，實相無相，這才是眞的實證；這個無相就是菩提、就是覺悟啊！證得這樣的一個實相無相的菩提心，這才說是眞正的不動。今天講到這裡。

每個週二晚上來講堂，看見大家都很歡喜！因爲日日是好日啊。對喔？（眾答：對。）對啊！日日是好日。想想看：「釋迦牟尼佛給我們依靠，我們自己的自性佛也給我們依靠，每天活得多快樂，所以日日是好日，沒有一天不是好日！」以前對大乘經典總是有千里之外的感覺，現在讀起來，就是在講自心的事情，多親切的感受！

聽說現在有許多人在感謝那些退轉的人，因爲他們的退轉、否定正法，所以大家就有更勝妙的法可以聽；這也眞的有道理！你看像《燈影》、《假如來藏》那一些書，也不是故意要寫就能寫的，得要有因緣才會去寫它。通常講經時不太會講到「無生法忍」的部分；因爲「無生法忍」在這種公開講經的場合來說，是太深了；不過因爲有許多同修層次很高，一般的老同修其實亦非吳下阿蒙，所以都很喜歡聽深妙的法。我今天早上在想：「既然大家這麼喜歡聽深妙的法、也能聽懂，這還眞的算是我的知音呢！」所以想一想，我該怎麼回報知音？那我就想，不然就把增上班應該講的法來跟那些退轉有關的人連結，在經文適當的地方就插進來，每週講一點；一點就好，不要兩點！（大眾笑……）因爲兩點太多了。要聽眞正深妙的法，要去增上班；像《成唯識論釋》講的都屬於無生法忍的層面了。那今天早上這樣想定了以後，我就說：「好吧！如是而行。」出門前，我把這個經文瀏覽了一下，發覺：「欸！一開始這四句就要講深妙的法了！」那我們就開始來講。

「深證諸邪見，得修於正智，離邪見叢林，是名爲不動。」從字面的意思來說，要能深入地證實、或者證得各種邪見，才能夠修學到眞正的智慧，這是有原因的。也就是說，我們一開始弘法不評論諸方，不管誰來問，我都說：「很好、很好！他們講得很好！」若問：「對不對呢？」我也說：「對、對、對！都對！都對！」可是我說他們都對，就「對」錯了！因爲他們各道場傳回來我這裡說：既然他們對，而我講的法跟他們不一樣，所以我錯了！就變成這樣了。那你說我該怎麼辦？所以他們就在抵制了，我想正法唯一的命脈在這裡，竟然被各道場所抵制！啊，這時候沒辦法！和平共存之不可得，把心一橫，走上了不歸路！就是開始摧邪顯正了。《成唯識論》那一句話還得拿來用：「若不摧邪，難以顯正！」因爲甚至會裡還有人證悟了以後說：「我們講的法跟那個誰講的法一樣啊！」我說怎麼會一樣？明明就天差地別，竟然他們會說是一樣！我說：「那我得要把其中的差異講清楚！」正好因爲各道場抵制正覺。

那時我們可能還不到兩百人，我們租中山北路六段的地下室，再擠、擠不了一百五十人！當時也沒有什麼桃園、新竹、臺中、臺南、高雄、嘉義講堂，都沒有！確實只有一百多個人，估計啦！加上好像有幾班禪淨班，那時候兩三班，連禪淨班學員大概兩百多個人。寫到《楞伽經詳解》第三輯時，把心橫了，開始寫印順，擒賊先擒王；賊王擒了，不怕他們再來胡鬧！就這樣開始走上不歸路。那時候有人想：「你蕭平實好膽大！竟然敢去招惹印順導師！」我說：「因爲他把三乘菩提從根砍掉了！我如果要讓四大山頭閉嘴，就要先砍他。」這就是破邪顯正的緣起。所以「邪見」到底爲什麼稱之爲邪？這個道理一定要讓大家先知道啊；如果不知道它爲何是邪，那這些邪見會跟正見混合在一起繼續弘傳下去，所以要先讓大家瞭解什麼是邪見。就好像一個人參禪，想要悟到本來面目；可是他如果沒有先把蘊處界這個假我弄清楚，他再怎麼參禪都沒用、都會落在蘊處界裡面，永遠悟不了；然後落到離念靈知裡面，還當作是證眞如！成就大妄語業啊。

想想我們出來弘法到現在將近三十年，救了多少人離開大妄語業！這個功德大不大？（眾答：大。）跟諸位叫作「與有榮焉」，因爲跟你們有關係；假使不是你們努力著要修這個法，我就不用破邪顯正了，他們也就不得救；所以他們得救跟諸位有關聯，要懂得自己有這麼一分大功德，因爲現在佛教界知道什麼是邪見了。就像達賴喇嘛西藏宗教基金會（我要講他全名，因爲他很注重這個名相），他書中說了：「政府問到說：『密宗爲什麼不是佛教？』結果臺灣的中國佛教會把《狂密與眞密》四輯送給政府說：『你們看就知道了。』」你看！所以這表示有很多人離開邪見了，佛教界還眞的有很多人離開邪見呢！而這個功德是在諸位的支持下，我去寫出來，所以諸位都有這麼一分功德；凡是護持正法，我作什麼功德、你們都有分啊，因爲這正覺是諸位支持出來的，不是我一個人建立的；諸位要有這個認知。

其實有的人想說：「我每次來共修，不過護持個一百塊錢；或者我一個月護持個一百塊錢，就是幫忙支持一點水電費罷了！」可是我告訴你，一樣有大功德！因爲你是護持正覺的勝妙法，而正覺這個課程是免費的；所以你還是護持正法、還是有功德啊！那麼話說回來，當你知道什麼是邪見時，參禪就會離開邪見，最後邪見全部都弄清楚了，只剩下一個眞實法在，那你當然就認定：「啊！除了這個，沒有別的了！」所以你參禪得到正確的結果，心中再也不疑，這樣才叫作「修於正智」。現在有人悟得不眞、或者忘了所悟，說：「大乘的見道不是證第八識眞如。」已經寫文章在網路上流通兩年多了，我們這幾個月才開始回應處理，因爲本來不想理他。但是我說那個叫作邪見，爲什麼呢？我今天想用「四緣」來跟諸位講，但是今天「四緣」只要講一緣就好，不然四緣講完時就下課了，無法講經了。

「四緣」就是因緣、等無間緣、所緣緣、增上緣。那我今晚從這四緣中的「因緣」來證明，必須要有第八識的實證，才是大乘法中眞正的見道。以前我們扣著這個題目，講過很多個層面了，今天再從四緣的層面來講；這四緣講完時，兩梯次禪三也過完了，又增加了一些金毛獅子。第一個是因緣，因緣是說什麼？是說每一個法之所以出生、現行、可以運作，然後過去、消滅了未來還會繼續現起，都要緣於一個根本因，或名第一因。比如說意識，或者那些退轉者講的「離念靈知叫作眞如」，就是講意識；意識現行的因緣就是如來藏，因爲如來藏含藏了意識的種子；如來藏無形無色，可是祂能生一切法，你這個五陰身心都是祂所生，所以禪宗說祂叫作「父母未生前的本來面目」。那麼意識怎麼出生的？無始以來，由於意根持續不斷地作意，所以如來藏就不斷地流注出意根的種子；意根從無始以來就一直這樣伴隨著如來藏而安住，不斷地在運作，不曾剎那中斷過。由於有意根，所以人睡著以後又能醒過來；死後入了胎，入母胎以後執取了受精卵；然後從母體的血液裡面又吸取了四大，於是造作了這個色身，意識才能出生。

這個色身有五浮塵根、也有五勝義根；有了這五根以後，如來藏就可以將外面的六塵攝受進來（靠著意根的作意一起攝受進來），然後在勝義根變現了六塵——內六塵。當然有人退轉了說：「**內相分的六塵是蕭老師發明的，不算數！**」其實這個問題，將近二十年前就有人質疑過，我們也回應過了！可是他們都不聽、也不讀，我也沒奈何！那麼善思老師的文章裡也有寫，他舉出《阿含經》的根據，外六入、內六入都有！其實三乘菩提諸經裡面這個記載很多，但他們退轉者也都不讀；很奇怪！就不提他了，言歸正傳！因爲如來藏造作了這個有根身，具足五色根了，所以在勝義根裡面就變現出六塵來，這個六塵是內六塵；因爲十八界是每一個人都有十八界，所以十八界中的六塵不是大家共用的，而是各人都有自己的六塵！那六塵變現出來，這意根加上五色根，總共六根；由六根觸內六塵，相觸的地方就出生了六識，意識就是要有這樣的因緣才會現起。

那你看如來藏出生了意根、出生了五色根、再出生了內六塵，這樣，意識之前的法就有三個順位了，內六塵已經是第三順位了；因爲意根最先，然後入母胎、生了五色根，然後再生六塵，六塵排老三；六塵之後才能出生意識等六識，那請問：「這六識是排行老幾？」哦！排行第四了；你看，意識離念靈知連老三都排不上了！那他們說那是眞如，你說信不信得？信不得啊！現在從這裡來講，意識爲什麼可以出生？意識是不是由意根觸法塵出生的？大聲一點！（眾齊答：是！）不是！（大眾笑…）你們的想法就跟釋印順一樣啦！（大眾笑…）因爲意根觸法塵只是個助緣；出生意識的並不是意根與法塵，而是根與塵背後的如來藏！所以如來藏才是意識的「因緣」，根、塵與觸都不是離念靈知的「因緣」。

但如來藏不單是這樣，既是意識的因緣，也是六塵的因緣、也是五色根的因緣、還是意根的因緣；因爲這一切都要靠如來藏流注種子出來，然後諸法才可以出生啊！所以在增上慧學當中，說如來藏是諸法的因緣。那麼意識等六識出生以後，看起來好像是常、好像是都不間斷，其實是刹那生滅；祂不斷地一刹那、又一刹那生滅，生了又滅、再生了又滅，就這樣前後連貫起來成爲一個意識，所以能了別諸法；可是了別諸法時不單是這樣，這個牽涉到等無間緣跟增上緣，下週、下下週再來談。

那麼如來藏在意根觸法塵的地方流注出了意識的種子，於是意識等六識出生，所以才有意識現行；意識出生以後，如來藏還得繼續流注意識的種子在根觸塵的地方，使意識可以持續地存在而繼續運作；所以如來藏就是意識的因緣，同時也是五識的因緣、意根的因緣。那這樣來看，如來藏顯然是萬法的根源，因爲這些法都以祂爲因緣；如果沒有這個因緣，就沒有意根、沒有五色根、也沒有六塵，六識就別提了！所以如來藏才是萬法的根本。那麼修學大乘菩提的人，是要證萬法的枝末、還是根本？（眾答：根本。）對啦！諸位答得好！毫不遲疑，脫口而出；因為熏習久矣，正知正見具足了。那現在佛教中說有六識論、也有八識論，請問：「**是六識究竟、還是八識究竟？**」（眾答：八識。）當然八識究竟啊！因為第八識是萬法的根源；在增上慧學裡面說了：「**這第八識不但出生了五陰，還出生器世間。**」所以山河大地都是共業眾生的如來藏共同創造出來的；整個銀河系、一個星雲旋系它的生住壞滅或成住壞空，不是無因無緣、不是自然成住壞空，而是共業有情的如來藏所運作出來的，所以這第八識如來藏才是萬法的根源。

那現在有人說：「**大乘見道的證眞如並不是因為證得第八識，而是要證三無性。**」但三無性也不是憑空而有欸，是要依三自性而有；而三自性當中的「圓成實性」講的正是如來藏圓滿成就諸法的眞實性，還是要回歸到實證第八識來啊。沒有證第八識就不懂圓成實性，不知道現觀圓成實性、無法現觀圓成實性，而說他證悟了、或者說他能現觀三無性，你能信嗎？當然不能信！因為你要觀祂三無性，當然要先親證三自性，才能從第八識的無所得境界來知道為什麼是三無性。那如果只是思想上的三無性，就是變成一切法空的思想了，那跟斷見外道何別？

沒差別了！所以你看，從這個「因緣」你就知道說：「這第八識才是萬法的根源，這第八識才是我五陰身心背後的眞主，而眞如只是第八識的識性罷了！」不是回教信的眞主，是每個有情的眞主；因爲祂才是主啊，每一世的五陰身心只是個過客。那麼這樣看來，如果不證第八識如來藏，他就沒有大乘見道可言；這樣是從另一個層面來爲大家證明，大乘的見道就是證第八識如來藏。當然，還沒有證得如來藏之前，我所說這個因緣的道理，你也只能夠理解；可是如果證如來藏以後，再去思惟整理，你就可以現觀果然如此。

這個就是從「因緣」來證明如來藏才是大乘見道之標的；除此而外，沒有眞如可證、沒有佛法可證！我今天斬釘截鐵講了這麼一句話，一直到將來諸位成佛以後，也無法推翻我這一句話。這時候一定有人想：「你蕭平實好大的膽子！敢在如來聖像面前開這個大口。」可是等你將來悟了，你也只能接受這個大口，會發覺說：「原來不是大口！而是如實說。」那我們下週就來講「等無間緣」；講了等無間緣，下下週先不談所緣緣，把最後的增上緣先拿來談；談完之後，你才會知道說：「所緣緣原來那麼複雜！」當諸位聽完這些道理，有勝解了，這就是正智，眞正的智慧就是如此。假使你外於第八識，想要求得佛法，絕不可得！外於第八識而求證佛法，什麼時候可得呢？說一句俏皮話，叫作：「驢年馬月到來，就可以證得了。」你把十二生肖算一算，驢年什麼時候會到？而且是驢年的馬月欸！等不到啦！這樣，佛法重要的道理就弄清楚了。

現在這樣有正見了，表示什麼？你經由邪見的瞭解就發起正見，因爲邪見跟正見一定是相反的兩邊，它有互相牴觸的地方，所以各佔一邊，不可能混合！只有愚癡的凡夫才會把邪見跟正見混合在一起；所以有時候爲了救度眾生，你必須破斥邪見，否則正見之所以異於邪見之處顯示不出來；所以當你得到這樣的正智的時候，就「離邪見叢林」。邪見爲什麼稱爲叢林？因爲人間的邪見一大片又一大片，好像滿天的烏雲黑壓壓地蓋住了整個世界，就好像你進入那個原始叢林裡面。譬如說去南美洲那個原始森林裡面去，很多地方都不見天日，所以把它叫作叢林。叢林就是非常密集、都有很高大的樹把陽光遮住了，邪見就是這樣；而不幸的是世間只有一種正見，其他都是邪見，所以邪見就叫作「叢林」。那你離開了邪見叢林的時候，一切法就不動其心了；離邪見叢林，就代表你已經證眞如。你住於眞如境界的時候，聽到一切法、看見一切法都不以爲眞，知道都是影像、不是眞實法，所以這時候就不動其心。

關於這個不動其心，我倒聯想到一件事。我這兩天讀到有位同修寫的、跟退轉者互動的文章；它裡面寫了一句話，說那些退轉者的目的是發動對正覺的攻擊之後，五年內要接收正覺的錢財與學員。他有引述他們貼在網上的話，說五年內要接收啦；那現在已經過去兩年了，剩下三年，看諸位願不願意被接收？所以我看到這一句話，才聯想到一件事，我本來想：「他們爲什麼爲我這麼憂心？」因爲他們有一篇文章這樣寫，說：「你正覺要蓋正覺寺，爲什麼又要加蓋一個玄奘文化中心？你現在的資金缺口有十五億，也沒有交代要怎麼解決！」我心裡想：「他爲什麼對我這麼關心？」當我看到這一句話的時候，才豁然明白：「喔，原來他們想著：五年內接掌了以後，要負擔這十五億的缺口。」（大眾笑…）我終於懂了！因爲我不懂他們是在想什麼啊！我們清淨心的人，就只是爲正法付出，沒有想要去撈錢或幹什麼；原來他們在想這個，怪不得那麼關心那十五億元的缺口！我現在倒是起一個奇想、怪想說：「乾脆我每年冬令救濟花兩億去救濟，把它花掉；蓋正覺寺不夠錢時，我就借三十億元來蓋，那這樣他們就不會想要來接掌。」（大眾笑…）眞是！所以你說眾生好不好度？不好度啦！只有諸位好度，其他都很難度啦。

所以度眾生眞的很難！有位師姊說她要出家，問我意見，我說：「妳如果世俗法中都沒有什麼罣礙了，我認爲妳可以出家，我就隨喜。」然後她父親回來，問候我：「身心康泰否？遊步輕利否？眾生易度否？」我說：「身心康泰、遊步輕利，就是眾生難度！」（大眾笑…）所以這道理很簡單哪，因爲眾生他是那樣想的時候，他就會想我跟他一樣。不是有個名句說：「佛看眾生，眾生是佛；眾生看佛，佛是眾生。」所以一般眾生會當作我是一般人；可是我看一般人，不是一般人！我把他當作是菩薩，我就看走眼了！把凡夫當作菩薩，也是看走眼了，我就說啦：「我不擔心那十五億缺口，到時候完工了不夠錢，我就銀行借款嘛！憑那些建築物、憑那些土地、憑各地講堂抵押來湊一湊，難道抵押不到十五億嗎？怕什麼？我不怕！那如果他們不想來接管，就不要來接管！」（大眾笑…）那麼從如來藏來看，當你轉依如來藏的時候，住於眞如當中，對這十五億元缺口也不動其心啦。如來藏不會想說：「還有十五億元缺口，我怎麼辦？」不會想這個事情，你按部就班去作就好了！我的看法很簡單：「船到橋頭自然直，怕什麼？」那些凡夫法師們手裡沒一文錢，就敢去蓋一百塊錢的寺院，他們都不怕了；我手裡有這個法財無量無限，我還怕什麼？所以我不擔心啦！

這個意思就是說，今天諸位聽到這裡，應該正智都建立了。什麼叫作正智？包括什麼呢？包括學佛是要求得解脫，不要被錢財綁住！所以打從正覺寺的地買了以後，我開過幾次會議，定下決策之後，我就不再參與了；就全部都勞煩理事長他們一群人，大家每週開會討論進行，我就不參與了！我專心寫書，就給他們辛苦。我不要像聖某法師那樣大小事都抓在手裡，然後累到糊塗了、沒辦法啦，只好去美國休息半年；休息半年回來，又開始大大小小都抓在手裡。我不用！我都授權下去就好了，因為這又不是我的同修會，我幹嘛抓在手裡？這是大家的同修會，由大家去決定才對，那我也輕鬆啊；大家也有福田可修，多好！可以說是兩利。也就是說，當你轉依如來藏的時候，你根本不動其心，該怎麼作就怎麼作，順理成章，又不需要把自己給累死。這個正見建立起來很重要，這個正智建立起來很重要。我已經連續好幾週說為什麼要證第八識了，今天從因緣也說：「所證必須是第八識，才能稱爲大乘的見道。」那有人要回去證第六意識離念靈知，我們就隨喜，我們也不要去把他拉回來，隨喜他就好，因爲那是他的選擇。

接下來，「若心得無欲，現受寶女抱，乃至諸童子，智者所遠離；以邪相持戒，而不捨正法，智者無心意，惟求於聖道；是名修法忍，顯示於外道；無心而行忍，亦不近涅槃。」先來說前面這四句，如果心中已經證得離欲的境界了；換句話說，已經發起初禪了，這個初禪也是不退轉的初禪，所以「心得無欲」；這時候如果再示現出來身上抱著寶女（不是一般女人喔），寶女還有一個名稱叫作玉女寶，想起來是誰了嗎？對！轉輪聖王的女人啦。如果已經發起初禪了，結果他還示現抱著寶女，不管到了哪裡，他都抱在身邊；因爲寶女有個特性：夏天身涼、冬天身暖。如果世間有人發明這樣一個東西，一定暢銷；夏天放在懷裡，好像有冷氣一樣，不會熱；那冬天它又暖暖的，讓你不會寒冷，多好！玉女寶就是這個樣子。可是你如果已經發起初禪了，結果竟然示現抱著寶女，這不是智者之所當爲！所以有人宣稱證得初禪，能幫人證初禪，卻貪財收取學者一萬五千元人民幣，能信嗎？

還有一種叫作「乃至諸童子」。中國古來有錢人他們都會買童子，買童子來不是當兒子，買童子來是要陪著他睡覺，那他冬天腳就不會冷，就是當暖爐用；諸位聽了覺得奇怪，中國古人就是這樣，大員外都是這樣作的。臺灣人也有一句話說：「囝仔郎屁股三斗火。」有沒有？（眾答：有。）翻譯成國語說：「小孩子屁股有三斗火。」火有三斗，你看大不大？很大！所以就讓那孩童跟他一起睡，他就不會手腳冰冷，就是當暖爐用；當然這樣久了也會出問題啦，那是其次，我們不談它；寶女抱久了也會出問題，我們也不談它。可是如果已經得於初禪，然後一天到晚招惹女人；或者如果女人得初禪以後，一天到晚招惹男人，或是貪財者，這是「智者所遠離」——有智慧的人都遠離這種狀況。

也就是說，從如來藏來看，這種事情根本不應該存在。如果依照佛世來講，證得如來藏就應該出家了；那如果無佛之世，重新受生再來，無妨示現在家相沒有關係，但是不會再娶第二房、第三房、第四房了；即使是古時的印度婆羅門種姓，娶妻最多可以娶到四房；所以《根本論》依據這個道理說：「菩薩應該安於妻室，不可以多欲、過量。」但是把標準放寬，說：「極至於五。」極，就是終極、到最多的地步只能到五個妻子。最多只有五個，那是婆羅門的標準，有的種姓只能娶一個。那就是說，你既然都已經發起初禪了，爲什麼你還要在錢財等五欲上面去著墨呢？所以有智慧的人是遠離這一些的。

接著說，如果以邪相來持戒，但是卻不捨於正法；譬如說到了末法時代，你證眞如以後爲什麼不出家？而你竟然跟世俗人一樣，還結婚、生了孩子，還在世間法中賺錢！這都叫作邪戒。又譬如說《華嚴經》善財童子五十三參裡面，有一位婆須蜜多女人，她是個高級公關女郎，她度人就是用淫欲度化，所以她那個莊園很漂亮。又好像佛世有一個女人叫作奈女，她多漂亮？她來見佛時，佛陀遠遠看見了就教大家說：「諸比丘！善攝受心！」（大眾笑…）也就是告訴這些比丘們：「你們不要亂動念啊！」大家就乖乖聽話，就攝受其心。結果她來聽了一席話，那些法聽完了，要請 如來明天受供，她就漏夜備辦美食；第二天請 如來到她宅邸受供，受供完了，她就聽受 佛陀說法。但是奈女太美就被無根毀謗爲淫女，可是你看她的身相縱使是個淫女邪相，然而若是不捨正法，從眞如心來看時也沒有邪相可說，何況她不是淫女，因此佛法不可以看表相、要看實質。你們看密宗很多喇嘛都說他們不收供養等，其實那是嘴巴不收供養，事實上不斷地在收供養；所以表相看是正相，其實密宗是邪法！因此修學佛法時要看眞相，不看表相！

「智者無心意」，有智慧的人無心意。諸位想想看，你如果從離念靈知來看，要怎麼解釋這一句話？離念靈知這個心不存在，意根那個處處作主的特性也不存在，這個就表示有智慧的人是證眞如的人，眞如無心意，因爲眞如是第八識在世間法運行的過程當中顯示出來的眞實又如如的法性，沒有六識心、沒有意根的作用在裡面；但是你證得眞如卻有智慧，你轉依於眞如的時候，又說：「我沒有智慧！」因爲你以眞如作我，就沒有智慧了；可是沒有智慧時，卻能爲人宣說勝妙法，因爲你五蘊有智慧，這是從意識的層面來說。所以有智慧的人，不住於心與意的狀態裡面，依眞如而住，那他只求聖道。請問諸位：「聖道是不是神聖之道？」是！「那神聖之道會想要去搶人家的學員跟錢財嗎？」不會！我以前還沒有恢復全部證量時，早就說過：「如果有一位八地菩薩來了，我就下座，我跟他學法；我就跟諸位一樣，我就那邊坐。」以前我們也作過，不是沒有啊。

以前不是有兩個同修（不講是什麼老師），他們兩位整整兩年介紹我說有位八地的老菩薩；當時我要請他來同修會領導，但他不敢來；我以前曾經作過了，不是沒作過！有了這回的經驗，如果將來眞的有所謂的八地菩薩來了，我也不會再接受哪些人講了就算數；我要先勘驗、確定他眞的是八地菩薩，那我就下座，請他來帶領我們，也許我正好歸隱田園。換句話說，有智慧的人求的是聖道，不會求世間道啦！如果想要有眷屬、想要有錢財，那叫作世間道。正覺的錢財太少了，不如去找那四大山頭，隨便哪一個山頭都是我們的十幾倍、二十幾倍，搞不好三、四、五十倍都有，正覺這一點算什麼！

也就是說，有智慧的人他沒有世間心、沒有世間意；他不落在意識心、也不落在意根的境界中，他一心想的就是求聖道。那大乘佛法中稱之爲「聖」，是到什麼地步？入地！沒入地之前，乃至到達十迴向滿心了，都還叫作「三賢位」。所以我一直勸諸位說：「**無論如何，在這一世能證阿羅漢果就先證；假使眞的證不得，拖到九千年後也一定要證，將來彌勒下生時你才能入地。**」既然這樣，請問：「**阿羅漢是不是聖人？**」是啊！怎麼不敢答呢？阿羅漢是聖人啊，因爲出三界者是人天應供欸。那證阿羅漢果之後，到兜率陀天跟隨 彌勒菩薩學佛；祂下生人間之前，我們就先來布局，各行各業大家都安排好了、安住好了；等祂下來成佛，我們就來聽祂第一轉法輪；再不濟，第三轉法輪的時候也要證阿羅漢果、並且要入地，這樣才能幫助祂弘法；不然祂要攝受那麼多人，怎麼攝受？這就是諸位的使命。所以這一世假使證不了阿羅漢果、這一世假使無法證悟明心，來世也要證；再怎麼不濟，九千年後也要證，因爲這整個地球上就只有諸位可靠；我如果不栽培諸位給 彌勒尊佛用，那我將來怎麼見祂？因爲住持正法這麼久，竟然都沒有把人栽培出來，讓祂無人可用！到時候不是要當眾訶責說：「你當法主，沒有好好度人！」這也就是說，求聖道是很重要的，因爲眞正遠離諸惡業就是入地後的事了。

接下來說，像這樣沒有心、沒有意，「**惟求於聖道**」，這樣才叫作眞正的修「**法忍**」。「**法忍**」很難喔！因爲對很多人來講，生忍就很難了！所以一起出去作義工，被幹部罵了一句就老大不爽快，結果心裡嘀嘀咕咕、嘀嘀咕咕；嘀咕了兩、三週都還在嘀咕，晚上氣到睡不著覺，這就是「生忍」沒修好啊！張先生正是「生忍」沒修好，就怪罪到同修會頭上來。你要得「**法忍**」之前，要先得「生忍」啦。眾生既然還沒有入地，他就是會有脾氣，正常的事情啊。那你如果生忍沒有修好，「**法忍**」當然不可得；如果這樣讓你上來當法主，能如我遇過的前面三批退轉的人沒有罵我，算是很棒的；三次法難攻擊我，這一次退轉的人攻擊得更厲害，創造新紀錄；如果你沒有生忍，你一定氣死了，拂袖而去！把袖子這麼一拂，下座！「**不度眾生了！回家吃老米了！**」對不對？對啊！一定氣死了。

當初度眾的緣還沒有很成熟，佛教正覺同修會即將成立，結果十位同修開會說好每一個人每月出三千塊錢，不許誰出比較多；認為出錢多的人講話就大聲，權力比較大。我說：「**好啦！你們說好就好了，我跟你們一樣出，我也不出較多的錢。**」結果還是不行，有很多的麻煩與限制！所以那時候即將集合在一起上課時，因為開會時正在過年放假期間，我就準備過完舊曆年後繼續上課，在三個地方、每一個地方上課完就宣布解散，因為沒辦法弘法了。結果消息走漏，他們就有人發起去找房子，說要另外租一個地方，成立正覺講堂。那時還在新春期間呢！他們也沒有事先通知我，結果新年初二說要找我一起去看房子，我說：「**看什麼房子？**」我真的是後知後覺啊！他們才告訴我說要租一個講堂。那時候準備一個月三萬塊錢租，十個人出錢來租，每一個人出三千塊錢；但後來卻是由另外一批同修發起，就這樣成立正覺同修會，所以因緣很難講。假使你生忍沒修好，因緣再怎麼好，都無法弘法；因爲一定很生氣，一旦有人出來搗蛋的時候，出口就罵：「你**這個人忘恩負義！**」就開始罵，然後回家不弘法了。

可是打從正覺同修會成立以後，我沒有那個念頭，我只是訂下一個期限說：「**我二〇〇一年準備退休，我就把正覺同修會交出去了。**」因爲我的想法是：「**二〇〇一年，很多老師們都學得差不多了，可以住持正法了。**」但沒想到退不了，所以親教師會議（那時候只有剩下十幾位親教師）說不許我退休，也就只好繼續作下去了。我知道當時有好多人期待我退休，那是眞的啊！可是既然親教師會議不讓我退，說要繼續學更多的法，我就繼續講法了。所以呢，我以前在家鄉買了一塊住宅區的土地，也沒機會回去蓋屋了；後來就在我同修的故鄉也買了一塊將近九百坪的農地，也沒辦法回去蓋了，那就住臺北了吧。現在倒是想：「**我要把中國佛教復興起來！**」因爲別人都不可冀望。那爲什麼以前三批退轉的人、又三次法難，加上現在這次退轉的人搞到這麼荒腔走板；可是我爲什麼不生氣？因爲有「**法忍**」哪。有「**法忍**」的人是生忍已經修好了，才能修「**法忍**」。也就是說，你要像這樣子「**以邪相持戒，而不捨正法**」。

表面看起來你只是個世俗人，甚至於你這樣子修法忍的時候，很可能你這個色身的表相是個外道；而這種事情不是末法時代才有啊，佛世就有了。不信的話，諸位回去《大藏經》請出來，去找一部經叫作《大薩遮尼乾子所說經》；他就是個外道，領著一群外道遊行人間，但他卻去跟國王建議說：「你要學佛啊，佛陀是多麼的有智慧、多麼偉大等等。」剛開始國王還不信他，還想要砍他的頭哩。他說：「國王你不要砍我的頭！我很害怕！」國王說：「那你既然這樣害怕，爲什麼你要跟我介紹佛陀？」他就說：「因爲如何、如何、如何，所以我要跟你介紹佛陀。」結果國王後來就信了。但薩遮尼乾子是個外道，他是個尼乾子啊，所以學佛不要看表相。

又例如佛世 文殊師利菩薩留著一頭長髮，戴著天冠，胸配瓔珞，臂上有寶釧，不就像個世俗人的大富長者嗎？可祂卻是 釋迦牟尼佛的法王子呢！那很多人對這一點不理解，我就要說明了。色身去受持了三壇大戒，請問：「三壇大戒之中最後押寶的大戒是什麼戒？」菩薩戒！可是你受出家戒，比如說比丘、比丘尼戒，這戒只是一世受；只受一世，死的時候這個戒體就失去了！當然我還是鼓勵大家：

如果你世間的業緣已了，可以出家！出家你要保持菩薩相、還是聲聞相都可以；因爲你修大乘法是修心，不是修身，這道理菩提達摩也講得很清楚了。意思就是說，眞正修學佛法、實證佛法的人無妨外現外道相，但內心他是菩薩，因爲他證得菩薩法。

那麼證得菩薩的法，要修忍的時候是不是心裡很生氣，然後一一忍著、一直忍著不發作，是不是這樣？不是的！因爲他是依於無心而行忍；他不落在意識心上，所以他修忍的時候是依於眞如法而修忍；那眞如法不生氣啊，爲什麼要生氣？所以不管第一次法難、第二次法難、第三次法難，包括這一次退轉的人，我不生氣！因爲沒什麼好氣的啊！依於眞如有什麼氣可說？依於這個覺知心才有氣啦。既然你依眞如，那就是無心；眞如不是意識心、也不是意根的心，所以「無心而行忍」；但是行忍不是要你趕快入無餘涅槃，所以「亦不近涅槃」。因此菩薩入地之前，一定要先證阿羅漢果；可是證阿羅漢果以後就起惑潤生，再生起一分最小的「思惑」來滋潤未來世重新受生，所以「不近涅槃」。但是入地之後不近涅槃，不代表他不能入涅槃，而是他不去取證，故意再起最後一分思惑，入地之後繼續去一地、一分一分斷除習氣種子隨眠；乃至到了七地滿心，念念入滅盡定，都還不證有餘、無餘涅槃呢！這二乘聖人怎麼想都不敢想。

那我要問諸位了：「自古以來，除了玄奘，誰講過念念入涅槃？」沒人講過啊！但是這個年代因緣成熟了，我說我可以講；因爲這是個民主的時代，我這時候如果還不講、不留下文字紀錄，我要等什麼時候？搞不好未來又沒機會了！所以「臺灣的自由民主很重要、很重要！」諸位千萬要記得這句話。你如果不信，去那邊那一塊大地看看（大眾笑…），那佛教出家人早上要升旗、唱國歌；有的寺院甚至於升旗、唱國歌之外，還要踢正步進去哩；不是只有道教、基督教、天主教、回教被打壓，連佛教也是！那你說「儒教不會吧、儒家不會吧？」告訴你：需要的時候照樣打壓！所以臺灣是中國人唯一的希望。請諸位保重啊！要好好維護民主。

也就是說，從眞如來看，這些都無所謂啦！被佔了就被佔了吧。可是你如果從眾生的法身慧命去看，你必須要奮鬥的；而你依眞如心奮鬥的時候沒有奮鬥，你努力的時候也沒有努力，然後這樣子「無心而行忍，亦不近涅槃」。所以菩薩不取無餘涅槃，就憑著第七住位所證的本來性淨涅槃，一直進修到佛地。可是菩薩入地的時候，就可以取有餘、無餘涅槃了；而且他取有餘、無餘涅槃比二乘阿羅漢的涅槃更殊勝，但菩薩仍然不取，所以「亦不近涅槃」；這樣一直修學到妙覺位，所以菩薩道是這樣修的，不看表相、不看外相，要看他的實質。

接著說：「**外道自顯異，五熱爲精進，非智所修學，苦行非菩提；外道所說定，取相爲行處，非佛所讚歎，亦不令他學；菩薩無所畏，能攝諸眾生，以是因緣說，取相所不動。**」你們如果讀過四大部阿含兩千多部經典，就知道有多少種的外道，所以外道都會顯示他們自己跟別人有什麼不同的地方，以此來標榜自己；他們要標榜的就是自己很特別，但是這種顯異的狀況，在末法佛門當中已經太多了；直到這十來年，才終於少了一些。所以外道五熱炙身——讓身體受到燒灼而很痛苦的方法，這樣當作修行。所以古天竺爲什麼還有塗灰外道？因爲用熱東西燙身體、燙頭，爛了沒辦法怎麼樣，總不能去找人索取藥物吧？所以就用那些燙身體燒過的那些木柴的灰拿來抹一抹，這樣修苦行；可是苦行不能成佛啊，苦行也不能證道，連見道都不可得！這時候一定有人想：「**您說的不一定對唷！想當年釋迦如來也是修了六年苦行。**」所以我剛出來弘法那幾年，有個附密宗的外道還刊登報紙罵我；我那時估計他們花了四百多萬，顯然他們很有錢。那時候我們九樓講堂都還買不起哩！他就罵：「人家成佛，釋迦牟尼佛修了六年苦行，你修了幾年苦行？」這就是不懂佛法！那不懂也正常啊，因爲他連密宗都不是，他是附密宗的外道。

如來修六年苦行是爲了示現，示現說：「苦行根本不可能成佛！」把苦行捨了！去河中沐浴；沐浴了，要爬上岸來，爬不上來！因爲六年苦行每天只食一麻一麥，前胸貼後背就沒力氣了！樹神趕快把樹枝垂下來給 世尊拉了才上來；然後接受了牧牛女那個乳糜供養、接受了牧牛的童子一大把細草；喝了有氣力了，走到菩提樹下，然後開始參禪，這樣才成佛的；是放棄苦行依理而修才能成佛，不是修苦行可以成佛！可是外道爲了顯示他們各自特異於別人的地方、顯示自己很了不得，所以有各種的苦行：所謂常立不坐、常坐不臥、食自落果、泡水戒等等無所不至；那五熱炙身也是外道的苦行，可是那些苦行都不叫作精進。有智慧的人不修苦行，因爲 如來說：「這不是智慧的人所應該修學的，而且苦行不是菩提。」所以如果現在還有人在誇耀說他每天晚上都是不倒單，你可以戳著他的鼻子罵他說：「原來你都坐著睡覺！」因爲他坐著不睡覺，幹嘛？一定打瞌睡啊。這就是說，如來曾經以彈琴爲喻，說彈琴的時候，那個琴弦要不鬆不緊，恰到好處；既要精進，又不要太緊，太緊就斷了，所以有智慧的人不修外相上的苦行。

同樣的，我也告訴大家：「要證阿羅漢果，得要發起初禪、離欲界愛。」我也講過、好像講過一次了：「因爲在二乘菩提當中、在聲聞菩提當中，二果以下不算聖人，那叫作方便名之爲聖，三果以上才叫作聖人。」爲什麼叫作聖人？因爲他離開欲界了，凡有所行皆是梵行、他是清淨行；所以說三果以上才叫作聖人，一果以下是方便說聖人，不是眞正的聖人！可是要發起初禪，是不是每天坐在蒲團上面跟腿痛對抗？不是的！我老實跟諸位報告：我兩個鐘頭坐在這裡、盤著腿沒問題！我這腿功是爲了修二禪，才去練出來的。我修初禪從來沒有打坐過，因爲我學佛初期大概半年都在打坐，一上座就是三個鐘頭不下座位的；可是我本來腿還盤不上來，連單盤都還盤不上來！努力練啊，後來我一上座就是三個鐘頭；但是我初禪不是這樣坐出來的，而是努力在爲眾生作事的過程當中，把煩惱修除掉了；但不是故意修的，而是不知不覺中都忘了煩惱，這樣殺煩惱就不痛苦；忘了煩惱以後，有一天在動態當中突然發起初禪。我發起初禪的時候，兩手沒有沾著什麼、扶著什麼東西，兩腳剛好離開地面，只有剩下屁股坐在床沿；就這樣準備躺下去，結果突然發起了，不是靠打坐來的！因爲我只有學佛的初期不到一年時間裡修打坐，但我半年就把「六妙門」修好了，可是當時不知道那叫作「六妙門」。後來弘法了，當年也沒有那麼忙；有時間，我每天下午可以打坐修定，那是發起初禪以後的事了。

當時爲了進入二禪，我思索了很久，後來在《大智度論》看到了經文的說明，說要入一識處，我就明白了：「**原來是不要住在於五識的境界裡面！**」才知道怎麼修，腿功是那時候練出來的。所以想要得初禪，不要打坐啦！打坐修來的是靜中的定，那個定到了動態之中，就沒什麼作用啦！下座以後初禪就開始退、退、退，退到後來不見了！那外道所說的定都是打坐來的，這樣的定都落在禪定相之中，表示他有定境之相。我跟諸位講一件事，我弘法大約二十年，都沒有時間打坐，那時候已經買了十樓講堂，有一次是傳戒法會、還是作什麼，我忘了！那我想：「**我早到了，也沒事可作，不然我靜坐一下吧！**」坐、坐、坐著就入定去了，也不知道外面有聲音，什麼都沒有！後來有位組長進來叫我，叫了一聲、叫了兩聲，好像叫第二聲、第三聲我才聽到。我出定了問她說：「欸，妳總共叫了幾聲？」因爲我出定的時候，才知道我剛剛沒有聽見聲音；她答說是叫了兩聲或三聲，我忘了！我說：「**原來我的定力沒有失去！**」因爲專心於法事時，就是爲眾生、爲正法作事，你就不會散心的，定力就不會失去。

所以我睡覺很麻煩呢，我躺上床以後，要把心境先安排一下，讓自己小心不要滑入定境去；因爲這一滑入就是兩個鐘頭，很麻煩呢！最後沒辦法，老是滑入定境，我就起來吃安眠藥；但是不能多吃喔！多吃了，老人癡呆怎麼辦？所以那是對治之用。也就是說，菩薩的定不取相，你在動態之中制心一處，不散亂、不攀緣，那就是「定」，不一定要取定境；可是外道所說的定，都取定境，所以他們都要打坐、要進入定境。菩薩修定有那個定力，不用進入那個定境：「**外道所說定，取相爲行處**」，他們要取相，一定要身體有一個模樣在那邊，然後覺知心意識也要有一個行相，那個行相就是住於不散亂、不起妄想、不攀緣的狀態中，以那個作爲修定；可是菩薩修定不取相。所以外道修的那個定，不是佛所讚歎的定、佛也不讓人家學那個定。至於什麼時候才要開始打坐？初禪發起以後，你想要修二禪才需要開始打坐；因爲你還需要進入那個狀態去檢驗是不是眞的已經證得二禪？那個才重要啦。

證得二禪以後，可以隨時進入等至、或者進入等持位；進入等至就離開五塵，五識滅了；進入等持位就可以看一些事情：過去世、過去十世、過去百世，或者過去一劫、五劫、百劫不一定，不像宿命通；可是一般人宿命通能看前一世、兩世、三世就很不得了了，其實也沒甚麼！但菩薩在二禪等持位，可以看見往世很多劫的事，把時間順序排一排，就知道自己有什麼來歷，不是靠宿命通知道的，這才是菩薩要的定。外道修的那個定只能炫惑於人，佛陀不讚歎，也不讓弟子們學那種定。菩薩所說的定是無所畏懼的，如果有人要恐嚇諸地菩薩，那都叫作傻瓜、愚癡、無智，因爲入地的菩薩都不接受恐嚇！諸位將來走到那個地步，你就知道爲什麼；因爲入地的菩薩對世間法不看重，你如果要我的命，有！有一條，給你！要我改變我所說的法，不可能！你要命就拿走，我轉到下一世，重新再來弘揚；就是這樣。菩薩不受威脅的，因此說「菩薩無所畏」；要有這樣的心態，才能攝受諸眾生；不是只有攝受眾生喔，而是攝受「諸眾生」！表示眾生有很多種模樣。

所以菩薩如果見到鬼也不怕，菩薩都有這個習性；一般人見到鬼說：「媽呀！」趕快把媽請出來，菩薩見到鬼不會。菩薩有時候想：「交一點鬼道的朋友也不錯啊。」所以我讀高中的時代，那時候都不讀課內書，我都讀課外的書。那個《聊齋誌異》那麼厚一本，我把它拆成兩部分，上課、火車上我就讀；晚上睡覺前，以前都是只有五燭光的燈泡，我就在蚊帳外面這樣對著燈光，我也讀。人家說讀《聊齋誌異》絕對不能晚上讀，讀了睡不著喔！我說：「不會啊！如果有幸遇到幾個鬼朋友，也不錯。」眞的啊，鬼又不害人，人才會害人！你們誰被鬼害過？只有被人害過！所以各種眾生菩薩都攝受、不拒絕；有因緣就攝受他們，如果沒有因緣，那就另當別論，因爲他無所畏懼。從菩薩來看一切有情都是如來藏，哪有什麼鬼？所以在鬼道裡面，有不少有福鬼、大力鬼也是佛弟子欸！他們也在攝受諸眾生，只是他們不好弘法而已，因爲鬼道的眾生通常福德不夠。

那麼菩薩正因爲無所畏，無所畏的原因是因爲看到一切有情都是如來藏；既然都是如來藏，沒有生、也沒有死，有什麼好畏懼的？所以你看當年，我們沒有多少人呢，才不過三百個人吧！我出了那一本《護法集》，那時我們同修會還沒有成立，應該是兩百人左右吧！我出了《護法集》，有些同修擔心我：「老師！您以後出門，要小心喔！」我說：「是福不是禍，是禍躲不過；護持正法，不想那麼多了！」有的人去跟我同修勸，我同修說：「啊！他死了就死了吧（大眾笑…），因爲他爲了護持正法就是這樣啊。」她也看開了。所以出版後剛好一週，劉邦友縣長滅門血案發生了，大家更擔心。我說：「好啦、好啦！我開車小心哪，我會看！」所以我就養成個習慣，我開車都看後照鏡；可是經過十幾年了，什麼事也沒有！我就說：「安心啦！現在不用看後照鏡了。」這就是說，菩薩攝受眾生有他背後的原因，主要就是以法爲歸，所以他無所畏懼。

那 世尊就歸結成兩句話：「以是因緣說，取相所不動。」所以菩薩住在人間雖然看見世間人、以及弘法的過程中有種種的相，菩薩當然也要分別這些法相；各種法有各種法不同的行相，菩薩當然也看得懂；可是通常菩薩裝不懂，裝不懂就沒事了！所以有時候人家拐著彎罵菩薩，菩薩當作聽不懂，認爲自己也眞的聽不懂，那就沒事了；要不然這個也罵、那個也罵，那個也在嘲諷、另外一個也在嘲諷，那菩薩聽在心裡面，不是很窩囊嗎？窩囊啦！可是你從裝不懂，到最後眞的聽不懂，都不窩囊，照樣弘法，快快樂樂過日子！因爲弘法是多麼快樂的事情，眞的是法樂無窮啊！哪有什麼可以覺得窩囊的？所以取相歸取相，因爲菩薩在人間，當然在各種行相裡面，一定要取相，不然怎麼在人間存活？餓了不知道餓、痛了不知道痛，那還叫菩薩嗎？可是不以相作爲眞正的境界，而是以如來藏爲眞正的境界，以這樣的智慧去行道，而結果無道可行，這就是「不取相」；如果能夠這樣不動，那才符合《不退轉法輪經》所說的勝妙法。

「非取著所攝，能生菩提心，菩提不取相，是故不能動；父母兄弟等，姊妹及妻子，譬如於幻化，是故不能動。」正唸這八句，我倒想起來，我上上週有講那個「行陰盡」，就像剛才一樣心是口非，我都還不知道我自己講錯了！後來有位親教師提醒我，我說：「嗄！我眞的講錯？」所以修正一下：色陰盡是三地滿心的證量，受陰盡是六地滿心的證量，想陰盡是七地滿心的境界；正因爲想陰盡，所以才能夠念念入滅盡定；那行陰盡就已經是十地滿心了，所以到佛地才是識陰盡。更正一下！好，回到經文來。不是取著之法所能夠攝受，一定要以這個作標準，所以菩薩在人間攝受諸法的時候不取著；因爲你不能離開六塵，你生活在人間一定在六塵中，但是你不取著；如果對六塵有所取著，他一定落在境界法中，就不能證眞如！所以必須屬於非取著的人，才能夠出生菩提心。菩提心是指什麼？是如來藏！雖然如來藏本自不生，但是因爲你證悟了，就方便叫作出生了菩提心。而你證得這個菩提心的時候，說你證得菩提了；可是你所證的「菩提不取相」，因爲你所證的菩提，從這個菩提來看一切法的時候，沒有我相、人相、眾生相、壽者相，一切相都不存在，只有一個眞如。由於你這樣轉依於眞如以後，就沒有什麼法可以讓你動轉其心，所以　如來作一個結論說：「是故不能動。」那　如來爲天魔波旬說：「沒有眾生動於菩提想，動於佛想、菩薩想……」因爲依如來藏就不動心，連什麼想都不存在了，如何能動其心呢？那天魔聽不懂，從事相上來聽，所以他就歡喜回宮去了。

接下來說：「父母兄弟等」以及「姊妹及妻子」到底是眞實有、還是假有？是假有；既是假有，爲什麼妻管嚴？（大眾笑…）既然是假有，爲什麼夫管嚴？這是個問題啊。雖然是假有，可是你來這一場人生大戲之中，既然演上這一齣戲了，你就得演得像樣啊；你別上臺演個大將軍，結果演得像小兵；一定要演得像！所以呢，妻管嚴，你就接受妻管嚴吧；夫管嚴，你就接受夫管嚴，好言溝通，慢慢地去融合，然後度了對方也進入菩提道來，這才是重要的事。所以當你證得菩提以後，你從菩提心的境界來看的時候，父親不是父親、母親不是母親、兄弟不是兄弟、姊妹不是姊妹、妻兒不是妻兒，原來都是如來藏幻化出來；這幾十年中、一百年中看來是有，可是這百年過去了又沒有了；就好像幻化出來、暫時而有一樣。所以如果討了個壞老婆，一天到晚往外跑；嫁了個壞丈夫，一天到晚花天酒地，他說要離婚，那就離吧！因爲就是作夢當中有的丈夫、有的妻子，那要離就離啊，反而一個人樂得輕鬆！對不對？因爲你一個人吃飽，全家都飽了（大眾笑…）。所以從如來藏來看這一些的時候，這些都是假有！

那麼你從如來藏來看，你所擁有的世間法也是假有啊，最多給你控制九十年好吧？一百年好吧？最後也是沒有啦！那如果你當法主，將來走人的時候要不要說：「唉！我好捨不得你們喔！你們都來看我吧，我要走了。」需不需要這樣？不需要啦！因爲你只是在夢中度人，這一場夢叫作人生大夢。從如夢觀來看，你往世很多劫、無量劫以來，你都是這樣度人哪，一世又一世跟大家別離了；然後來世又重新再相聚，緣熟了就相聚，所以這些都是幻化；既然是幻化的，爲眾生設想，你走的時候該怎麼安排？安排好了，輕輕鬆鬆走人。不必像有些人，臨命終的時候，捨不得這個、捨不得那個；有的人出家了都還這樣，所以人家跟他助念了三天，他都不走呢；大家說：「看來似乎死不了，大家走了吧。」然後他看見大家都走了，他也走了（大眾笑…），因爲大家不理他了。所以要看開，這一切都猶如幻化，幻化出來的時間就是五十年、八十年、九十年、一百年，就是這樣而已；大不了給你一百四十年，還是幻化，終歸於滅；因爲這個緣故，你再從如來藏來看現前的這一切，也都是幻化的；因爲這樣，所以心不可能被擾動，這就是菩薩所證的境界，佛菩提講的就是這個。

這回禪三生了兩個兒子，一個是第四次上山，另外一位是第九次上山。本來幫助另外一位，希望他這一次看能不能拿到印證；因爲他也是第九次上山，看來是有人會平紀錄了！原則上現在都不要勉強太過分，免得又退轉了、又來咬我幾口；所以現在就是幫一幫，但不要幫太多啦，原則上是這樣。

《不退轉法輪經》開講之前，想到說上週有講過四緣，講了一個因緣，這一週應該要講等無間緣。那這個「等無間緣」跟今天要講的剛開始這兩句就有關聯，好像弘法的因緣就是這樣，很奇特喔！「一切取法相，皆悉無所有」，從如來藏自身的境界來看，「一切取法相」全部都是七轉識的事情，跟如來藏無關；可是果眞沒有了等無間緣，「一切取法相」還眞的「皆悉無所有」。那我們要先來解釋什麼叫作「等無間緣」，其實這是增上班的法，屬於無生法忍的。既然你們說感謝某某人退轉，所以有因緣聽更深的法，那我就如了大家的願，就講一點深的法；因爲這如果不在增上班，通常是不會講的，除非經文中有特殊的因緣。那麼這兩句經文跟「等無間緣」有一點關聯，我先來說明「等無間緣」，然後說明如果沒有「等無間緣」，第八識的所有種子都將無法流注出來；那就沒有佛法，也沒有三界有情、三界世間，所以學佛一定不能離開第八識，因爲所有一切法的種子全都含藏於第八識心中；所以離開了第八識心的實證，就沒有大乘見道可言！

我們就來說明一下，什麼叫作「等無間緣」？「等」是說前後相等無間，「無間」就是中間沒有插進別的東西，相續不斷。譬如說大家所知道的意識覺知心，或者那些錯誤的修行人所認爲的開悟叫「離念靈知」，這其實就是意識的境界；當你早上醒來，意識出現了；可是意識的出現不會是無中生有、不可能憑空而生，也就是不會自生意識。換句話說，因爲退轉的這些人說眞如就是第八識離念靈知，那麼我們來探討一下離念靈知是不是第八識。這離念靈知看來好像是眞實的、好像是沒有中斷過，對吧？大家的感覺是這樣，早上一出現就是到晚上睡覺後才滅，除非中午有睡個午覺或打盹才中斷。但其實不然！這離念靈知的出現，必須要有五色根，加上第八識心、意根，然後還要有六塵，這離念靈知才能出現。如果是二禪等至位的離念靈知，在人間證得二禪，進入等至位時，在二禪境界中仍然需要有意根，還要有五色根活在人間，然後加上定境法塵，這就是二禪等至位的離念靈知。

如果離念靈知就是眞如，那麼法塵要叫作眞眞如、或者叫作上眞如。那麼意根要叫作什麼？上上眞如、或是叫作眞眞眞如？對喔！因爲離念靈知會中斷，可是祂所依的意根沒有中斷過，而且是離念靈知的俱有依和所緣呢！離念靈知不單要依意根，還要依第八識，這是其他的話題，現在暫且不談。所以那個離念靈知是虛妄的，我破離念靈知，破了將近三十年；全臺灣佛教界都知道我破斥離念靈知，再也沒有人敢說離念靈知就是眞如，怎麼這些退轉的人現在還在說離念靈知就是眞如？要不然就說一切法空就是眞如。但他那樣講來講去，到底眞如是哪一種？可是這個離念靈知出現之後，修禪的人坐在那裡，總覺得「**我是恆常不斷的**，所以**我是眞如**」；且不說「**我是眞如**」這句話有很大、很大的毛病，因爲我們現在不在討論它；只說這個意識出現之後，感覺上是常，尤其沒有妄想的時候，所以認爲這是眞實的：「**我就是眞實！**」但問題來了：「**意識能中斷，因爲眠熟時就中斷了！**」我倒是要請問一下：「**有沒有人生來都不睡覺的？請舉手！**」沒有！別的講堂呢？有沒有？請舉手！連一位都沒有啊！因爲人間的法就是要睡覺，否則這色身用不久。當睡覺時離念靈知中斷了，表示祂是可斷滅之法；不但如此，在其餘四位中也會斷滅，我們就不談這事，單說眠熟。但是出現之後就覺得祂很眞實、覺得「**我這個離念靈知眞實**」；但會覺得眞實是有原因的，就是因爲「**等無間緣**」。

「**等無間緣**」有兩個層面，第一個層面說：自類種子前後相續，而且相等無間。比方說，如果有一面混凝土牆，混凝土牆的背面有一個清水池裝了馬達、裝了水管，從牆的兩邊鑽個洞，出去那邊接玻璃管。那玻璃管用幾個固定的支架，把水管釘得緊緊的、都不搖動；然後在這牆後面的抽水馬達把它打開，水開始灌注了；灌注上十秒以後，那水管中的水不斷地快速在流轉，可是一點氣泡都沒有，完全沒有氣泡！那你剛見的時候說：「欸！這裡有個玻璃管！」可是不知道有水在流。可是後面的人說：「我把它弄一點空氣進去！」結果水就變得有一些白，看見的人說：「啊！原來有水在流，這麼快呢！」流得很快，他還是看出來水在流，就是因爲水中有氣泡把前後的水間隔了；可是如果都不打進氣泡，完全是清水，就覺得沒有間斷，因爲完全沒氣泡就看不出來水在快速流動了；所以這時不知道有水在流動得很快，就不感覺到它是有生滅。

同理，離念靈知的種子，就是從如來藏中藉著根與塵流注出來。流注出來之後，這意識應該出現在什麼地方，種子就出現在那個地方。就比如說眼識，眼識的種子要在眼根的勝義根中流注出來；流注出來以後，這第一剎那叫作「率爾初心」，率爾初心是沒辦法分別的，所以諸位你剛醒來的那一剎那，還弄不清楚什麼。第二剎那叫作「尋求心」，從第一剎那就是自己先出現，第二剎那說我要知道是什麼境界，所以叫作尋求心。然後第三剎那，可以跟前兩個剎那作比較了，叫作「決定心」：「原來是這個境界！」就知道了，心得決定了。那意識跟眼識的道理是一樣的，第一剎那的意識種了在意根那個地方流注出來了，還沒有辦法了別！這個意識第一剎那種子只要落謝、開避其位，就是意根那個地方的位子讓出來，給第二剎那的意識種子流注出來到意根這個地方；這時第一剎那的種子又回歸如來藏去，就好像回歸到牆後面的那個水池裡去。那第二剎那出來了就是尋求心，接著第三剎那要同時上來時是上不來的，要這第二剎那種子回去如來藏，開避其位——要躲避、要讓開，然後第三剎那的意識種子又接上來，這時候就能夠比較而作分別了；所以意識不是常住的，是前後剎那流注不斷接替的生滅法；這就是六識心的種子前後生滅之間都有等無間緣。但是如果定修得好，保持很久、很久、很久的離念靈知，其實還是生滅心；但也是分別心，這是另一回事，先不談它！

那麼就像這個樣子，前意識種子落謝回如來藏；後意識種子接續它的位置就現前，這樣不斷地流注，整整一天都是這樣地流注；在流注的過程當中，前後無間而沒有中斷過。那麼在流注的過程當中，前種子落謝之後，下一個種子跟上來，這前後兩個種子中間，沒有別類種子插進來！然後這第二個種子下去以後，第三個種子又上來，這兩個種子中間也沒有別的種子插進來！而第一個種子、第二個種子、第三、第四，乃至無量數的種子前後之間都是相等無間；不會說哪一個比較長、哪一個比較短；除非你證得無想定，那就可以中斷很長的時間，但仍然叫作「等無間緣」。爲什麼？因爲直到出定前都沒有別的種子插進來。那麼平常的時候，它就這樣不斷地流注上來、不斷地開避其位，讓後面種子又跟上來，這叫作「自類種子」。前後的自類種子、同一類種子的「等無間緣」，前一種子落謝就會把後一種子引生上來；這個種子又落謝，又會把下下個種子再拉上來，拉到同樣的位置來；因爲前後相等而且無間，中間沒有插進任何別的種子，自類前後種子的關係就稱爲「等無間緣」。譬如說，前後同類的意識種子流注時就全都是意識種子，中間如果插進了眼識種子，你就覺得說：「我這個覺知心有中斷！怎麼變成眼識了？」但因爲是同一類，而且前後相等無間，當這個種子落謝時，會引生後面同類的種子繼位示現，這個前後種子互相之間的緣就叫作「等無間緣」；如果沒有這個等無間緣，後面的同一類種子就上不來，上不來時意識就中斷了，這關係叫作「等無間緣」。

第二個「等無間緣」是說：意識現前時，祂跟如來藏之間相等無間；祂跟意根之間也是相等無間；而意識跟前五識之間也是相等無間；而前五識跟如來藏之間也相等無間；就是說，這些種子是同時流注的；除了七識種子同時流注出來之外，如來藏也有祂自己的種子流注出來，你說如來藏辛苦不辛苦？要流注八識心王的種子呢！如果有需要時，還要再流注煩惱的種子、善法的種子，還有五遍行、五別境的種子。你看如來藏多辛苦！雖然祂不喊苦，因爲祂不懂得苦，所以《楞伽經》、《解深密經》才會說：識的種子流注猶如瀑流。瀑流就是聲勢非常大的流水這樣流過去，那叫作瀑流；「流急不覺」，流速很快，可是眾生都沒有感覺祂流速很快，就以爲祂是常住的。那前後自類種子流注是「等無間緣」，而這七轉識跟如來藏之間也是「等無間緣」，所以完全和合運作，如同只有一個心，一般人都不會感覺有八個心！知道有八個心，那是學習增上慧學或證悟後的事。那這個「等無間緣」是要依什麼而有？（有答：如來藏。）唷！還差著一個環節呢！要依如來藏收存的種子啊！如果沒有種子，你談什麼八識心王之間的「等無間緣」？那接著還要有所依、還要有所緣；七識心的「所緣」就是如來藏流注出來的內相分種子，就是六塵境界；「所依」就各個不同，七轉識各有不同的所依。那這些所依以及所緣也都是如來藏所流注出來的；而這七轉識的種子也是由如來藏流注出來的，顯然第八識如來藏是萬法的根源。

如果沒有第八識如來藏，一個法也無啦！那麼這第八識如來藏流注了七轉識的種子出來，還流注出自己的種子來配合七轉識；然後又流注了五色根的這些種子，讓五色根可以運行；再流注出六塵的相分種子出來，這樣才有諸法；如果沒有六塵種子流注出來顯示出那些境界，哪來的諸法？這樣看來，「一切取法相」的根源還在如來藏；因爲這些種子藉著「等無間緣」而示現出來，這六識心才能取這些相分六塵境。請問：「一切諸法能不能離開六塵？」不行！離開六塵就沒有一法，連一法都沒有，就不要說一切法了。那如來藏流注這麼多的種子都不間斷，你說：「是不是像瀑流水？」對啊！可是凡夫不覺、愚人不知！愚人是誰？阿羅漢、緣覺，那叫作愚人。凡夫跟愚人不同，愚人是可以出三界解脫，可是不知這個道理；但凡夫連解脫都沒有，當然也不知這個道理。那諸位想當凡夫、還是要當愚人？嗄？都不要？喔！你們沒有落入陷阱，聰明！這樣的人叫作有智慧。但是問題來了，有些人退轉了說：「大乘見道不是證第八識如來藏。」換言之，大乘見道不是證得萬法的根源——他講的是這個意思呢！那麼不能證得萬法的根源，而說「三無性」才叫作大乘見道，他的說法就有很多問題。

我先不談他的那些問題，只談「等無間緣」就好。你從「等無間緣」可以顯示一切諸法，而「等無間緣」的根本就是「種子」，由有種子的不斷前後流注相等無間，由這個「等無間緣」才能成就一切諸法；可是種子收存於如來藏阿賴耶識中，卻是由如來藏所流注出來，顯然如來藏才是萬法的根本；如果不是有「等無間緣」，就不會有有情；沒有有情眾生，就不會有器世間，顯然如來藏才是萬法的根源。難道佛法的見道不是要去證得生命的根源、萬法的根源嗎？反而是要猶如張先生去瞭解一切法都是虛妄的、說一切法空才是大乘的見道？那這樣，斷見外道也是見道了，沒有差別！差別只是說斷見外道不用佛法的名相，而他使用佛法的名相。所以從「等無間緣」就可以證明說：「第八識如來藏才是大乘見道所證之標的。」這樣講有沒有道理？（眾答：有。）有！因為自古以來，大乘見道講的都是要證第八識；而現在有人標新立異、獨創新說，他是創造了新佛法。可是佛法不能創造！因爲過無量無邊不可思議阿僧祇劫前的諸佛以來，所證、所說就已經是這樣，後佛與前佛所說完全一樣！那如果有人創造了新的佛法，也就是說他講的跟佛講的不一樣，那就是他新創佛法，就不是佛法而成爲外道！可是外道不是只有別的宗教裡有，佛門裡面也有許多外道，釋印順與張先生都是具體事例。

那麼我們這樣瞭解，從自類種子前後流注的「**等無間緣**」，就可以證明說：「**如來藏是萬法的根源、就是生命的實相；父母未生前的本來面目就是這個。**」你如果改從八識心王互相之間的「**等無間緣**」來看，道理也是一樣：會有一切諸法，都是因爲八識心王互相之間有「**等無間緣**」，所以能和合運作，看起來像是只有一個心，看起來沒有第二個心！所以世間法都說：「**世間人只有一心，哪來的兩個心？**」不但世間人，例如當年聖嚴法師在世也是這麼說。那你看看「**一切取法相**」，都是意識藉著「**等無間緣**」才能取法相，包括釋印順個人取法相也是一樣的道理；但他不是愚人，他是凡夫，連愚人都還當不上！這樣，這一句「**一切取法相**」我就講清楚了。因爲「**一切取法相**」的原因，我跟諸位講了：就是第八識如來藏流注諸法的種子，然後顯現出人間的法、三惡道的法，欲界天、色界天、無色界的法，能夠讓意識取法相；能取法相就能夠區別說：這是餓鬼道、這是畜生道、那個地獄道、那是欲界天、那是色界無色界，我們這裡都叫作人間；都因爲如來藏流注種子，而祂流注種子的這個緣就叫作「等無間緣」。

而「等無間緣」的種子都在如來藏中，所以你得要證得如來藏，才會知道什麼叫作種子、什麼叫作「等無間緣」；否則去了增上班，聽也聽不懂！那現在我詳細跟諸位說了，諸位覺得懂了，其實不是眞懂！可是你如果證得如來藏，你就可以現觀了：「啊，果然是這樣！」那就是眞懂；平常我們都不講這個，因爲這是增上班的課程。這個「一切取法相」是意識所取；意根如果有六識陪伴的時候，祂就和意識一起取這些法相。可是這個取法相的事，在如來藏的境界中，完全不存在！這時候一定有人想：「這有點奇怪哩！如來藏流注那麼多的種子出來，猶如瀑流水，多辛苦啊！祂竟然完全都不取喔？」一定有人會想到這一點。那我就說：「你是聰明人！」如果沒有想到這一點呢？到底聰明、不聰明？我不知道喔，你們自己想。所以佛法不容易理解。

很多的凡夫僧到末法時代，加上很多的凡夫居士都宣稱他們懂《成唯識論》，可是《成唯識論》講的內容是「**無生法忍**」的層次，他們連如來藏都沒有證得，結果來批評懂《成唯識論》、有無生法忍的人說法錯了。就好像個幼稚園學生批評大學教授：「**你講錯了，你得改！你不改，我就一直批判你，批判到死！**」那大學教授會跟他吵架嗎？不會啦！大學教授也不要當面跟他講；可是如果有人來問，教授說：「**他就是個幼稚園學生，不用跟他計較！**」

這就是說，佛法的實證不能自大、不能生慢，千萬別坐井觀天就說天只是那麼大，因爲佛法不是他們想的那麼簡單。對我來說，這個沒什麼！因爲往世就都已經親證過了；可是對一般人來講，我告訴你：《成唯識論》請出來，連讀都讀不懂、連語譯都有問題，不要說解釋啦！所以法要實修、實證，這樣次第走上來。那爲何我說他們是幼稚園學生？今天有位老師寄給我說他們的群組裡面怎麼講：「**蕭老師講第八識從來不作主，他講錯了！**」他說第八識會作主，還舉出根據喔！就是《八識規矩頌》裡面有一句：「**去後來先作主公。**」你看他把祂解釋成說會作主，就說：「**你看，第八識會作主！**」啊！眞的是！老實說，我看他只是幼稚園小班。領頭的釋印順是幼稚園大班，而這位追隨的張先生是幼稚園小班！因爲這大班的幼稚園生如果知道他講錯了，一定會說：「你撤下來！不許再登了！把它刪掉！」結果沒刪掉哩！沒刪掉就表示什麼？他同意那個說法，那就同樣是幼稚園小班生；但釋印順死了，對張先生是沒有約束力的。譬如說有人來我會裡印書出來，用我同修會的名義印出來，那我看見這個內容，覺得說這個不對、這不能印，我一定要阻止；結果不但沒有阻止，就讓它印出去了！表示什麼？表示我的見解跟他一樣。

所以修行的層次到哪裡？應該要有自知之明；沒有自知之明，人家一看就知道了！南部人有一句粗俗的閩南話，他們怎麼說？「那個人屁股幾根毛，都被人看現現！」（大眾笑…）有沒有？表示說他的層次就只有那樣而已。所以我一直都說：「人要懂得藏拙，我有什麼短處，就盡量不提它；把長處拿出來，表現美好的一面，讓大家也覺得我說的確實不錯！」他不是！一直把短處拿出來；可是你也不能怪他，因爲他沒有長處可以拿出來（大眾笑…）。就好比說，我如果衣服破了個洞，沒時間換衣服，我就摀著肚子啊；如果跟人家講話、作事時，然後這隻手瘦了，我就換另一隻手遮住破洞，不要給人家看到，就繼續摀著，換這一手來作事，這叫藏拙。然後回到家就換掉，不要老是遇到某甲，某甲說：「你這裡破了個洞，你這麼窮，買不起衣服喔？」遇到某乙，某乙也講，某丙也講、某丁也講，天下人都知道我這麼窮！所以有拙則藏，這樣才算聰明；如果不懂藏拙，就只能說不聰明啦。

那麼從「等無間緣」以及「因緣」可以證明萬法的實相、生命的根源就是第八識；而他竟然說：「大乘見道不是證第八識！」嘿！這個說法也很……講奇怪好了，不講奇特了！講奇特就成爲讚歎了。可是證得這個境界之後，你也能現觀這個境界時，你說：「哪有什麼一切諸法？一法也無！」因爲你證眞如之後，轉依眞如，以眞如爲我來看待一切法時，眞如不見一切法！所以眞如的境界中「皆悉無所有」。譬如說，我們大乘佛法說見道就是證眞如，可是眞如有各個層面的不同；譬如說十地有十眞如，每一地各有眞如應證，其實還是第八識心所展現出來的眞如性。如果從現前橫面來看（不是從菩提道的修道過程來看），從現前橫面來看一切有情時，那就叫作七眞如，所以有正行眞如乃至邪行眞如等七種。但是譬如說初地眞如，那是你證得初地境界了，有初地的解脫境界、也有初地的無生法忍；那你這樣證得以後，還是要把它們歸於眞如、歸於第八識的眞如；而眞如的境界無所得，所以依於眞如來看，沒有任何一法可得，這才是三無性！可是你有初地的無生法忍跟解脫智慧，這樣叫作證得初地眞如；乃至證得二地眞如、佛地眞如都一樣，眞如的境界中無一法可得，所以「無智亦無得」。但是佛地眞如要改一下，佛地眞如不但有五遍行心所法，還有五別境及善十一心所法，這個跟等覺以下的眞如是不同的，另當別論。

所以不管你證得哪一地的眞如，眞如的境界都是無一法可得，這樣才是諸地的無生法忍與解脫；可不能夠說：「我現在開悟明心了！我證得第七住位眞如。」然後一天到晚說：「我證眞如，我是開悟的人呢！哇，多厲害呀！」多厲害就沒解脫了（大眾笑…）。所以你們有智慧，聽了知道要笑；那些自認很有智慧的人用下巴看人，就沒有解脫了！所以眞有智慧的人出門，你聽不到他談佛法；除非有因緣，否則絕對不談佛法！所以我什麼時候說佛法？就來到講堂這裡，或是前幾天去主持禪三說了一些禪。就是說，證眞如是要依止所證的那個智慧的眞如境界而住。爲什麼要依眞如而住？因爲那樣依眞如而住，你才有解脫，而不是只有智慧！有智慧時，還要有解脫；智慧越高，證得的解脫也越高，這叫作證眞如。

以前我講《成唯識論》他們聽不懂，因爲那時候他們大部分的人都還沒有破參，都聽不懂！那現在呢？現在是沒聽過《成唯識論》的人更多！因爲我弘法大概是五、六年之後，就開始講《成唯識論》了，那時沒有限制聽講資格，所以沒有證悟也可以聽，這樣講了差不多四年；如今預計再過半年要開始再講了，準備講六年。這意思就是說，其實證眞如的事情，我以前早就講過了，可是他們二○○三年退轉的人沒聽懂！才會發明一個「眞如出生阿賴耶識」的邪說。

現在這一批退轉的人，比二○○三年那一批人程度更差！那一批人至少知道哪一個是如來藏，什麼叫作眞如。因爲讀過我寫的那些書以後——我爲他們寫的《眞假開悟》、《燈影》等書；至少《燈影》讀過之後，知道什麼叫作眞如，那他們也可以現觀而回歸正法；所以他們一年多後，就回到正路來了；只是不好意思回來會裡，但至少有回到正道，他們也知道什麼叫作證眞如了。那現在這一批退轉的人連眞如也不懂，而且連第八識都否定，說大乘見道不是證第八識！那問題來了：禪宗祖師都沒見道了？都沒開悟啊？六祖也沒開悟？那往前追溯呢，中土諸祖第五代，四、三、二代都沒開悟，連第一代菩提達摩也沒開悟！那這樣看來，西天二十八祖也都沒開悟！從二十八祖往上追溯到第一祖是誰？是摩訶迦葉以及他的師父 釋迦牟尼佛，在他眼裡也都沒開悟！因爲 佛就是證第八識才成佛的呀！所以他的說法眞的很奇怪呢！這想法是怎麼來的？我不知道！

他們如果有智慧，要提出一個主張之前，一定要先知道：這個主張有沒有過失？先確定沒有過失，再提出來。可是我提出來時都不用先確定，我從來沒有檢查過即將要講出來的法會不會有過失；因爲我是依據實相與現象法界的雙重現觀講的，所以有時候經上沒講的我也講出來，但是符合現量與正理。可是有的人，像他們搞學術的，喜歡作文字訓詁。文字訓詁知道嗎？就是專門從文字上去研究，研究之後，現在又有 CBETA 搜尋，很方便！你蕭平實說有內相分，好了，我回家就用 CBETA 搜尋一下「內相分」，沒有！「就是你蕭平實發明的！」

當年我弘法應該還不到五年，有個師姊問我：「有沒有內相分？」我直接了當：「有！」可是我沒讀過聖教中的說法，但我的現觀就是有啊！可是再過幾年，有個南部的法師，我也幫他悟了，他還來質疑我說：「你蕭老師發明內相分，這樣不對！這是你自己創造的！」你看，多忘恩負義！可是我沒有想過這叫忘恩負義，但我們臺南講堂師兄看不下去了，從《阿含經》裡面搜尋出來，證明有內相分，從此以後那位法師就閉嘴，再也沒講過蕭平實，算是聰明啦。

那現在這一批退轉的人又提出同樣的問題來，眞奇怪！他們沒讀我的書欸！我書中都講過、講經也講過，禪三起三時也講過；名詞不同，不代表就沒有啊！那你看我們善思老師寫的那篇文章，不是也舉出來了嗎？《阿含經》裡面講內六入、外六入，都舉出來，那不就證明有內相分了嗎？而且《阿含經》裡面不是只有一個地方講，很多部都講內六入、外六入，那不就是內相分跟外相分嗎？所以佛法沒有創造這回事，如果誰修學佛法而提出新的創見時，那一定是個佛門外道！如果搞學術、作文字訓詁，要提出之前一定要先檢查，不能隨隨便便地提出去，除非他有現觀；如果有現觀，那他就是菩薩，怎麼叫作搞學術的人？他就不是學術界了！

但我從來沒有檢查過自己的說法，我想到什麼就講出來，可是我說的是依自己的現觀而說；既然是現觀，諸佛來了也會是這樣講，因爲必然是同一個現觀；因爲實相沒有兩個，只有一個！所以要轉依眞如，而轉依眞如就是「皆悉無所有」。可是如果把第八識否定了，他也說：「皆悉無所有、一切法空，我說的跟你一樣！」你笑什麼？一樣不一樣？（眾答：不一樣。）不一樣啦！你是依所證的眞如，現觀眞如的境界當中無一法可得！而他是沒有現觀，就把一切法否定掉，說：「我一樣啊，皆悉無所有！」但是二者不一樣！這一點要懂。這樣子才是「一切取法相，皆悉無所有」。

菩薩呢，「若住無所有，是故不能動」；如果你能夠像這樣住於無所有的境界當中，你就不動其心了；誰想要讓你動心都不可能，這樣叫作證眞如。所以第七住位「證眞如」有第七住位證眞如的內涵，證悟之後還是舊時人，不是舊行履；因爲轉依眞如之後，他的所知、所思、所想、所行開始改變，還是原來的同一個人，但所思、所行不像以前那樣了——轉依眞如之後，煩惱就開始斷了，開始斷就會有改變的地方。那如果說他證悟了，結果身、口、意行都跟悟前完全一樣，表示他沒有轉依；他最多只是知道一些名詞、或者知道眞如的境界，但他心中不得決定，就是沒有無生忍！那要等待什麼時候呢？要等待下一尊佛來講經，而他剛好聽到那一部經，聽完了才心得決定：「好啦！我眞的轉依啦。」這時候就說他聽經聽完了，得無生法忍、或者得無生忍等等；這就是「住無所有」的境界，也就是證眞如之後的轉依。所以證眞如之後，如果比以前還貪、還要大脾氣等，或者所說的話比以前還愚癡，那就不是證眞如，那叫作「退轉」！

接下來，「若有晝夜想，一月及半月，如是一切想，如炎水中像；布施及持戒，修忍辱精進，皆起於取著，是想則爲動；」眞如的境界中，有沒有白天、有沒有黑夜？都沒有喔！眞如的境界中，有沒有一個月、半個月呢？也沒有！所以意識知道有白天、黑夜，有一個月、半個月，這一切的想都只是意識的想；而意識所住的境界是生滅法，意識本身也是生滅法，所以猶如炎水中的像一樣，看來好像是有；其實就像遠處熱砂地上那個熱焰晃動著，看起來好像有水流動一樣，其實沒有水！那你如果從空性如來藏所出生的假法來看時，也如同「炎水中像」，因爲從空性如來藏來看所生法時，這些境界不過就是如來藏裡面顯現的影像罷了！世間相如是，那如果從菩薩道來看，有所得於修行布施、修行持戒，修行忍辱、禪定、智慧、精進，這些都是什麼？這些都叫作「起於取著」。所以修六度的時候，不用跟別人炫耀說：「你看！我多精進，我在修六度呢！」眞的有人這樣啊，因爲他覺得自己很精進，一天到晚看不起別人，說：「你們都懈怠、都沒有好好在修六度！」可是如果他遇到諸位，活該他倒楣，你就說：「你這叫取著！」

因爲修六度的人既然熏習了般若，般若之中無一法可得，哪來的六度？那可能他聽你這麼一講，他就說：「那佛法中眞的沒有修六度！那我不白修了？不修了、不修了！」他可能這樣欸，以前就有人這樣啊；在我們弘法之前，我親耳聽聞過啊，他誤會了經文，就說：「經中說沒有六度、沒有佛、沒有法、沒有想，你禮佛幹什麼？你上香幹什麼？」他就這樣講。他不知道 如來說的是依眞如的境界而說。他把第一義的境界套到世間法上來！如果正覺弘法快三十年了，還有人像那樣講的話，你就給他一句評語：「斯人不可救也！」就像臺灣一句俗話說的：「竹篙套菜刀。」就是這樣啦！所以布施得要修、持戒得要持、忍辱也得修；還得要努力地布施、持戒、忍辱，這些是實證佛法的根本，可不能夠說：「經中說這樣叫作取著，那我就不用修這個了！」不行！想要實證佛法，必得修六度。到這裡才說前四度而已：布施要精進、持戒要精進、忍辱要精進，這樣才叫精進；不能專門精進在布施，也不能專門精進持戒，每一度都要精進。

那如果有人來到正覺，被幹部念叨了幾句話，可能幹部有一點不耐煩，他就老大不高興，地上一跺：「老子不學了！回家吃老米去了。」你說，他可以有見道的因緣嗎？沒有啊！因爲第七住位就是前面這六度要修好啊，沒有把第一住布施度修好，就修第二度持戒；就好像一樓沒蓋好，直接蓋二樓，不可能的事啊！就好像第三度忍辱沒修好，他就要蓋第七樓，叫作見道；然後他宣稱他第七樓蓋好囉，可是沒有下面六樓，他其實是踩在地上；然後他說：「我第七樓蓋好了！」你看來看去沒有七樓，就只有一樓，但他以爲是第七樓，這就不切實際！可是你如果從第一義，也就是從眞如的境界來看的時候，精進在修布施、持戒、忍辱，那樣的精進其實都是取著；如果這樣取著，那就是動心！你如果從第一義的境界來看，沒有這四度，心就不動！所以這時候來看，是心動好、還是心不動好？嗄？到底哪一種好？因人而異啊。還沒有證悟的人要心動，證悟的人就不動心啦！因爲證悟以後，從如來藏來看，沒有布施、持戒、忍辱！何況是精進在修這三度？

所以 如來為了化度天魔，就跟他說：「我從此以後度眾生，沒有眾生於這些法心動！」他聽錯了，他不知道 如來是從第一義諦來講，他當作世俗法上是這樣；所以又回復年輕，高高興興讚歎 如來，回去了！你說，佛法妙不妙？妙啊！

那麼接著說：「菩薩大勢力，禪定修智慧，若有無畏想，一切想非想；」為什麼這樣講？不但大乘菩提如此，乃至二乘菩提亦復如是。所以以前很多阿含專家，現在都不見了！現在只有不懂阿含的凡夫出來，說他是專家、說蕭平實不懂阿含！所以我《阿含正義》其中有個章節不是用那個粗體字寫了嗎？「有證得初禪的凡夫，沒有不證初禪的三果人，也沒有不證初禪的慧解脫阿羅漢！」可是以前佛教界誰懂？沒有人懂啊！但經中已經明明白白寫在那裡，他們讀不懂！為何讀不懂？因為他們還沒有走過來；他們沒有走過這條道路，就不知道這路上的風光；寫在那裡，他們讀了也是不懂得；我走過來了當然就知道。那以前我剛講時還有人不信，說我發揮得太過分；但是後來增上班上課時，當來下生 彌勒尊佛講的根本大論也是這樣說：二乘的見道、大乘的見道，至少都要有「未到地定」；沒有「未到地定」支持時，就算他的智慧到了，也不是見道！所以我們正覺同修會為什麼教你要好好拜佛、修學「無相念佛」的功夫？因爲這叫作「動中的未到地定」。通常我都不喜歡人家打坐修「靜中的未到地定」，因爲那是靜中修來的，下座以後就開始散掉了！也容易著魔。如果早晨上座兩個鐘頭，定力很不錯！可是到了傍晚，定力散光光了！那你如果是動中修來的呢？都不會散失！

彌勒菩薩也說：「如果有不同層次、比較高層次的實證，要有初禪相應的定力。」這是一定的！所以三果以上都要證初禪；如果你想要入地，也得要有圓滿不退的初禪來支持。也許有人想：「這個離我還太遠啦！」可是我跟諸位講：「你們是被預定將來彌勒菩薩成佛的時候，要去幫彌勒尊佛度化眾生的人；這個事情就跟你有關，你們每一個人都有關！因爲你們進了正覺同修會，這個事情就跟你們有關了！」我也跟諸位老實講：「其實佛法的修證不難，最難的是福德的修集。」福德有幾個層面，不是只有捐錢、作義工是福德，修定也是福德！還有一個「調伏性障」這也是福德！如果有機會遇到應身如來，一定要好好供養，因爲這個跟你成佛快慢有關。有些人不懂道理；經上講得太多了，可是他們讀都讀不懂啊，所以我得跟諸位講。比如說各部經中，佛陀常常有授記弟子將來成佛；佛陀授記的時候有沒有講說：「你將來再多久、你要學多少法，然後可以成佛。」有沒有？沒有！絕對沒有！佛說的都是：「你將來再多久，好好奉侍供養過多少佛以後可以成佛。」有沒有？有！每一次授記都這樣，表示供養佛很重要！

這時候一定有人想：「要供養那麼多佛！我什麼時候才能遇到那麼多佛？」可是成佛之道三大阿僧祇劫，你急什麼！但是我要提醒諸位：「你未來要供養的那麼多佛之中，可能有幾尊就坐在你旁邊；因為他比你早成佛，你也得奉侍他！」如果私下口沒遮攔，老是說：「我們老師怎麼樣、怎麼樣不好；我也聽說某一班的老師怎麼樣、怎麼樣不好！」（大眾笑…）好了，將來他成佛的時候，你就知道了！（大眾笑…）所以我常常講說：「同修之間要保持好緣，要好緣！幹部對同修之間盡量不要不耐煩；但是同修們如果因為事情緊急，人家口氣不是很調柔，你也不要牽掛！」不要說：「幹部怎麼這麼兇！」那表示你忍辱沒修好；忍辱沒修好，你要跟我求悟，我該給不該給？不該的！你看大家都搖頭（大眾笑…）。我說的是實話，不是開玩笑！我說法絕對跟外面道場不一樣！因為我是將事實告訴諸位，外面他們根本不懂這個道理呀。如果有一天你走過來了，你就知道這個道理，不用人家教你！現在我把這個道理告訴諸位，先種下這樣的種子。

所以爲什麼每次解三之後，我都吩咐破參的人：「下山以後第一次遇到親教師，一定要好好禮三拜！」因爲他是你法身慧命的恩人哪！而他在你前頭多走了幾年了！說老實話，他也沒接受你供養；你什麼時候供養過他現金、金銀、珠寶或其他有價之物？都沒有啊！而他將來會比你早成佛，這大概是可以篤定的事！特例很少的，這些道理你都要知道。所以菩薩證悟之後，爲什麼有「大勢力」？因爲他是有禪定基礎來支持的，不是空中樓閣！那學術界專門研究而不修禪定，也不歸依三寶；他是個外道，說他證悟了，你信誰？要信他嗎？當然不信哪！所以如果他的心態不是菩薩，不要從我這裡想要得法啦！我的原則就是這樣；即使他是佛門的出家人，他如果是聲聞人，我也不給他法！菩薩之所以有大勢力，不是單有智慧，而是說他的智慧是有禪定支撐的；所以我們一開始弘法就規定：一定要修動中定，有這個定力支持，你所謂的見道、所謂的斷我見煩惱才是眞實的，否則都是虛有其表！所以菩薩的大勢力從哪裡來？從禪定作基礎而修智慧。

佛也這麼講：「禪定修智慧。」不是說禪定即智慧喔！是說要藉禪定來修智慧。

有這個「禪定」作基礎來修得的智慧，才有實質；那這樣的話，有一天他會生起「無畏想」。所以管他哪個道場多大、信眾多少，管他哪個大師名氣多麼大，心中完全沒有畏懼！菩薩應當要有無畏想啊；依於禪定來修得的智慧，能夠有人勢力、能夠有無畏想，所以無畏於諸方大師的勢力，該講就講，不作人情！

我弘法以來，只有作過一個人情，就是不評論現代禪李元松老師。諸位可以從我的書裡面去找，找不到我批評李元松，因為我知道居士弘法很困難，雖然他悟錯了，可是他不知道我對他作了這個人情；他是什麼時候才知道的？我《宗通與說通》出版了先寄給他，他還不知道我的善意；等到《邪見與佛法》出版了寄給他，他才知道：「哇，一網打盡！就是沒有我。」（大眾笑⋯⋯）那時候他才知道我是作人情給他。這就是說，菩薩不會接受威脅的，該這樣就這樣。所以我弘法以來，一直都有人在威脅我說：「你不許再弘法！你如果弘法，我要怎麼樣、怎麼樣、怎麼樣。」我不理他！如果我覺得有需要，就把他寫進書中——隱名道姓把他寫進書中。人家看了、他的徒弟看了，一定會說：「師父！這個應該是講你！」（大眾笑⋯⋯）可是如果他惡形惡狀，我就會指名道姓評論他，這就是源於「無畏想」。可是如果從第一義來講，「無畏想」也是想；第一義中沒有任何想！所以說「一切想非想」。菩薩正因爲腳踏兩條船，有一切想，而且一切想又非想；所以有時候從世間相來講，有時候從第一義諦來講，眾生聽起來很矛盾：「你前後所說不符合欸！你前面說有一切想，現在又說一切想非想，那你有矛盾！」其實沒有矛盾！有矛盾的人是因爲他自己有矛盾，正因爲「一切想非想」，菩薩有大勢力啊！

再從佛法的修道來講，四意端、七覺支、八正道以及證菩提，這不都是佛法中的事嗎？如果沒有證菩提，什麼叫見道？如果沒有證菩提，什麼叫修道、什麼叫成佛？事相上一定有啊，這些過程一步也省不得！就好像說你要蓋一棟大樓三十五樓，你得要從一樓開始蓋，你不可能跳過任何一樓去蓋到上面；佛法的修行也是如此！所以不可以像聖嚴法師告訴人家說：「你不要求悟！你求悟時就不能開悟。」不能這樣講！你不求悟，就永遠跟開悟沒緣；跟開悟沒有緣，第一義的境界你就不可能實證啊；那你就一定有種種想，不可能「一切想非想」！所以事上要次第進修，次第進修之後，到一個階段才有理上的證悟；但是證悟之後，也不是一悟就成佛，而是悟後還有次第進修要修的、要斷的這些事情，都必須一一作到。所以 如來講《楞嚴經》的時候，劫波羅天供養了一條花巾，如來把它打了六個結，單手拿著，問諸位弟子說：「這樣能不能解開？」大家說不能。換到另一個手說：「這樣能不能把它解開？」大家也說不能。要怎麼樣？要兩隻手才能解開；這告訴大家什麼道理？你不能單修一法！也得要有禪定、也得要有智慧、你也得要有福德！可是 如來接著又說：「能不能一次把六個結同時解開？」也不能！所以你要一個結、一個結次第解開，但是理可以頓悟，「理」就是實相心如來藏；那麼如來就講了佛教界很有名的話：「理則頓悟，乘悟併銷；事非頓除，因次第盡。」也就是說悟後到成佛，它有個次第；你要依於那個次第一步一步去把它斷盡，有斷就有智慧出現，道理就是這樣。

所以在因地七覺支、八正道上面你都得修，希求菩提就是要追求菩提；不能夠說你不要求菩提才有菩提，你得要實際上去追求菩提。但是從實際理地來看，在因地所證的七覺支、八正道、三乘菩提，都是爲了對治愚癡之所施設。所以很多人來找禪師求悟，禪師跟他指示說：「我這裡沒有悟！」因爲他說的「我這裡」，是如來藏的「我這裡」，如來藏的境界中沒有悟這回事；可是學人不懂，就回說：

「大家都說師父您開悟了，您怎麼說您沒有悟？」因此師父一棒就打過去了！

也就是說，禪師從實際理地來講，確實沒有悟這回事，但是愚癡的人就當作現象界中果然沒有證悟這回事，有些聰明人想了就說：「因爲證悟了，所以沒有悟。」因此在因地還是要求悟，成佛以後也沒有佛可成；可是因地就是要求成佛，本來就是這樣。那你會求悟，表示你還沒有悟，你還沒有悟時就叫作愚癡；你悟了以後沒有悟，就是開悟，因爲你住在實相的境界中來看時，你看開悟這回事情根本不存在！可是你還沒有悟之前要求悟，求悟的時候就表示智慧還沒有生起；智慧沒生起就是愚癡，所以說「覺意及正道，本有菩提想，愚癡之所起，智者則遠離」。都是愚癡所引起的，那有智慧的人就遠離這一些。當你證悟了以後，你說：「哪有證悟這回事？世間沒有『悟』這個東西！我就是找到我的如來藏，我能現觀眞如，這樣而已；沒有悟這回事啊！」這樣你就是有智慧的人，你就遠離這一些。

接下來「佛及眾法想，乃至有僧想，如是種種想，皆說爲動想；菩提名無想，種智即菩提，遠離如是想，菩提難思議，是故作是說：求者如水像。」有佛、有法、有僧，這叫作世間人。從菩薩來講，腳踏兩條船是爲了度眾生，所以就告訴眾生說有佛、有法、有僧。從自己所住的實相境界來看，就說無佛、無法、無眾僧！為了教導已經證悟的弟子深入實相，就告訴他：「**實際理地，一切法也無！無佛、無法、無眾僧！**」所以菩薩說法，有時從事相來講、有時從實相來講，沒有矛盾、沒有牴觸！但不知道的人，就覺得菩薩亂說！聰明人就聽出弦外之音：「**原來剛剛講的是從實相來講，現在講的是從現象法界來講！**」那就是他很聰明、聽得懂。所以對初學人來講，我們有時候也告訴他說：「**佛有自性佛、有應身佛、有化身佛等，法與僧亦復如是。**」讓大家先知道說，有什麼樣不同定義的佛，或者說不同定義的法與僧；這就是為了利樂眾生，所以必須要這樣講。就好像我們一直要把佛教推回到佛世的那種狀態，可是佛教界一直在抗拒！

譬如說佛世的僧寶 文殊菩薩、觀世音菩薩都是佛世眞實存在的菩薩，但祂們長髮飄逸、頭戴寶冠、胸配瓔珞，乃至於臂上還有臂釧，很莊嚴哪！可是有像個出家人嗎？不像！但祂們才是眞正的出家人。你看看 維摩詰菩薩，祂似乎是個眞正的在家人哩！可是阿羅漢們對祂都恭敬得不得了！而且大家遠遠看見了，都逃走了（大眾笑…）；因為 釋迦老爸不好講他們，維摩詰菩薩就出來幫 釋迦老爸教訓他們。所以 維摩詰菩薩不管你們這些穿著僧衣的人：這是菩薩、還是聲聞？祂一概訓斥！可是祂一見了 釋迦如來，卻恭敬得不得了！祂這樣作的目的是什麼？要讓大家懂得奉侍 如來。所以你們看禪三的時候，我們福田部的香燈菩薩們，他們都是證悟者，奉侍 如來時是多麼恭敬！我都看在眼裡，心裡就想：「啊！這些人眞是菩薩！善根深厚，一點點輕忽之心都沒有！」可是那些大山頭呢？比如現在要開會，覺得會眾多了、場所不夠大，就吩咐說：「大家把佛菩薩搬走！」那就搬了，直接就搬哦！會開完了就說：「大家去搬回來！」就這樣，放上去就沒事了。但我們會裡是怎麼樣？如果要整修，先要上香稟告請求退座；稟告完了，香過一半了，才請下來載去整修。整修回來要重新安座、都得要上供；這是我們正覺一向的規矩，這就是奉侍 如來。

那你家裡供著 如來，每天上完香，什麼都不管啦？我們家不是這樣！上香、供水、還要供果，這也是奉侍 如來呀！一天奉侍一次，就奉侍了一尊佛；我跟諸位說眞的，你一年就奉侍了三百六十五尊佛。在正覺同修會學法很快，但是福德不容易修！這是你自己家中就可以修的，爲什麼不修？這個應該要好好把握啊！

供佛，即使供的是佛像，不是應身如來，經中 世尊早說過了，我也早就說過了，等於供養應身如來！那我請問諸位：「應身如來在世，你可以值遇，能供養幾次？」能供養上一次就不得了了！因爲大家等著要供養。你現在有這個機會，每天可以供養 如來，爲什麼不供養？這一世讓你供下來，福德多大！供養一個初果人就是無量報，而且你這一世供養完了，結果食物都進了你的五臟廟（大眾笑…）。佛又沒有眞吃了你的！但是 佛說是已經受供了，所以如何奉侍 如來很重要。以前早期我們香燈，禪三的時候供佛，早上一大盤的水果比山還高！這樣要捧上供桌去都要很小心，否則會掉落！後來有位同修問我說：「這樣供佛好像不是很如法呢！我們是不是應該分爲三時上供？」我說：「對，這樣才對！」然後就改爲三時上供，所以現在禪三都是三時上供。他們作得眞好！這也是身爲菩薩的我們應該要學的。

有的道場他們是怎麼樣？他們被學術界影響，他們說：「唉呀！那只是個佛像，就只是個象徵，何必當眞？」他們是這樣想，那他們叫作什麼？一句成語叫作「自覺清高」，自覺清高就是學佛的一大敗闕！我們身爲菩薩，一切都是 佛說了算！不問有理、無理，只要 佛說了就是了；菩薩本來就應該這樣，這就是奉侍 如來。可是如來不遠，可能就在你身邊！因爲有人修得比你好，將來比你早成佛；他的性障薄，比你早成佛！那你將來總是會遇到他成佛的時候，而你要當他座下的菩薩，這一點一定要有認知。所以我對我的師父都很恭敬、很恭敬！即使是對凡夫的師父，我也一樣恭敬。這時候一定有人想：「**那你爲什麼《公案拈提》要寫聖嚴法師？**」這是因爲他開始抵制正法了，我當然要寫他；可是我頂禮他的時候是怎麼頂禮的，你們知道嗎？我是把額頭放在他的腳盤上，雙手輕輕地靠住腳後跟，然後翻掌才起來；這是標準的「頭面接足禮」，我就是這樣的；九百年前我對克勤大師也沒有過一絲一毫的不敬，這個情分一直都維持著。所以奉侍如來爲什麼重要？很多人不懂！可是你們成佛過程中必須要奉侍多少如來，未來就是一尊也少不了！有時候有人也許奉侍了十尊如來，其實就等於只有奉侍一尊，因爲他有很大的缺失，所以這個道理要懂！

就好像《解深密經》講的「**化長劫入短劫**」，可是有的人不懂佛法、亂修一氣，他就是「**化短劫入長劫**」，這個意思要懂。意思就是說，修學大乘法的人除了要懂佛、要懂法，僧也得懂。哦，這就讓我想起那一本書了——《眞假沙門》，到現在還沒有辦法出書，因爲還沒有連載完！什麼叫作沙門？「沙門」二字要先定義清楚！沙門，《阿含經》裡面很多地方都講外道無沙門法。沙門法就是出家法。出什麼家？對！出三界家；能出得三界家，才是證沙門法。那出三界家最基本的沙門法就是聲聞初果，叫作聲聞僧；可是現在很多的出家人，他們的本質不是僧，因爲他們說的都跟 佛說的相反！你們看看釋印順是僧嗎？不是！他都在否定 釋迦如來的法，怎麼可以叫作僧？以前正覺弘法之前，各大山頭說的開悟都是外道的悟，跟 佛講的不一樣，他們都是在跟 如來唱反調，那你說他們是僧嗎？不可以！他們都是在謗佛，你能說他們是僧嗎？也不可以！因爲 佛說開悟要證如來藏，他們說：「**如來藏是外道神我，開悟是覺知心要離念，這才是佛講的！**」可是 佛沒這樣講過，他們這樣說就是誣賴佛、謗佛！你能說他們是僧嗎？

那麼說到僧，咱們不講啞羊僧，那些都不談！至少啞羊僧他還安分守己、守住戒律。那有的人守住戒律之外，他當行腳僧，一心求道，也算不錯啊！一心求道的人不會謗三寶。接著就是說，這些人叫作凡夫僧，至少維持住佛教的表相，是好事！可是 佛陀在世時的佛教有勝義僧也有聲聞僧，文殊菩薩、觀世音菩薩都是勝義僧，大勢至菩薩當時也示現在地球上，祂們都是長髮飄逸、頭戴寶冠等；表相看起來就是個世間的富人，可是祂們眞實是僧，譬如 文殊、觀音、維摩詰祂們都是已經成佛，迴心再來護持 釋迦古佛的，能說祂們不是僧嗎？包括那個童女迦葉，她在佛世就率領五百比丘遊行人間，才會被結集在四阿含裡面，你能說她不是聖僧嗎？所以僧有許多種，有勝義僧與凡夫僧。勝義僧與聲聞僧也要分開，勝義僧可能穿著俗服，也可能穿著僧服，並不一定，你要看他們的實質。如果是聲聞僧呢？聲聞僧一定都穿僧服，因爲聲聞法中沒有示現在家相的僧，但是會有例外。所以摩羅迦舅成阿羅漢，以及養牛的阿支羅迦葉，他捨壽時，弟子去問 佛，佛爲他授第一記——聲聞法中的第一記；表示他們也是僧，所以舍利弗得率領僧眾去爲阿支羅迦葉供養荼毘。

也就是說，只要證得沙門果，你就是僧。所以如果哪一天你來上課時，正好你的親教師那天有事先去了某個地方，穿著俗服就這樣來了；你看她的穿著，心想：「唉唷！妳今天怎麼穿這麼漂亮？還點了胭脂哩！」不奇怪！她也是僧。也許你的親教師是男性，那一天穿著西裝來爲你上課，因爲他來不及換衣服，但他也是僧！因爲四阿含中對「僧」的定義就是：有沒有證得沙門果？當你證得沙門果，就是沙門了；很簡單，就這樣定義。所以我一直想要回復……應該說什麼？那叫作原始佛教，因爲佛世的佛教就是最原始的佛教；那時的法王子是 文殊師利，觀世音菩薩也來協助，維摩詰菩薩也來協助；這些人全都是僧，大勢至菩薩也是僧。所以不是只有十大弟子、五百大弟子現聲聞相才叫作僧！這個道理大家要懂。

所以將來正覺寺蓋好了，僧寶會分成兩大類，跟現在祖師堂一樣。現在祖師堂也是有兩大類的常住：有穿著在家相衣服的僧，也有穿著聲聞僧服的僧，將來正覺寺也會一樣，只是會派住持及侍者。這就是說，於事相上一定有僧寶，而這些僧寶的依據就是法；就是說，證得沙門果者就是證法，而法從佛宣說出來，所以一定有佛、法、僧一體。但是當你證悟了以後，從實相來看這三寶的時候，哪有三寶？就只是眞如，就是第八識！所以你如果轉依眞如來看時，無佛、無法、亦無僧！如果心中還有種種的想，說這是佛、這是法、這是僧，那就說他已經是「動想」了。

接下來說「菩提」，翻譯成中文叫作「覺悟」，覺悟叫作無想。覺悟以後住於如來藏的境界中，一想也無，因爲那是純粹的無餘涅槃的境界。那麼「種智」是佛法中最高的層次，從三賢位來看，目的就是要往上進發而去證得種智。「一切種智」就是諸佛如來的境界，諸佛如來的智慧就叫作「一切種智」；這個種智還沒有圓滿之前的諸地，就叫作「道種智」；所以成佛所依憑的，就是具足證得如來藏中一切種子的智慧，這叫作「一切種智」。這一切種子含藏在哪裡？（眾答：如來藏。）是在第八識如來藏中，所以大乘見道當然要證第八識；如果不是證第八識而叫作大乘見道，那要叫作外道的大乘見道！要加上三個字「外道的」，因爲心外求法名爲外道。那麼 如來說「種智即菩提」，說證得種智就是證佛菩提；所以你想要證得道種智，悟後要這樣進修百法明門，就是唯識學；要去證得道種智，道種智就是佛菩提。可是當你證得道種智以後，或者說七住眞如、十住眞如，乃至十迴向位眞如，你會發覺：「原來修證佛法就是要證得第八識一切種子的智慧。」你就知道：「種智即菩提。」但這是你在事修上應該要知道的。

可是當你從所證的境界來看時，沒有菩提、沒有種智、沒有佛法，也沒有佛教、沒有世間！你悟後轉依不退時就是遠離了這一些想；能夠遠離了這一些想，就說你所證得的這些菩提不可思議。所以我出來弘法快三十年了，諸方道場想不通說：「**正覺到底在講什麼？**」只知道正覺講的是如來藏，可是如來藏到底是什麼？不知道！正因爲菩提難可思議，由這個緣故才這樣說：「**求者如水像。**」所以你們現在有人還沒有證悟喔，現在正在求悟；可是這個求悟的事情，就像遠方熱沙地上那個熱度上蒸時映現出來好像水在流動一樣，因爲從實證的人來看就是這樣；等到你哪一天證悟了，你來看的時候就說：「**欸！果然是這樣！**」所以說：「**求者如水像。**」今天講到這裡。

《不退轉法輪經》，上週講到八十一頁的偈頌，剩下最後六句：

「**若動彼想已，則不遠菩提。菩提與眾生，一切法如如，故我如是說：不知惡魔心。**」如果對於三乘菩提中的一切法認爲有所實證，那麼就是心動，或者對於佛法中歸依、受戒，乃至實證等等事情認爲實際存在，那就是有所動；這樣子有所動的心才會使人想要實證菩提。那麼實證菩提以後，結果對於這些全部都生起了無動想，所以所謂的歸依三寶、受菩薩戒、受比丘戒比丘尼戒、修行、修道、證道、乃至成佛都不存在，這就稱爲無動想；而這樣的無動想是要證得如來藏、轉依如來藏以後，再從如來藏的境界來看待這一些法，發覺全部都不存在，所以說能夠這樣動彼想的人，動彼想之後，他就懂得要實證佛法。實證佛法就是實證如來藏，所以當他想要實證如來藏、想要證眞如之後，他就「不遠菩提」；因爲他一定會去實證，想要去親證實相；然而實證以後，結果竟是無所得的境界，因此而得解脫，所以他就「不遠菩提」。

接著說「菩提與眾生，一切法如如」，談到這裡，就要去探討什麼叫作菩提。實證菩提究竟是要實證第八識、或者實證意識所想像的境界？（眾答：第八識。）諸位有智慧！如果是以意識思惟、理解所得的境界作爲實證之標的，那就是意識可以理解的境界。意識可以理解的境界能不能稱爲「不可思議」？不能！大家都沒有異議。可是 佛明明說：「大家都可實證的這個菩提心，祂是不可思議的境界。」如果有人說：「要用意識去思惟三自性、思惟三無性，那叫作大乘見道。」那麼既然大家讀一讀就懂了，爲什麼可以稱爲不可思議？之所以成爲不可思議法，是因爲他們用意識思惟再思惟之後依舊難可得證！所以說非言語、思惟之所能到，這才叫作菩提呀！可是菩提與眾生明明是對立的法，爲什麼卻說「菩提與眾生，一

**切法如如**」？一切法顯然包括生滅法在內。這一切的生滅法爲什麼是如如？對！因爲有如來藏。你從如來藏的境界來看這一切法時：生也從如來藏中生、滅也是滅向如來藏中，本來就是如如的如來藏中的一部分！所以不管是菩提或者是眾生，所有的一切法都是如如。那麼既然菩提是函蓋一切法，咱們正好來談一談前兩週講過的因緣、等無間緣接下來的增上緣。

有人建議我說，我們這一週乾脆先來講「所緣緣」好了，因爲有一些退轉的人，開始對「所緣緣」亂講了。我說：「**不必因他而去改變我既定的計畫，我還是照著順序來講，因爲我不必聞聲起舞；如果聞聲起舞，那不是在人家的影響下、指揮下而去說法嗎？菩薩不可能這樣作。**」所以我依著順序來講增上緣；所緣緣咱們下週再講，不急！一切法當然包括四緣，因爲這跟實證菩提有關。前面說過，因緣是如來藏含藏的一切諸法的種子，加上如來藏的現行識可以成爲一切法的所依，然後如來藏的現行變生了諸法，也可以成爲諸法的所緣，這就是因緣。可是因緣的現行，如果沒有等無間緣也辦不到，必須前後剎那、剎那之間相等無間；前種子開避其位，而讓後種子於所應現行的處所現行，這樣才能成就等無間緣；

由等無間緣的不間斷，使因緣的功能差別可以成就。可是一切法的現行，單單因緣和等無間緣也辦不到，還得要有第三個——增上緣。前五識以意識爲增上緣，意識以意根爲增上緣，意根以阿賴耶識爲增上緣，前五識又以五色根爲增上緣。那麼前五識不單以五色根爲增上緣，還以意識、意根、阿賴耶識爲增上緣；所以這裡面說起來還蠻複雜的，但是要能現觀以後就不複雜了！

爲什麼叫增上？譬如眼識存在的當下，就可以運作了；可是如果沒有眼根作爲所依、沒有眼根來增上祂的功能，眼識就不能生起、不能現行、不能運作，就給消滅了！所以眼根就成爲眼識的增上緣與所依，既是增上緣也是所依；眼識如此，耳、鼻、舌、身識亦復如是。意根要給予意識作爲增上緣，假使意根不與意識同時同處存在，意識就不能生起、也不能現行運轉，所以意根是意識的增上緣，也成爲意識的所依，合起來叫作「**增上緣依**」。那麼意根加上前六識，合稱爲七轉識，因爲這七識可以轉變。那麼「**這七識運作的時候，一定要有阿賴耶識的種子現行成爲阿賴耶識的現識來配合，七轉識才能運作。**」這句話說得稀鬆平常，可是這句話的道理要你實證如來藏，能體驗第八識的人才眞正聽得懂；所以阿賴耶識的現識，也是七轉識的「增上緣依」。但是阿賴耶識含藏的七識種子，就是七轉識種子的因緣依，所以如果沒有增上緣，七轉識連生起都不可能，就別說是運作了！那其他的五遍行、五別境，善十一、六個根本煩惱、二十個隨煩惱、不定四個法就談不上了！因爲不可能現行。

所以從「增上緣依」來看八識心王、加上五色根，在人間缺一不可！如果沒有增上緣，就不可能有人類在人間生存。諸位想想看，如果五色根不存在了，也就是說你沒有色身了，這時候你還能在人間生存嗎？你已經不在了！如果有人說：「**可以啊！我如果蓮花化生就可以啊。**」問題是你如果蓮花化生，你能夠在欲界人間與別人相遇、有所往來嗎？不能啊！你只能夠跟那些有天眼的人互相往來。可是在這個末法時代，走遍了全球，你能找到幾個有天眼的人？所以人類就大部分要滅絕，就剩下那十幾個有天眼的人，是不是這樣？所以增上緣是不可或缺的。如果沒有五色根，別說五識，連意識都生不起來！在人間就是這樣。如果沒有意根作意識的增上緣，這意識也起不來，連帶著前五識也起不來；無法生起，那就不存在了！所以增上緣不可或缺。人之所以爲人，必須具足四種緣，其中的

「所緣緣」通常就是指境界法（除非是指第八識的所緣緣），我們下週再來談。

這表示菩提的實證必須是圓滿的，不能是殘缺的、破碎的！印順的問題就是把佛法切割成殘缺、破碎；而且你把他所說的法全部組合起來，還不足以完成二乘菩提的內涵；連二乘菩提都講錯了，就別說大乘菩提！佛法是一個具足圓滿的內涵，既然如此，證得大乘佛法的人主張說：「**不必證第八識、也不用證第七識意根！只要證得六個識離念靈知，而能知道三無性就夠了。**」這樣的佛法只能叫作佛學，而且是殘缺不齊的！佛法的實證是八識心王具足，而且五法、三自性、七種性自性、七種第一義、二種無我法全部都具足圓滿，成就了一切種子的智慧，這樣才能稱爲具足菩提。

所以菩提是圓滿的、具足的，而不是殘缺破碎的！因此單說這六識心的現行，就必須要具足四緣，而今天我們講到增上緣，請問：「**這個增上緣如果沒有意根，能成就嗎？**」不能！可是意根以阿賴耶識爲增上緣；如果沒有阿賴耶識含藏的意根種子、也沒有阿賴耶識的現識來配合意根，那麼有情六識不能生起，連意根都要消失！這表示菩提的實證不能一時、或一刹那缺乏第七識與第八識的現觀。如果沒有第八識，第七識就不能現行；如果沒有第七識與第八識，前六識就不能現行；如果沒有意識、意根、第八識，前五識就不能現行！而且如果沒有第八識，五色根也不能生起、不能存在！

所以從增上緣來觀察、來檢討，就發覺一切諸法，從世出世間法的大乘菩提、出世間法的二乘菩提、乃至世間流轉諸法，都不能缺少第七識以及第八識，這才叫作菩提。所以菩提樹在法界中，本來就是一個圓滿的整體，以前有些日本人不懂，就說他們要「修剪菩提樹」，那印順就跟著修剪，剪到破破碎碎地不具足，大有殘缺！因爲釋印順的內容就是把二乘的解脫道當作大乘佛菩提道；但問題是，如果他講的解脫道是正確，倒也罷了！偏偏他講的解脫道又錯了，同於斷見外道及常見外道，所以他什麼都不是！這樣看來，從增上緣的層次來看，顯然佛法不能離開第八識，世間法也不能離開第八識，眾生也不能離開第八識！再從三乘菩提以及眾生的本質來看，其實都是如來藏中的局部，不是如來藏的全部！這「菩提與眾生」既然都是如來藏中的局部，而如來藏從來如如，不曾動心過，所以說「一切法如如」；乃至菩提也如如、眾生也如如。

現在退轉者主張說：「要證得離念靈知，這就是證眞如。」好了，當他在離念靈知的狀態下，你突然給他個五爪金龍，他還如如嗎？不如如！可是我如果突然挨了個五爪金龍，我的如來藏還是如如啊！當我轉依如來藏來看的時候，如來藏如如；我轉依祂，我就如如，所以我也不動氣，這樣才叫事理兩全的「如」。那因爲「菩提與眾生，一切法如如」，所以 世尊說：「故我如是說：不知惡魔心。」

還記得一個公案嗎？三個師兄弟行腳：紹修山主、法進、清涼文益他們三個人行腳，參訪天下善知識。古時候所謂的「善知識」往往只有禪宗的修證，能過三關就不得了囉！一般都只有明心、破初參。好，這三個人結伴行腳，有一天來到了羅漢山地藏庵，剛好上游下大雨，河水暴漲，過不了河了！看看，欸！有一座地藏庵，就說：「已經黃昏了，不然去那裡掛個單吧！」所以就找上了這一座庵。裡面有個禪師叫作桂琛，那麼一共四個人聊開了。後來這羅漢桂琛問他們三個：「你們是幹什麼來到這裡呀？」他們說：「我們是行腳而來到這裡。」羅漢桂琛緊接著問：「行腳事作麼生？」意思是說：「行腳的事情到底是怎麼回事呢？」「作麼生」是河洛話「阿哪生」。羅漢桂琛這一問，他們三個答說：「不知！」羅漢桂琛打蛇隨棍上，就說：「不知最親切！」結果清涼文益聽懂了，就拜羅漢桂琛爲師。第二天水退了，三個人繼續行腳。可是行腳的過程還有事，咱們今天不是講公案（大眾笑…），所以就不談了！

也就是說，你參禪要證得第八識，要證得那個不知六塵境界的心。現在那些退轉的人寫出文章來說：「第八識有所緣，所以會有所知啊！祂是能知道五塵的。」偏偏禪宗祖師告訴你：「不知最親切！」還有個佛眼禪師，就是克勤圜悟大師（佛果圜悟大師）的師兄弟，叫佛眼清遠，他還特地作了開示，大意是說：「用那個能分別的，去尋覓那個不分別的；用能知道的，去尋覓那個不知道的。」所以第八識如來藏在六塵境界中，都無所了知！怎麼會說祂有分別、說祂能作主？現在退轉的張先生說：「第八識是會作主的，因爲第八識是『去後來先作主公』。」就這樣亂引一通，把「作主公」三字錯誤解釋爲能作主了！

所以對六塵「不知」的心才是你所要實證之標的，但不是要這個意識不知；而是你意識能知，去實證那個不知的第八識。所以 如來說：「不知惡魔心」——我如來藏不知道惡魔波旬的心在想什麼！所以 如來如實而沒有虛言，從實相法界來告訴他說：「不知惡魔心。」那同樣也從實相法界來告訴惡魔波旬說：「我都不會再度眾生斷三縛結、度眾生證菩提……。」佛沒有欺瞞啊！不論 佛度了很多眾生開悟和解脫以後，這些眾生就以如來藏作爲眞實的我，而如來藏從來沒有開悟也沒有解脫這回事！你悟了，祂也沒悟，祂是你證悟的標的；但是祂從來不悟，所以悟了等於沒悟！禪門就有這麼一句話說：「悟了還同未悟時。」就是這個道理。

所以佛法的實證，一定要證第八識如來藏；如果你有證得第八識如來藏，你就知道第八識於六塵境界完全無知！於六塵境界有知的心一定會分別，那就有三性：善性、惡性、無記性。可是第八識「相應唯捨受」，〈唯識三十頌〉講得夠白了：「相應唯捨受」——祂沒有領受苦樂就沒有善性、惡性！所以有沒有實證，文章一寫出來，人家一看，「你說第八識會作主？」人家就馬上判斷：「原來是一隻野狐！」禪門祖師向來不許有人打混的！眞悟就是眞悟，錯悟就是錯悟，都要向天下拈提的；所以要證得那個不知的心，然後你對佛菩提就都知道了。很怪！證得不知的心，結果你就知道般若了；否則你《般若經》怎麼讀、怎麼思惟都是意識想像之所到，都只是思想而非實證，你距離不可思議的境界永遠都好大一段距離呀！所以說唯有實證第八識，才可能有大乘的般若生起；如果沒有實證第八識，不可能有大乘般若生起；不管他講得天花亂墜，畢竟只是一個大妄語的凡夫的思想；那樣宣稱證悟，來世有殃在，一定遭殃！而且遭了殃以後要回到人間，要很多劫。因爲大妄語業不是那麼容易就可以把重報受完的，爲什麼呢？因爲大妄語的結果會帶著一群人大妄語，會誤導眾生。

我就把這個道理講清楚、說明白，如果有人願意繼續被誤導，我也贊成！因爲是他的自由選擇；我沒有去推他，我是要把他拉回來；他不讓我拉，那就去吧！我又能奈其何？可是我畢竟要把道理說明白。不但如此，自稱懂《成唯識論》的人，是應該爲人解說；如果解說之不足，那就註解出來讓大家瞧一瞧；如果註解辦不到，不然我們要求簡單一點，語譯一下也好；語譯就好，不用註解！語譯出來給大家看看，因爲如果不懂，語譯就錯了，就不要談註解，以後請別再宣稱你懂得《成唯識論》。所以不懂微積分的幼稚園學生笑大學教授說：「你教什麼微積分？**我才懂，你根本不懂！**」那是很荒唐可笑的事！順便跟大家報告：最近忙喔，所以《成唯識論》那個註解進度慢，今天才一百三十萬字，進度只有百分之四十四點五；然後過幾天又要禪三了，但是慢就慢一點，反正又不是急著出版！也就是說，如果他眞的懂，應該註解出來利樂大眾；而不是隨便講說善知識這裡錯、那裡錯，結果全面都是自己錯！善知識沒有錯。

但是不必急，他們希望我趕快印出來——六本全部都印出來！而我不用急，我一本一本慢慢來。如果要跟隨他們去的，我也隨喜；因爲我既然擋不了，就只好隨喜了，不然我要在那邊跺腳、搥腦袋嗎？不用吧？我就隨喜！但是三年五載之後，等我出了三本、五本《成唯識論釋》，然後他們要懺悔、再回來也行，我也收！人家說：「**好馬不吃回頭草**。」可是我不這樣認爲呢！我認爲說：「**知過能改，善莫大焉**！」懂得吃回頭草，這才是好馬啦；如果外面都沒有草，還一直往外走（大眾笑…），那不餓死才怪！對吧？對啊。所以外面沒草，回頭有草就回頭，這有什麼過失？菩薩從來不依世間法斷事，所以如何是對眾生有好處，我就去作；違不違法那是另一回事情！所以我們能利樂大眾的都要去作，就依照規劃去作，但是不必聞樂起舞，也不必「聞雞起舞」，我們就照著既定的順序去作就好。那麼〈降魔品〉到這裡這首偈講完了，接下來請張老師再唸一下：

經文：【佛次第說〈遣魔偈〉已，十億衆生斷除疑惑，得法照明，於一切法得無生忍。得是忍已，十億衆生住於佛前而說偈言：「

佛道難思議，最勝之第一，故號爲世尊，除疑蒙安慰。
一切皆照明，安住於佛道；神光遍十方，見無數億佛。
見佛得聞法，色相莊嚴身；除穢得淨智，救世能度者。
於億福田中，佛福田最勝；隨佛所住處，無上救世尊。」

爾時十億衆生聞說偈已，皆以盛服供養於佛及供養法，作如是言：「當令一切衆生，悉聞是法，皆共來集。」】

語譯：【佛陀依著法的次第演說了〈遣魔偈〉之後，當下有十億眾生斷除了疑惑，於法之中獲得了照明，他們於一切法得到了無生忍。得到這個忍以後，這十億眾生於佛前就說了偈：「

佛菩提道難可思議，是一切最勝法之中的第一法，如來弘傳這樣的法所以號爲世尊，爲大眾除卻疑惑讓大眾得蒙安慰。

於一切法都能普遍照明，而能安住於佛道；威神之光遍照於十方，而現前看見了無數億諸佛。

見了無數億諸佛而得聽聞佛法，並且見到諸佛都有色相莊嚴之身；滅除了垢穢而獲得清淨的智慧，是救護世間而能得度的聖者。

於億福田之中，佛的福田最爲殊勝；隨著佛所住的處所，祂就是無上的救世之尊。」

這時候十億眾生聽聞到自己所說的偈以後，又以盛服供養於諸佛以及供養於諸法，他們又這樣子說：「應當令一切的眾生，全部都能聽聞到這樣的法，大家一起共同來集合。」】

**講義**：佛陀說法都是有個次第的。諸佛說法絕對不是東說一個法、西說一個法，南說、北說、上說、下說，互不相干！而是所有的法都互相關連，所以叫作「法住法位，法爾如是」。我現在想起來說，這兩句話佛教界大概我講得最多，因爲整個佛法就是這樣的內涵：「每一個法以如來藏爲根本，每一個法各有它應該有的位置，不能錯亂，也不會錯亂。」只有胡思亂想的人才會錯亂，依證悟的現量觀察所說的一定都正確，所以佛法中的所有諸法互相之間都有它們的因果與次第性。因此成佛之後，第一件事就是要思惟如何開始爲大眾演說佛法。通常在五濁惡世人壽百歲之時，都會想：「這樣深妙的佛法，要如何爲眾生演說？太困難了，不如入無餘涅槃去吧！」於是大梵天王慌慌張張馬上就來了，請 佛轉法輪。他要請 佛住世啊，不能讓 佛就這樣示現成佛之後馬上又消失，那就是眾生的大損失！可是在 如來爲眾生說法之前，還得先要有人來請 佛布施；請 佛把渾身上下所有的器官、整個身體都布施給他。然後他說：「我現在不要佛的身體，寄存在您這裡，以後我再來拿。」什麼時候來拿呢？沒有什麼時候！他就是不要讓人家來向 佛要求布施；如果人家來要求 佛布施，那麼 佛一布施了，世間眾生就是大損失！這兩件事都要有人作，那兩件事有人來作完了，就是要思考怎麼樣利樂眾生，這麼勝妙的法要怎麼樣爲眾生宣說？所以在《長阿含經》中有說：諸佛如來之中，有的如來是三轉法輪，有的如來是二轉法輪，有的如來根本就只有一轉法轉，專講大乘法，是把二乘法收攝在其中。這是《長阿含經》就講過的，不是大乘經裡面才這麼說。所以釋印順的大乘非佛說就是胡說，想來他是個胡人！

佛說這個〈遺魔偈〉也是一樣，說的內容是有次第性的，前後關聯。當 如來把〈遺魔偈〉說完了以後，有十億眾生斷除疑惑、得到法的照明。「法」就是如來藏，只有證得如來藏才能得到「法」的照明，否則永遠都叫作無明！既然得到法的照明，不退轉了，就是「**於一切法得無生忍**」。在二乘菩提裡面都說：「**一切法生滅不住，無有實體！**」因爲是依現象界的各種生滅法而說的；來到般若第二轉法輪，教你要實證並轉依這個非心心、無心相心、無念心、無住心；來到第三轉法輪告訴你：「**一切諸法無生無滅、本來寂靜、自性涅槃。**」也是依第八識實相心而說一切法，而把一切法收歸第八識眞如心，層次不同；所以你從文字上看起來前後顚倒，明明初轉法輪說「**一切諸法生滅不住**」，第二、三轉法輪爲什麼講「**一切諸法本來無生、本來不生不滅、本來涅槃**」？所以凡夫不懂就毀謗 如來，說 如來說法前後互相違背。可是如果實證了二乘菩提，也實證了大乘菩提，你從所有生滅法來看的時候，一切諸法本來就是生滅不住的；但如果從如來藏眞如的境界來看一切諸法時，一切諸法本來都歸如來藏所有，而如來藏不生滅，所以一切諸法本來不生不滅，這有什麼可矛盾的？

所以如果有人說：「**如來說法前後互相矛盾。**」你就知道那是個凡夫！因爲實證菩提的人所見跟他是不一樣的，因為得到法的照明——證得如來藏；如來藏就是法，以這個法來照明一切諸法時，你就發覺：「一切諸法本來無生、本來涅槃。」一切諸法既然無生，你能夠安忍接受了，就叫作「於一切法得無生忍」；從今以後，你所見一切法都無生。所以假使有阿羅漢來到你面前，你問他說：「你是阿羅漢嗎？」他說：「我是阿羅漢哪！」你就問他：「那我問你啊，一切諸法本來無生，你說個道理給我聽！」這時候他只能像世俗人說的「傻眼了」！為什麼？眼睛睜得大大的好像牛眼，眨不下來了；他怎麼想也想不明白：「有生有滅的法，為什麼菩薩說它本來無生？為什麼菩薩又說它無滅？」他想不通啊！可是你現觀到一切法都在如來藏中運行，它只是如來藏中的一部分；而如來藏不生不滅，這如來藏所映現出來的一切法當然就是本來不生不滅；你對這樣的現觀能夠安忍，你就得到一切法的「無生忍」，所以無生忍是這樣。「忍」就是接受。

如果證悟如來藏以後，不接受如來藏，就說他於一切法本來無生有所現觀而不得忍；他沒有接受就是不得忍，般若智慧就起不來。那麼這十億眾生聞佛說法而斷除疑惑之後，就在佛前說偈讚歎：「佛道難思議，」因為佛菩提道確實很難用意識思惟去思議。諸位想想，那些在大學教國文、教哲學的教授們，他們難道笨嗎？如果眞是笨，不可能當哲學系教授、國文系教授吧？可是他們對於佛經所寫的內涵終究思議不到啊！所以說，佛法不是用意識思惟去得來的，而是要靠實證，有實證便有現觀。實證之後才知道：果然這一條路是最究竟的路！我這一世不走，未來世也得走！既然未來世也得走，那我這一世逃避作什麼？晚走不如早走啊！因爲這是最究竟法，除此而外，沒有第二個法是最究竟的！所以說這個叫「最勝之第一」。

那麼十方三世一切有情之中，能夠教導人家實證難可思議的佛菩提道，這樣的人就是三界世界中最。一個三千大千世界，只要一尊如來就夠了，不需要第二尊佛！而這樣的一尊世尊可以爲眾生滅除疑惑。可是成佛不但要爲眾生滅除疑惑，還要安慰眾生。爲什麼呢？因爲眾生一聽到說成佛之道要三大阿僧祇劫，嚇得腳底都涼了，不可能願意實修苦修！眾生心種種思想不一而足，有的人會想：「你說的是三大阿僧祇劫，但三大阿僧祇劫之後，我哪裡找你去？怎麼知道你講的是眞的？」這就是十信位還沒修足的人。有的人知道確實可以修行成佛，可是三大阿僧祇劫實在是太長久了，他覺得受不了，所以得要有人安慰他；你看《法華經》講的那個「化城喻」所說，這就是安慰；所以爲眾生除疑之外，還得要安慰眾生。那麼當眾生於佛法中得以實證，他就會覺得：「**佛的智慧太勝妙，我永遠及不上如來！**」越修行久了，越接近佛地的境界，就覺得自己「與 如來的距離越發遙遠；所以這時候就知道：「**喔！如來就是『一切皆照明』！**」

如來於一切法無所疑惑，那懂得這個道理，就能安住於佛道；原來要三大阿僧祇劫修行的原因，就是因爲一切法的具足實證太難了！所以安住下來；而且安住下來之後，一尊佛又一尊佛這樣奉侍、供養、禮拜、讚歎等等；這時候自己的證量就上來啦，變成自己也有神光了。好了，現在有個問題：「『**神光遍十方，見無數億佛。**』**怎麼見？怎麼見哪？**」譬如持名念佛三昧，淨土法門不是有個「一行三昧」嗎？說看你持念哪一尊佛名，然後你就在你所住的地方，隨佛方所，端身正坐。如果念西方極樂世界 阿彌陀佛，你就面向西方坐下來；念東方 藥師琉璃光如來，你就面向東方坐下來，然後口中誦唸佛名，這樣念著佛，一直唸、唸到最後有一天一樣開悟；這個開悟的品質，我跟你保證：比我們打禪三出來的品質還要好！我沒騙人！我沒騙人！但是這個「一行三昧」說他實證了以後，即是念中能見十方三世一切諸佛；說在念佛的這一念裡面，只要這麼唸：「南無阿彌陀佛！」這一悟時不是只有看見極樂世界 阿彌陀佛，同時也看見十方、而且是三世的一切諸佛。

這個問題我曾經問過我二哥，因爲他修淨土法門，說他要往生去極樂世界；他對我說的開悟有疑惑，始終不信。有一次他提出質疑，我就跟他講：「你們淨土法門有一行三昧，我唸給你聽。」我就把經文唸給他聽，我說：「最後是『即是念中，念念之中都見十方三世一切諸佛』，那我問你：未來佛還沒有成佛，你怎麼見？又爲什麼見到十方三世一切諸佛？」他只能默然不語，最後跟我蹦了一句話：「那經典都流傳兩千多年了，我怎麼知道是眞、是假？」（大眾笑…）我說：「你如果這樣講，我無話可說！」就不跟他談了。所以一個人信位具不具足，從很多地方都可以判斷，不是只有一、兩個地方。言歸正傳，現在說「神光遍十方」，那我請問諸位：「眼前我看見諸位是兩眼放光哩！那你只要左右、前後、上下都看一看，這神光就遍十方了！有沒有看見無數億佛？」（眾答：有。）有啊！眞棒！正是應該如此！不單十方無數億佛，乃至還沒有成佛的未來佛，你都看見了！應當如是見。所以你看這些人讚佛，讚得多好啊！因爲你看見每一個有情各有他的如來藏，而他們未來遲早都要走上這一條路；走上這條路之後，他如果沒有業障，就能實證。從實證的人來看，學佛是很單純、很簡單的事，哪有那麼多的繁雜以及困擾？

可是從事相上來講，反觀自己往世多劫是怎麼修行的？就覺得佛法眞的很難實證；所以有智慧的人，不學《佛藏經》裡面講的苦岸比丘等四個人，因爲他們無數劫之前造了惡業以後，到了如來示現在人間弘法，他們仍然不得順忍；至於要講大乘無生忍、要證悟如來藏，那還得要等很多佛以後的事！所以在正法當中，說一句話來評論都是大事，絕對不是小事！眼光短淺的人，才會無所顧忌。那麼這裡說「**見無數億佛**」之後，他就會想到說：「**原來每一個人都有這個自性佛在身上，有祂常住不滅記存我們一生的業種，那我們所造的一切善業、惡業就全部都不會落空。**」雖然受報的時候，如來藏還是無所報，所以說不受因果；可是從如來藏所生的五蘊來看的時候，卻是因果昭然，歷歷不爽；所以那個「**不落因果**」就改爲「**不昧因果**」。這時候「見佛得聞法」，這是個重點；如果見 佛而不聞法，

那他來見　佛幹嘛？所以見　佛的目的就是要聞法呀。歸依三寶以後，每天家裡上供，頂禮　佛陀之後，難道就只是信　佛陀就算了嗎？當然得要設法去瞭解佛法；設法瞭解佛法修學一段長時間以後，才知道說：「原來諸佛如來三十二大人相、八十種隨形好，全部都是無量的福德累積來的！」這時候想到　如來的「色相莊嚴身」，就會聯想到自己福德修夠了沒有？

所以「福慧雙修」是佛門中一向倡導的事。現在臺灣佛教界有人專門修福不修慧；也有人專門修慧不修福，結果都變成所修的福不圓滿、不具足；所修的慧也會產生偏差而無法實證，目前的狀況就是這樣；所以見佛一定要聞法，聞法之後就是要「依教奉行」，不能有所違背。對　如來所教導的法不能有取捨，如果在證悟之前有所取捨，是不得已；因爲現在對於那一些深妙的智慧我無法現觀，因爲我還沒有實證。那我想要實證，怎麼樣是實證所應該具備的條件？對於這些條件，應該要設法去滿足，滿足這些條件的過程就叫作「修行」。所以　如來才要告訴大家說：「菩薩要修的是六度萬行。」六度不是修個十行、二十行、一百行就好了！諸位可以去檢驗一下：自己來正覺修行以後，這六度你修行了幾度？每一度修行了幾行？比如說布施度我修行了幾行？持戒度我修了幾行？可以算啊。那如果在那些外門轉的大山頭以及附佛外道之中，六度根本沒有修好！所以依於六度去修，就是福慧雙修；在這個過程中就可以「除穢」，把汙垢的身、口、意行一一修除；一一修除以後，六度圓滿了，就是你證眞如的時候到了；一日實證眞如、得不退轉，你就有清淨的智慧。

怎麼叫清淨的智慧？世間人的智慧不淨，因爲那是求生用的，不是眞正清淨的智慧！也許有人想：「那阿羅漢的智慧、二乘聖人的智慧算清淨了吧？」對不起！從菩薩來看，仍然不清淨，因爲他修的都是事相上的法；就是在五蘊、十八界、六入、十二處等等去作現觀，觀察這一些法都虛妄；但這些法有哪個是淸淨的？他只是把這些汙垢的法滅除，可是沒有清淨法在！只有菩薩實證了第八識，發覺到這個心是本來清淨，不用修行；因爲祂本來就清淨啊！你幹嘛要修行？要修的是你自己！不是修祂，祂不用修行，這樣才叫作清淨法；證得這樣的清淨法而生起的智慧，才叫作得「淨智」，這樣的菩薩才是眞正能救護世間的人、是眞正能度眾生的人！請問：「二乘菩提實證之後成爲阿羅漢，入了涅槃以後，他的五蘊消失了，那是誰得度了？」沒有人得度啊！得度是要有一個所度者來到了沒有生死的彼岸，才叫作得度，所以只有菩薩得度。菩薩有五蘊在，而這個五蘊現前到達了不生不死的彼岸，那個彼岸叫作如來藏，如來藏是不生不死的。彼岸在現前，而這個五蘊就在如來藏這個不生不死的彼岸之中，這樣才叫作得度；所以救護世間，應當如是救護；度眾生，應當如是度化。

接著，這十億人又讚歎說：「在無數億的福田當中，以佛的福田最殊勝。」就像《優婆塞戒經》講的，說舍利弗供養於 佛，佛也供養於舍利弗；然而舍利弗得福不如 佛，因爲 佛的福田勝於舍利弗。種福田很重要，所以你別小看說：每天早上在家裡佛堂佛像前，上香供養、上果供養、上飲食供養，別當那是小事！因爲等同於供養 佛的生身；如果有應身如來在世，更當供養。如來爲弟子們授記，從來沒有說過：「你某某弟子，未來多少劫之中，你還要修學多少法，然後得以成佛。」從來沒這樣講！從來說的都是：「你未來無數劫之後，這中間還要供養多少佛，恭敬、讚歎、承侍、供養之後，你可以成佛。」爲什麼這樣？因爲諸佛如來是福田中勝，所有福田之中，無有勝於 佛者。所以供養一尊應身如來只要一餐，這個福德勝過你供養天下所有有情一餐、乃至一年、乃至一生！因為那個福德太大了，所以供佛很重要；供佛重要是因為 佛是福田中最殊勝者。因此懂得這樣修福的人，當福德漸漸具足到某一個條件時，表示他對於那一個福德相應的階段所應證的智慧、有資格實證了，那他就可以求證，求證可以成功。

也許有人現在想起一個問題來：「那您這樣講，是否表示會外那些人，都還沒有足夠的福德，所以不能實證佛菩提？」我說：「你答對了！確實是這樣啊；假使沒有足夠的福德，要談實證都不可能！」這時候一定有人想：「這有點奇怪吧！我看慈濟那些委員們，他們有的每年捐上好幾百萬呢，有的人甚至每年捐個幾千萬呢；都捐多久了，為什麼還沒有辦法實證？」問題是他們這一世作這樣的護持，往世作的夠不夠？所布施的福田是否眞正福田？並且他們背後還有業障在，雖然福德作了很大，但是有實證的可能嗎？有很多的人未來無量世中還要供養無數億之佛，才能得到順忍。所以聽完《佛藏經》之後，這個問題全部都解決了。

我此世剛回復證量後沒幾年常常想：「為什麼佛教徒這麼多，結果都無法實證？」有的人說：「我就是有業障，我沒辦法！」可是業障又不是有形的，憑什麼說有業障？但現在都明白了！有業障的人跟如來藏都不相應，永遠格格不入，互相牴觸；你說：叫他怎麼實證？他連信都不能信！甚至於有的人來到正覺，幫他證悟如來藏以後，還退轉呢！他不能安忍於如來藏的本來無生。所以諸佛如來可以從眾生什麼都不懂的狀況下，施設方便三轉法輪，讓眾生最後可以實證，這個就說「**佛福田最勝**」之所在。諸位想看看，假使你剛成佛，看到五濁惡世的眾生什麼都不知道，你一定也會覺得眾生難度！可是 釋迦如來畢竟把法傳給我們，三乘菩提具足，大家都可以實證；就應當瞭解 釋迦如來是如何名為最勝福田。

接著說：「**隨佛所住處，無上救世尊。**」隨著諸佛所住的地方，你跟著修學無數劫後證悟時，也可以成為「**無上救世尊**」；而不是單單稱讚 如來為「**無上救世尊**」，因為 如來把勝妙法傳給大家，不是要你悟以後自己去當自了漢；是要你悟了以後，轉而利樂眾生。當你能夠弘傳這個法時，你就是「**無上救世尊**」；因為你度得眾生證悟這個法以後，他們再也不入無餘涅槃，會生生世世行菩薩道，永無終止。那你就起這樣的心，隨於諸佛無所住之處，繼續去利樂有情，這就是這十億眾生住於佛前讚佛而想要達到的目的。那麼這十億眾生住於佛前讚歎完了，這些人聽聞到自己說的這首偈以後，對三寶生起信心了，所以「皆以盛服供養於佛及供養法」。「盛服」就不是一般的衣服，而是最好的、最莊嚴的衣服；用來供養於佛，同時也供養於法。他們一起發了願：「當令一切眾生，全部都來聽聞這個法，所以希望他們都共同來到這裡集會。」這時候阿難又有問題請問了：

**經文：【爾時阿難白佛言：「世尊轉是遣魔法輪，諸族姓男女得聞是已，皆悉解脫、信受無疑，得幾所福？」佛言：「阿難！若族姓男女，日初出時親近供養恭敬尊重讚歎百佛，於中時親近供養百佛，乃至晡時供養百佛，於初夜時供養百佛，於中夜時供養百佛，於後夜時供養百佛；以眾妙樂具最上衣服，於二萬歲供養於佛；日夜六時尊重讚歎，行住坐臥修行供養初不暫息，阿難！於汝意云何？得福多不？」阿難言：「得福甚多，不可以譬喻知其限數。」佛言：「阿難！若族姓男女，得聞如是遣魔章句，其義次第聞已，復能信解不生疑惑，是人功德倍多於彼。」】**

**語譯：**【這時候阿難尊者稟白佛陀說：「世尊您運轉這樣的遣魔法輪，諸多各種族姓的男女聽聞到這一些法之後，全部都得到解脫、而且信受無疑，他們能夠得到多少的福德？」佛陀回答說：「阿難！如果各族姓的善男子、善女人們，於日頭剛剛出生的時候，親近、供養、恭敬、尊重、讚歎一百佛，於日中之時也親近供養百佛，乃至於日頭還沒有下山、還有一半的時候來供養百佛，到了太陽下山時的初夜又供養一百佛，到達中夜子時又供養一百佛，到了後夜天明之前又供養一百佛；不但如此，還以各種勝妙的樂具以及最上妙的衣服，於二萬歲當中，這樣每天六時供養於佛；在這二萬歲當中，白天以及晚上六時都尊重百佛、讚歎百佛，行住坐臥、修行供養從來都不休息，阿難！於你的意下認爲如何？這樣的人得福是不是很多呢？」阿難說：「得福非常之多啊，沒有辦法用譬喻而了知它的限數。」佛陀說：「阿難！如果各族姓的善男子、善女人，有因緣聽聞到這樣的遺魔章句，對它的義理次第聽聞之後，還能夠信解而得到勝解，所以心中不會生起疑惑，這個人的功德遠遠多過好幾倍於前面那樣的人，於二萬歲中供養百佛的事啊。」〕

**講義**：佛陀這個意思是什麼？佛陀教導大家應當親近、供養、奉侍 如來的目的，也就是要大家都能實證；實證後繼續弘法才是 佛陀說法的目的，因爲二萬歲中每天親近、奉養 如來所得的福，目的也是爲了實證。如果後來聽聞了，終於實證了，這個功德遠勝過那個人——二萬歲中，日夜六時每天讚歎、尊重、供養 如來的人。由此可見「實證」是多麼重要。那如果實證了以後不能忍，又退轉了，你該怎麼辦？這樣辦哪！（大眾笑…）這叫什麼？扼腕！扼腕兩個字隨後叫什麼？嘆息！「唉！」只能這樣了；然後期待有朝一日迷途知返，這就是身爲菩薩之所能作。有的人能寫文章，努力寫！也許他們讀了這一篇不相應、那一篇不相應，讀到你這一篇就相應了：「啊，好啦，我回去了！」那你就救了人了。你救這樣一個人，遠勝過世俗法中救百人、千人、萬人呢。我說眞的啊！有的人聽了不相信，是因爲他只看到這一世，說：「你不過救了一個人！」可是這個人如果下墮三惡道，什麼時候回來？不是十世、百世、千世、萬世欸，那是算「劫」的！所以你可能救得一個人，等於救得十萬個人、百萬個人，不一定欸！應作如是觀。

所以佛法以實證爲首要，就像釋印順自己講的，他的書上就這麼寫：「佛法的修行以見道爲首要。」他自己都講以見道爲首要，結果自己把佛法撕裂到殘缺不全、支離破碎；可是他沒有自知之明，完全不知道自己幹了什麼事！因此你要仰

體 如來之意，如來既然要我們實證，我們就設法去實證，實證之後住持正法、弘揚正法，「功德倍多於彼」。想想看，一個人兩萬年之中，每天六時恭敬、尊重、讚歎、供養一百佛；可是你這一實證的功德，超過它好幾倍！那你說實證重要不重要？所以實證既然重要，諸位就要設法實證了。接下來進入〈除魔品〉：

〈除魔品〉第八（原〈受記品〉第七）

經文：【佛告善男子：「復有三菩薩摩訶薩從東方來，住大乘道，持曼陀羅華百千萬葉，如日初出。」阿難見已，一切衆會亦皆同見，生未曾有想。爾時阿難白佛言：「世尊！是三族姓子從何處來？」佛言：「從東方過恒河沙、須彌蓮華世界，有佛名雲上功德如來，今現在彼；此中有三善男子，初聞法時於彼國來。」爾時三菩薩住世尊前，以曼陀羅華散於佛上，散已作如是言：「我於此法深生信解，無有疑惑。何以故？如來世尊已於此法得無疑滯，是故我今亦無疑滯。」】

語譯：【佛陀告訴善男子說：「還有三位菩薩摩訶薩從東方來，他們住於大乘道中，手持曼陀羅花有百千萬葉，猶如太陽剛出現的時候。」此時阿難看見了，一切與會的大眾也同樣都看見了，心中就生起未曾有之想。這時阿難尊者稟白佛陀說：「世尊！這三位族姓子是從什麼地方來的？」佛陀回答說：「他們從東方經過恒河沙數之外的須彌蓮花世界，從那裡來，那裡有一尊佛名爲雲上功德如來，現在正在那個佛世界住持；那個世界中有三位善男子，當初聽聞到我釋迦牟尼演說這個法的時候，剛從那個國土前來。」這時三位菩薩就來到世尊的面前，以曼陀羅花散於佛上，散已口中這樣子說：「我對於這個法很深入地生起了信受和勝解，沒有絲毫的疑惑。這是為什麼呢？如來世尊已經於這個法完全沒有疑惑以及滯礙，由於這樣的緣故，我們三個人如今也對這個法沒有疑惑、滯礙。」】

**講義**：這意思是說，這三位菩薩他們是護持《不退轉法輪經》的人。十方如來假使演說《不退轉法輪經》時，他們三個人就會來護持；而他們來護持的時候，都有一個任務：要讓大家對於 佛說的這個法有另一個層面的信受與勝解。這就是這一段經文要為大家示現的緣起。那麼來到這裡，又說了什麼呢？

**經文：【爾時是三菩薩，其第一者白佛言：「世尊！若有人說如來，我即如來。於此法中都無疑惑。」第二菩薩復白佛言：「世尊！若有人稱說世尊，我即世尊。亦於此法悉無疑惑。」第三菩薩白佛言：「世尊！若有人稱說阿羅訶、三藐三佛陀，我即阿羅訶、三藐三佛陀。亦於此法悉無疑惑。」爾時大眾無量百千億眾生，悉皆**

**戰動，心不喜樂：「我從昔來，初不聞說於一世界而有二佛；云何今者是三大士各稱為佛，於世尊前互相指言？唯佛如來天人中尊，於一切法皆得自在，明達三世悉無罣礙，是三菩薩何故今日俱作是說？」爾時阿難白佛言：「世尊！是三菩薩名字何等，能於佛前作師子吼？」佛時答言：「其第一者，名樂欲如來聲正住；第二者，名樂欲世尊聲正住；第三者，名樂欲佛聲正住。阿難！以是因緣故，此三大士作如是說。」】**

語譯：【這時候這三位菩薩，其中的第一位菩薩稟白佛陀說：「世尊！如果有人說如來，我就是如來。於這個法中，都沒有任何懷疑或者迷惑。」其中第二位菩薩又稟白佛陀說：「世尊！如果有人稱說世尊，我就是世尊。也於這個法完全沒有懷疑或迷惑。」第三位菩薩又稟白佛陀說：「世尊！如果有人稱說阿羅漢、無上正等正覺，我就是阿羅漢、我就是無上正等正覺。我於這個法全部都沒有懷疑和迷惑。」這時候大眾有無量的百千億眾生，全部都身體抖縮起來，心中都不生起喜樂，他們想：「我從以前到現在，從來沒有聽聞過說一個世界而有兩尊佛同時存在；如今這三位大士各自都稱為佛，而於世尊面前互相指稱是佛？如今唯有佛如來是天人中的至尊，於一切法全部都已經得到自在，能夠明達三世而完全沒有罣礙；這三位菩薩是什麼緣故，今天各自都作出這樣的說法？」這時候阿難尊者稟白佛陀說：「世尊！這三位菩薩是什麼名字呢，竟然能夠在佛前作師子吼？」佛這時候就回答說：「他們中第一尊菩薩，名爲樂欲如來之聲正住；第二尊菩薩，名爲樂欲世尊之聲正住；第三尊菩薩，名爲樂欲佛之聲正住。阿難！由於這樣因緣的關係，這三位大士作了這樣的說法。」】

**講義**：諸位現在當然瞭解，他們說：「我即如來、我即世尊、我即佛陀。」那個「我」到底是什麼？（眾答：如來藏。）對！就是第八識如來藏。可是我也只能問你們啊！（大眾笑…）如果到外面，我問誰去？因爲諸位有這樣的正見、有這樣的見地，能夠知道這三位菩薩在說什麼。因爲眞我是如來藏，所以如來就是如來藏，佛陀也是指如來藏，世尊也是指如來藏；這不是從教相上來說的，而是從實際理地來講的；所以於佛菩提道中，有正等正覺的那個正等正覺之所證標的，祂就是第八識如來藏。如果所證不是第八識如來藏，它就不是正等正覺；不是正等正覺，應該給它一個什麼詞兒？非正等、非正覺！只能給它這個名詞啊。

所以如果有人否定如來藏，說大乘見道的標的不是如來藏，那他的所證就不是正等，也不是正覺！這樣很簡單就說明，到底大乘見道是要證得什麼了。如果我這樣講了，有人心裡還疑說：「**那我還要不要跟隨那些退轉者？**」那就是他的事情，跟我無關！我已經把這個道理講清楚了，因爲《不退轉法輪經》講的就是第八識如來藏。現在這第三位大士說：「**若有人稱說阿羅訶、三藐三佛陀，我即阿羅訶、三藐三佛陀。**」這個「我」就是如來藏，如來藏就是正等正覺，三藐三佛陀就是正等正覺。

如果有人說他得大乘見道，但他的所證不是第八識如來藏，那他就不是正等正覺。而現在我就要請問在座的，其中有一些追隨他們的人——很少數的人，「**你在大乘法中的見道，是要成正等正覺、或者非正等正覺？**」這就是我的請問哪！那你可以不必現場回答我，回家以後自己想一想：「**我要的是正等正覺，或者要非正等、非正覺？**」那就是自己的取捨了。作下取捨以後，我都隨喜！但是取捨之前，我先把這個道理告訴諸位。因爲 如來從《阿含經》初轉法輪就開始講這個第八識了，乃至於現在《阿含經》裡面都還有《央掘魔羅經》明著講第八識，然後

《般若經》講了很多的境界，說沒有什麼、沒有什麼、……，乃至於無佛、無法、無眾生，一切僧寶也都不存在，連眾生都不存在，也是講如來藏自身的境界。到第三轉法輪，乾脆直接告訴你：「**阿陀那識甚深細，一切種子如瀑流，我於凡愚不開演，恐彼分別執為我。**」就怕他們亂分別，然後把這個阿陀那識叫作世間五陰的我；果然印順眞的把阿陀那識當作世間五陰我，說祂叫作外道神我。佛陀兩千五百多年前，講在那邊等著他，他還跳進去！所以 佛陀三轉法輪都依第八識在說法，可是他們完全不知道！那現在藉著這三位大士，我也把這個話講白了，如何取捨？就看他們了，我都隨喜！阿彌陀佛！（大眾笑…）

我們今年下半年兩個梯次禪三圓滿了，這第二梯次大豐收，有六位破參過關。第一梯次只得兩位，一位好像是第五次上山，一位是第八次或第九次上山的。那這回比較多，是因為老同修比較多，都已經上山很多次了。但是我發覺現在辦禪三跟以前不同：以前大部分的人都比我老，現在我比大部分的人都老。所以這一梯次禪三有一位女眾跟我同年，但她已經老態龍鍾了；有一位男眾長我四歲，看起來還好，沒有比我老很多，所以在想說：「**我好像可以自稱老朽了！**」可是人可以老，不應該朽，老態龍鍾是不好的，好在我還沒有老態龍鍾！雖然說人老了，對世間法沒什麼興趣，但是度眾生證悟的事情是永遠都有興趣；因爲這是很多劫以來發的願就是這樣，就會實行到底，所以禪三還得繼續辦。不過遺憾的是由於病毒造成疫情的影響，所以大陸同修們沒來，這是個遺憾！也因爲復興中國佛教，目前的重點應該是放在大陸同修身上；因爲我們臺灣兩千三百萬人口，現在已經有六百多位證悟者；大陸人口那麼多，可是增上班中，大陸同修好像還不到二十位吧，這樣顯得太少！所以還是希望能有因緣，大陸同修可以每年都來參加禪三。閒話表過，講《不退轉法輪經》吧。

那麼「四緣」還有一個緣還沒講，就是所緣緣，先要說明所緣緣是什麼意思。凡是法，除了阿賴耶識以外，都有所依和所緣。阿賴耶識沒有所依，但是祂在三界中現行時必然有一個「俱有依」，叫作意根。「所依」跟「俱有依」意思不一樣！「所依」是說它必須要依某一個法才能出現、才能存在，這叫作所依。俱有依，例如意根出現的時候一定要有另一個法跟祂伴隨在一起，祂才能在這個境界裡運作；意根必須依止所伴隨的法才能現行及存在，這個法就是意根的俱有依；而這個被依的法也可以自己獨自存在，但這個能依的意根的俱有依便叫作第八識。第八識在三界中現行時也必須要有意根作爲俱有依，否則便是無餘涅槃。

因爲這唯識增上慧學不是三言兩語可以講得完的，那麼關於所緣緣，要先把它的定義簡略說明一下。每一個識都有所緣緣，所緣緣是說在向內有所依的情況下，它向外面對什麼、緣於什麼而運行；比如說眼識向內以眼根爲俱有依，向外是面對色塵中的顯色來運行，色塵中的顯色就是眼識的所緣緣，也就是祂對外的所緣；那麼所依是背後的眼根，祂向內要依靠於背後所依的眼根才能存在，這屬於增上緣，叫作所依。那祂對外的所緣，眼識緣於色塵中的顯色，顯色是所緣緣。

那麼色塵是由如來藏變生出來的，無始以來每一世的覺知心都不曾接觸及了別外色塵。那些退轉的人不懂，說六識的所緣是外色塵，那是完全不懂「增上慧學」，連基本的佛學知識都沒有，就別說基本的佛法了。因爲人家研究佛學的人，都知道這個道理，而且研究過有境無心或是有心無境的道理。那麼十八界中說的六塵當然屬於內六入的所緣緣，內六入所入的六塵當然是內六塵，那就是七轉識所緣的內相分。《阿含經》有一、二十個地方都講過內六入與外六入，所以內相分的六塵並不是我發明的，是 如來說的。我不敢發明佛法，但我可以發揮演繹出來，一定符合 佛所說的法。

佛法中不能有創見，他們研究學術的、搞佛學學術研究的，他們一向都可以有創見；別人沒講過的他講出來，大家就覺得他很行；學術界有創見是好的，表示有在進步。但佛法中沒有創見，佛學也不該有創見！如果有創見，就表示他那個說法不是究竟的，有一天還會被人推翻，當然還會被改進，所以佛法中不許有創見。我說的內相分六塵不是創見！如來在阿含部的諸經裡面講了一、二十次了。

再回來說所緣緣，眼識的所緣是色塵中的顯色，也就是青、黃、赤、白、光影、明暗等，這是眼識的直接所緣。這個眼識的所緣是由如來藏變生出來，如來藏藉著五浮塵根攝受了外面的六塵，然後在勝義根裡面變現出內相分的六塵，六塵中色塵的顯色是眼識的所緣。那麼如果沒有如來藏，諸位所看的一切就沒有顯色了。也許有人還沒有理解到這個嚴重性，心裡大概會想說：「**那沒有顏色，我就看黑白的吧！**」我告訴你，連黑白的都沒得看！爲什麼？因爲一切的色塵，包括形色、表色、無表色都在顯色當中顯示出來；如果顯色不存在，你就沒有色塵可以看了！沒有色塵可以看是什麼境界？諸位想一想，就好像悶絕一樣；可是悶絕的時候，眼識不在啊；而你現在眼識在，沒有色塵可看，有可能嗎？不可能！因爲眼識的現前必須要有所緣以及所依；眼識要有眼的有色根作爲所依，也要有色塵作爲所緣，根塵相觸，眼識才能生起；所以沒有色塵時就不會有眼識了！可是十八界中的色塵是由如來藏所生，如果如來藏不變現色塵出來的時候，眼識就不會生起，那你說如來藏是不是萬法的根源？（眾答：是。）

那麼萬法的根源不證，說要去證什麼三無性，三無性是意識思惟的所得呀！而且人家菩薩證得的三無性，是先要現觀三自性，再轉依如來藏來看時，在如來藏的自住境界中沒有三自性，這樣的三無性是解脫者的現觀。可是他沒有證如來藏時，連圓成實性、依他起性、遍計執性都沒有現觀，就不是眞的懂，那要如何依止如來藏去現觀三無性？講來講去就是意識的思惟所得，只是空泛的思想；然而他們認爲意識思惟所得的思想可以說是大乘見道，這樣的見道可就是戲論了；然後他們指責我們證得如來藏而能現觀是萬法的根源，包含三自性與三無性在內都能現觀，竟說我們不是大乘見道！那你信不信？爲什麼搖頭？因爲天下沒有那麼笨的學佛人啊！

眼識的「所緣緣」是色塵之中的顯色，就是青、黃、赤、白、明暗等等。那這個色塵的青、黃、赤、白、明暗就會顯示出有形色——就是長、短、方、圓；乃至有表色——它是靜止的、或者流動的、活動的，或者說無表色——他有什麼神韻、有沒有氣質等等。那這個形色、表色、無表色就歸意識所了別；歸意識所了別當然就屬於法塵哪，所以屬於十二處中的「法處所攝」。但這個形色、表色、無表色是依附於顯色而顯示出來的，所以它又是屬於色法，但它歸屬於法處，所以叫作「**法處所攝色**」。那顯色既然是如來藏變生出來的，這個表色、無表色跟形色當然也是如來藏變生出來的；所以如來藏是意識能否現前、眼識能否現前的關鍵。所以大乘見道要證得實相，實相就是萬法的根源；那當然是以證如來藏、證第八識作爲大乘眞見道的內涵。

眼識說過，再講耳識。耳識必須要有俱有依，就是耳根；然後也要有意識作俱有依，還要有意根作俱有依，還得有如來藏的種子和現識作爲俱有依。那祂的所緣緣是什麼呢？就是聲，六塵中的聲塵。這個聲音裡面也要區分兩大類，一類是聲音的本身：耳識聽了，祂只領受聲音的大小、強弱、久暫、好不好，只是這樣而已！祂直接的反應是喜歡、不喜歡；可是那聲音到底是什麼？這個就是聲上的法塵。所以聲音的本身是耳識所了別的，這聲音就是耳識的所緣緣；耳識的所緣緣是聲音的本身，可是聲音進來的時候，它帶有法塵，那是歸意識所了別。比如說這個聲音進來，耳識聽了，喜歡或不喜歡是耳識的事；但是意識聽了，馬上就知道外面撞車了，一聲「ㄍㄧ！」有沒有？煞車聲！然後「ㄅㄧㄤˋ！」一聲，你馬上知道撞車了，這個了別就歸意識所了別。比如說突然來了一聲「ㄎㄧㄤ！」耳識聽了，不會知道那是什麼；可是意識馬上知道：「唉呀！鄰居那隻貓又弄掉我的花盆了！」因爲花盆掉地碎了，那「ㄎㄧㄤ！」一聲你聽了就懂了，那是歸意識所了別。所以這一些意識所了別的就叫作「法處所攝聲」。唯識學沒有人講到這麼細的啊，今天講給諸位聽一聽，叫作聞所未聞，也不錯！

「法處所攝聲」就是意識所了別的部分，那聲音的本身則是耳識所了別。這個聲音的本身就是耳識的所緣緣。耳識的生起，要有這個聲音以及耳根；耳的勝義根接觸了內相分的聲塵，在接觸的地方耳識生起；可是這個聲塵也是阿賴耶識所變現，而耳識也是阿賴耶識所變現。耳識的俱有依——五色根、意識、意根也是如來藏所變現，所以這一切的法都是如來藏所變現的；那如來藏當然就是一切法的根本，就是實相。大乘見道當然應該證實相，大乘見道怎麼會去思惟甚麼三無性叫作見道呢？那不是見道，跟見道無關！耳識如此，鼻、舌、身識也是如此。所以鼻識所觸的香塵，其中也有香塵的本身；可是香塵是如來藏變現的，而香塵也附帶有法塵，所以行家們一嗅就知道。比如說，我們學佛人每天上香供佛，可是那沉香專家很厲害，他一嗅就說：「喔！這是惠沉。啊！這個是緬甸的，這是哪裡的。」他一嗅就知道了，那個叫作「法處所攝香」，歸於法處，就是意識之所了別；可是香的本身是鼻識之所領受，這個道理也不難懂。

譬如說你們很多人年輕時吸過菸，後來戒掉。我年輕的時候跟客人應酬，也學人家吸菸，後來四十來歲就戒掉了。我以前都抽洋菸、不抽國產菸。我抽的那個牌子叫 Rothmans，不曉得你們有沒有抽過？後來有一段時間我買了一包，抽了第一支以後，我去跟老闆抗議，我說：「你這回賣我的菸是假菸吧？」他說眞的菸啊。我說：「不可能！這菸不是 Rothmans 的原味。」他就拿給我看：「沒有錯啊，這是正牌的菸！」但是後來我有看到，它裡面有個小小的英文印著「Made in Australia」，原來不是英國廠的！我就乾脆戒菸了（大眾笑…），不抽了！這個牌子大概你們很少人抽吧？你們年輕的時候有沒有人抽過？請舉手！喔！你抽過。當時有澳大利亞廠，現在不曉得還有沒有其他廠？當初有兩大廠，倫敦廠的味道跟澳大利亞就不一樣；能分辨這個差別就是意識的功能，那這個就屬於「法處所攝香」，歸於法處所攝，是意識所了別。可是那個香的本身、那個菸點下來的香的本身，它是屬於鼻識之所理解。那麼香如是，味、觸也是如是。

比如說身識好了，身識領受的觸覺，觸覺的強弱、好不好等都是身識之所了別。可是往往那觸覺一發生，你就知道那是什麼，只要你曾經有遭遇過；所以你正在打坐時，坐得很寧靜、正舒服，突然間：「欸？是什麼爬過去？」你就知道原來是一隻蒼蠅在你手上散步，馬上知道了！但如果是蟑螂爬過去，那觸覺不一樣，也會立即知道；比如正睡覺時，不曉得哪裡跑來一隻蟑螂，睡覺的時候手掌都是張開的，牠竟然跑到手掌來，那也馬上會知道那是蟑螂，一捏！沒捏到，給牠溜走了！爲什麼能知道？因爲那觸塵帶有法塵。所以那個觸塵裡面有法塵，那個法塵就歸法處所攝，所以就把它叫作「法處所攝觸」。那個觸覺，你知道那是什麼觸覺。觸覺的辨別說那是什麼觸，那就是意識的事。「法處所攝觸」或觸塵的本身也都是如來藏變現的，既然是如來藏變現的，而身識也是如來藏變現出來的，身識所依的身根也是如來藏變現出來的；這一切都是如來藏變現的，顯然如來藏就是一切法的根源，這才是實相。大乘見道當然是證實相，怎麼會是證那個只是思想的虛相？沒有實證三自性時，所支持的三無性只是思想，就是生滅有爲的虛相！三自性裡面的圓成實性才可以說是實相，三無性的思想就是虛相了，除非是證得圓成實性以後所現觀的三無性，才是智慧。然而大乘見道那麼倒楣喔？是證那個想像的三無性思想法？當然是要證實相！就是能生萬法的第八識。

那麼所緣緣的色、聲、香、味、觸大略說過了，剛剛說五塵的時候，五塵裡面附帶有法塵，那就是「法處所攝色」，乃至「法處所攝觸」；可是意識仍然有祂獨有的、祂所知道的單獨法塵，不是於五塵上顯示出來的。比如說一般人喜歡什麼琴棋書畫，那也是世間法！那有的人很喜愛藝術，可是藝術到底是什麼識的境界？哪一個識的境界？是意識的境界；因爲藝術讓你看起來說：「啊，很典雅！怎麼樣、怎麼樣……」你覺得很不錯。不過，藝術就只是意識的境界！那些藝術再進一步，比如世間人說的「形而上學」認為不屬於世間法的，比如有人探討說「眾生從哪裡來？」那一定是落入大梵天王、或者上帝、或者其他的想像之法中；有的說是冥性、勝性，有的說是自然，有的人說是四大極微，但都不可證實。這個形而上學又不是物質的色法，所以就把它叫作「形而上學」，純粹是精神思惟方面的思想，那麼這些思想都叫作法塵。這法塵從哪裡來？這些「形而上學」能單獨存在嗎？假設你沒有五色根，你意識尚且不能存在，何況能去思惟、想像形而上學？而且說句老實話：「『**形而上學**』**也是依於世間法的妄想而衍生出來的。**」

所以哲學在探討生命的實相，也是屬於「形而上學」，但也是依於世間法來探討，不能外於世間法！何況這意識的所緣「形而上學」也是要依附於如來藏所生的世間法而顯示出來；乃至於我們佛法三乘菩提，也是要依於如來藏所出生的蘊處界等法去努力參究，才能探究到不屬於現象界的那個實相法界，而實相法界就是第八識如來藏。可是如果如來藏沒有出生你這個蘊處界，還能探討如來藏嗎？也探討不了啊！這表示三乘菩提的參究，也要依如來藏所出生的蘊處界才能實現。

那麼三乘菩提的所有內容要依什麼而有？當然不是依蘊處界而有，是依第八識如來藏而有；如果沒有如來藏，就沒有佛菩提，沒有佛菩提就不會有二乘菩提！這些道理，我二、三十年來講太多次了。就好像《成唯識論》說：「因為有這個異熟識無漏法，所以才能有涅槃與菩提可證。」道理也是這樣，我二、三十年來講太多次了；正因為如來藏離見聞覺知，而且從來不作主，可以執持一切不同的各類種子而遺世獨存，成為無餘涅槃，這樣你才可以成就聲聞菩提。如果阿羅漢入了無餘涅槃是斷滅空，那你不用學佛、學羅漢了，輪轉生死都還比斷滅空好！幹嘛還要去斷滅？斷滅有意義嗎？

所以正因為有如來藏，祂可以遺世獨存，因此說阿羅漢入無餘涅槃，佛說是常住不變。如果沒有如來藏，就沒有無餘涅槃可證了，那麼二乘菩提中的緣覺法亦復如是；以前沒有人講過，後來我寫出《阿含正義》就說明了，我說：「十二因緣的成就，要依十因緣的觀行；十因緣觀行好了，才能夠成就十二因緣。」而十因緣從現在的生老病死往前追溯，追溯到名色；名色再往前追溯，就是識——第八識。名色既然源於那個「識」而生，而名色裡面的「名」就已經有七個識了；

因為六根中的意根是心，叫作末那識，再加上識陰六個識，那就七個識了。而名色緣於另一個識才能出生，那個識當然是第八識，世尊在十因緣法中說，萬法「齊識而還，不能過彼」，所以這個第八識就是萬法的源頭，開悟當然是要證這個識。

探究這因緣法，為什麼會有生老病死苦？因為有前世的「有」，這個「有」一直再往前可以追溯到名色，而名色之前就是那個能出生名色的「識」。然後「齊識而還」，以此識為限，到達這個「識」的時候，就必須退回來，「不能過彼」，因為再過去就沒有法了！表示什麼呢？表示因緣法的修證，還是要依於這個「識」來修證，你要信有這個「識」；所以確信以後，你十二因緣才能修成功，否則五陰我見一定不肯死。沒有誰願意死啊！即使是斷見外道，他死的時候也在想說：「**我如果有來世，該多好！**」他才不會相信真的來世斷滅呢！所以因緣法也是要依那個第八異熟識而有，否則緣覺死後入了無餘涅槃，就變斷滅空了！

那麼大乘菩提說般若、說一切種智，那般若離開兩邊，到底是在講什麼？講如來藏啊！是說如來藏不落兩邊。《心經》不是講得很清楚嗎？說這些諸法、蘊處界等全部都是空相，可是這些空相結果是不生不滅、不什麼？（眾答：不垢不淨。）

再來！（眾答：不增不減。）這三句把第八識心講得多清楚呢！「不生不滅」不就是中道嗎？一般的法都落在生滅裡面，但這個心不生不滅。這個心也不是汙垢的，但你也不能說祂是清淨的，因爲含藏著七識心的染汙種子，所以要說祂是不淨。爲什麼「不垢不淨」？因爲你跟祂生活在一起，禪宗祖師講的：「夜夜抱佛眠，朝朝還共起。」祂從來不會生起不好的念頭，祂跟所有的煩惱都不相應，祂是無記心；無記心就不會作主，不會作主就不會有煩惱。瞭解嗎？可是那些退轉的人說：「這第八識會作主。」會作主就不是無記心了！顯然是意識或識陰。這等我們講《解深密經》的時候再細說。那這個第八識不垢，因爲祂是清淨性的心體，祂從來不管六塵好壞，境界好壞祂都不管、祂都無所謂，所以不垢。祂永遠都是清淨的、眞實如如的法性，所以證眞如就是證祂。你證得祂以後，可以現觀祂的眞實、祂的如如；眞如既然是祂，所以祂當然不垢。可是祂也不是絕對清淨的，因爲你七轉識造作了染汙種子的緣故，收藏在祂心中；你害祂收藏的種子成爲染汙時，祂流注種子出來就害了你；可是祂沒有害心，爲什麼呢？因爲祂會收藏種子，所以叫作阿賴耶識。

那七轉識造了很多業，熏習了很多染汙的法，熏習完、造惡業完了之後，種子都歸如來藏收藏；七轉識無法收藏種子，因爲七轉識是「能熏」，阿賴耶識是「所熏」。這個所熏的阿賴耶識收藏了七轉識的染汙種子，當然不清淨了；而祂的心體自性是清淨的，可是祂都會流注這些染汙種子給七轉識相應，但你不能怪阿賴耶識，因爲那些種子也是前世的你給祂的，所以祂又不淨；這樣「不垢不淨」離兩邊了，就是中道——不在汙垢一邊，也不在清淨一邊。

然後說「不增不減」，這也是中道。爲何不增不減？因爲假使有人修得第四禪，死後往生到四禪天去，那四禪天身多麼廣大！可是他的如來藏也沒有增加。假使有人造惡業，沒下地獄算好的了，結果變成病毒或者變成細菌，肉眼還看不見哩，得要用那個顯微鏡才看得見，牠變成那麼小，可是牠的如來藏沒有變少，依舊具足圓滿！得要等牠惡業報盡了，才能夠出生爲蚯蚓，總算比病毒、細菌好一點。蚯蚓受報完了，可能再出生爲雞，要被人家殺，要這樣不斷地轉變、轉變，到最後才能當人；可是牠的如來藏功能沒有減少一分一毫！所以不增也不減。

這裡跟諸位談到一個與密宗相關的法。密宗說要觀想，觀想自己頭上有阿彌陀佛母光，多麼光明燦爛！多麼廣大！然後觀想自己是子光，觀想自己這個子光跟阿彌陀佛的母光合併，說這樣叫作成佛。那麼請問：「如果這樣觀想可以成眞，阿彌陀佛的如來藏有沒有增加？」嘎？爲什麼可以搖頭？當然是有啊！因爲已經併入阿彌陀佛之中了！那他是不是消失了？會消失就是減少，那就是眾生界可增可減了。這跟 如來說的「眾生界不增不減」不相符。可是阿賴耶識、如來藏不增也不減。如果兒子、女兒很孝順說：「媽媽！那我如來藏跟您合併好了。」不可能！因爲每一個有情的如來藏都是唯我獨尊，不能減少、也不能增加！我以前也講過，說如果誰要來買我的如來藏，我可以賣給他，但我不負責交貨；我把如來藏告訴他：「我的如來藏在這裡，你要就拿去。那你錢得要給我！你給我錢，我得要有命花；但如來藏可以給你，你願意買就給你，你自己設法拿！」他能拿到嗎？不能！因爲如來藏不能合併！能合併才會去買，不能合併就不會成爲你的，你買了祂幹嘛？所以祂不增不減；既不增、也不減，這就是中道。

然後般若又說「不一不異」有沒有？說你的蘊處界跟你的如來藏不一不異，因爲你五陰是如來藏生的，就是如來藏的一部分，所以不異；可是你五陰畢竟不是如來藏，因爲這個蘊處界會壞，但如來藏永遠不會壞，所以你跟祂畢竟不一！那這樣「不一也不異」就是中道，還是在講如來藏。其他「不來不去」等無量的雙不，全都在講中道，就是依第八識與諸法之間的關係來講的，般若就是這樣講的。那麼般若既然講的是中道，般若的實證以證中道爲要義，離開了證如來藏就沒有中道可證；所以般若的實證以證中道爲要義，而中道以證如來藏爲要義。既然說要證得般若，結果退轉的張先生把般若根源的第八識否定了，要哪裡去證般若？沒得證了！這表示大乘菩提也是以如來藏爲根本；那大乘菩提中的增上慧學一切種智，即是第三轉法輪諸經講的種智，種智的圓滿就是一切種智，在諸地叫作道種智。佛地一切種智就是如來藏所含藏的一切種子具足實證的智慧，這樣叫作成佛；所以成佛下至見道，都要以證第八識爲要義，如果沒有證得第八識，你哪裡去觀察如來藏的一切種子？種子又名功能差別，那你當然要證如來藏。

那麼你看，三乘菩提都以如來藏爲根本，結果他們說大乘見道不是以證如來藏爲所證的內涵！那這樣，你們到底信不信？不信哪！那我拉回到原來的話題來說，這三乘菩提的實證，要以你的蘊處界來觀察第八識；而你的蘊處界如果不在，你就沒有辦法修學三乘菩提！而你的蘊處界是誰所生的？（眾答：如來藏。）如來藏生的。用你如來藏所生的這個蘊處界來修行、來證得如來藏而觀察說：「**如來藏才是萬法的根源。**」那大乘見道當然就是要證實相，實相就是萬法的根源，所以大乘見道的「所緣緣」就是第八識眞如心，然而竟然有人說：「**證第八識不是大乘的眞見道。**」你說，他們到底聰明、不聰明？所以從「所緣緣」來看，三乘菩提的根本就是如來藏，那你大乘見道當然是以證如來藏爲要義；不但三乘菩提如是，世間法的運作就已經是以如來藏爲要義了！所以人要有智慧，不要人云亦云，更不要人云然後就信；有智慧的人有簡擇力，能夠作簡擇：怎樣才是正確的佛法？

至於我這個人被罵或怎麼樣，那已經很習慣了！九百年前，不也是被人家罵到一塌糊塗嗎？可是我也沒有少罵他們（大眾笑…），但是我所說的並不是罵，因爲我說的是事實，是事實就不是罵；更何況還沒有被殺，以前在天竺還被殺死過哩！所以這都是小事。但正法住世能長久地利樂人天，才是重要的事。我希望正法能長久住世，而學習正法的人越來越多，天眾也可以來護持正法，他們也得到很多的福德。那麼有的人聽聞到這個正法以後，發起善心，死後生到欲界天去；

天眾增長，他們也很歡喜，所以正法住世才是最重要的。他們要怎麼罵，隨他們罵！等他們罵完了，二十年後我走的時候，讓他們再去後悔就好，我把話講在前頭。好了，今天就講到這裡，這是「所緣緣」；這樣懂喔？你也不要怪我說：「一個所緣緣講那麼多！」（大眾笑…）因為法本來就這樣，法本來就牽扯很多的內容。當你講到所緣緣，所緣緣在這一棵佛法菩提樹中是在這個部分，可是所緣緣相關聯的內容很多，我還沒有講完呢！因為你真要講完的話，還要講親所緣緣與疏所緣緣；可是單單親所緣緣還有一番大道理，不可能今天講得完。

二〇〇三年退轉的那一批人，他們講親所緣緣，講了老半天就講不清楚！因為他們說懂得《成唯識論》，就講解《成唯識論》，可是講了老半天還是講不清楚，而且還講錯；我一聽就說：「親所緣緣只要幾個字就講清楚了！親所緣緣就是心所法。」我這樣就講完了（大眾笑…）！很簡單啊！這樣一講大家就懂了。也就是說，凡是心都有所緣緣；心除了剛才講的那些所緣緣以外，還有親所緣緣，就是心所法。那阿賴耶識的親所緣緣、意根的親所緣緣、意識的親所緣緣、前五識的親所緣緣各不相同！這個說來又話長了，咱們沒有那麼多時間，現在已經快七點五十分了！我本來想說，這所緣緣大概一、二十分鐘講完，沒想到講這麼久！這個所緣緣的道理這樣講，諸位有個大略的印象了。如果你想要聽更深細的因緣、增上緣、所緣緣、等無間緣，想要聽更詳細的內容就趕快進入增上班，可就有得聽。大家要努力！大家如果都努力了，增上班可以越來越壯大，那我走人的時候就可以很安心了，屆時 釋迦老爸一定是慈目相看，這個就要仰賴諸位了！所以還是請諸位努力，所有深妙的法都會在增上班講解，不可能都在講經的時候說。連著四週講了這四個緣，也只是讓大家嗅嗅增上慧學的味道。回到《不退轉法輪經》來，今天要從八十五頁第二段開始：

**經文：【阿難白佛言：「世尊！如是百千萬億眾生，心皆驚駭，以此事故。」是諸菩薩便作是說：「復有聞者心不驚疑，增長淨善；譬如年少好自嚴飾，形體淨潔，加復洗浴香油塗身，以赤旃檀香汁灑體，復倍香潔，其身光澤。若聞此法信受不疑，亦復如是。」阿難白佛言：「世尊！云何菩薩作如是說？」佛言：「此三菩薩善解假名，故作是說。」阿難言：「如是！如是！此菩薩等善說假名：唯願世尊，重為我說，**

**亦令大眾蒙法照明。」】**

**語譯：**【阿難稟白佛陀說：「世尊！像這樣在現場的百千萬億眾生，心裡面都受到驚嚇以及害怕，由於這三位菩薩說的事情的緣故。」這三位菩薩就開口說：「可是還有其他聽聞的人，心中不驚訝、也不疑惑，並且增長了清淨的善法；就好比年紀很輕的人，他好好地把自己作了莊嚴和修飾一樣，形體清淨而整潔，並且又去洗浴之後，再用香油塗於身上，再用赤旃檀香汁來灑在自己身體上面，又加倍的清香與潔淨，他的色身就是這樣有光澤。如果聽聞到這個法，可以信受而不懷疑的話，就像是這樣的人一樣。」阿難就稟白佛陀說：「世尊！為何這三位菩薩是這樣說的呢？」佛陀說：「這三位菩薩善於勝解各種的假名，所以他們作了這樣的說法。」阿難就說：「就像是世尊您說的這樣啊！就像是這樣！這三位菩薩他們善於演說假名；我阿難唯願世尊，重新再為我解說，也讓大眾可以承蒙這種大法的照明。」】

**講義：**這三位大士其來有自，他們以前就發了這樣的願：「如果有十方諸佛演說《不退轉法輪經》，我們就要去講這些話。」所以 如來說明他們的來由以後，阿難就提出來問：「世尊！像這樣的百千萬億眾生，心裡都很驚駭，那為什麼驚駭？因為有一位說他就是如來，有一位說他就是世尊，有一位說他叫作佛。但明明佛說一個世界不可能同時有兩尊佛，現在竟然有四尊佛！」這還得了！很多人心中驚駭，真的，就是為這個事情在驚駭。既然他們說是佛、是世尊、是如來，可是釋迦牟尼佛又在這裡；而他們三位自稱是佛，示現出來卻是菩薩的模樣，沒有示現三十二大人相等等，這到底是怎麼回事？可是他們說了以後，如來又沒有責備他們講錯了，所以大家驚駭莫名。那阿難就向 佛陀稟白，請 佛陀加以說明；沒想到佛陀沒有說明，這三位菩薩倒是插話進來講了。人家請問 佛陀呢，佛陀還沒有說明，他們倒是先講了，他們說：「復有聞者心不驚疑，增長淨善。」能增長清淨的善法、清淨的善心，表示不是大眾全部都驚疑，因為善有淨、不淨的差別。譬如說，一貫道是天道，他們也自稱天道，所以要努力行善、吃齋，不吃眾生肉，要修行善事，然後死後生到理天，要去他們所謂的老母娘那裡。

那理天在哪裡？理天在三界中的哪一界？他們理天是有飲食的，他們在理天還是有婚姻的。那他們理天在三界中的哪一界？（眾答：欲界。）欲界！欲界總共有六天，他們是屬於那一天呢？他們自己也講不清楚。講不清楚，咱們跟他們講了吧：不超過忉利天！其實最屬於是四王天中。但忉利天還是流轉生死的境界，雖然他們是善心，不吃眾生肉、不殺害眾生，也是善；可是那個善不清淨，因為求的是天堂的生活，那是流轉生死的，將來還會下來人間、還會造惡，所以是不淨的善事。可是有很多人聽聞這三位菩薩說了以後，是「**增長淨善**」，為什麼是「**淨善**」？因為這是無漏法，無漏的善所以叫作「**淨善**」。然後菩薩作了說明，就好像有人年紀很輕，還很強壯，然後他很好地去莊嚴修飾自己；比如說他本來皮膚就比較白淨，然後又先去沐浴，以香油塗身，然後再用「**赤旃檀香**」的汁從身上噴一噴，然後你接觸到這樣的一個人，當然叫作「**復倍香潔，其身光澤**」。

有時候，老人家見了某一個人就說：「**這個人日子過得不好！**」雖然他穿得很好，可是老人家會說他過得不好，為什麼？因為他皮膚沒有光澤！一個人如果七十歲了，還是像四、五十歲那樣的皮膚，那就叫作光澤；而如果一個四、五十歲的人，有七、八十歲人的皮膚（大眾笑…），就是沒有光澤！人家就說：「**啊，他的生活一定過得不好！**」有錢也是過得不好，他一定是病痛在身。所以有的人才六十來歲，手上都是老人斑。有沒有？你們看我都沒有（大眾笑……導師舉起手來說）！現一現！我沒有老人斑欸！也就是說，一個年少的人，他怎樣顯示出他是一個很健康、日子過得很好的人？就是從他的身上有沒有光澤來判斷。如果他穿得很好，侍從一堆，可是其身都無光澤，你就知道他過的是苦日子，一定有病在身，或是忙到沒時間睡覺，否則不會其身毫無光澤。那這三位菩薩說了一個這樣的譬喻：「如果有人聽聞到我們說的這個法，信受了，完全沒有懷疑；就像是這個年輕人好自嚴飾一樣。」他們插話這樣先答了。如來當然知道他們會插話，如來默然，等他們講完再說。

然後阿難尊者就再度問　佛：「世尊！爲什麼這三位菩薩講出這樣的話來呢？」佛陀說：「因爲這三位菩薩善於瞭解各種的假名，所以乃至於如來也可以用假名來言說，所以他們講了這樣的話。」譬如說我們上禪三，修證之標的就是證如來藏，那我請問你：「當你說如來藏的時候，就是如來藏嗎？」你大聲呼喚：「如來藏啊！如來藏啊！」大聲呼喚了，如來藏跟不跟你回應？祂不跟你回應！因爲祂的境界中言語道斷。你說：「雖然言語道斷，至少我在呼喚的時候，我心裡有這個心行，祂也應該知道我吧?」對不起!心行處滅。所以你如果對祂不爽,你要罵祂也行,祂也聽不見,祂是個聾子!可是在某一個層面來講,你想什麼,祂卻又都知道,所以 維摩詰大士說:「知是菩提,了眾生心行故。」你看!所以祂在某一個層面是非常伶俐的;祂只是不在六塵上面了別,把六塵境界交給你了別,然後祂不斷地現行來配合你。你需要種子,祂就流注種子給你;你需要祂配合作什麼,祂就配合你作什麼,所以如來藏除了有種子,也有現識。不是印順他們講的:「如來藏就是種子集合在一起,叫作如來藏,不是心體!」他們那是虛妄說法。

那你不能夠說:「我講如來藏,那就是如來藏。」不是的!祂無名無言,也沒有七轉識的法相,所以叫作「無名相法」。《佛藏經》講過了,說祂叫作「無名相法」,又說祂叫作「無分別法」。所以我們說祂叫作如來藏,那是我們給祂安立的假名,然而祂無名,從來無名!這讓我想起來,好像道家有一句話說「大道無名」有沒有?這句話講得好!可惜祂不懂得什麼叫作「大道」。你說:「那我不叫如來藏,我要叫祂是什麼?」隨你叫祂作什麼啊!你要叫祂阿三也行、阿四也行;只要大家約定了說:「把祂叫作阿四。」那就是阿四了!可是你叫祂阿四,跟祂無關!

是你叫的。所以佛法中說這個識有很多的名稱：唯識學中說祂叫作第八識，有時候叫作阿賴耶識，爲什麼？因爲祂會收集分段生死的種子，所以有能藏、所藏、執藏的功能，因此把祂叫作阿賴耶識。可是有時把祂叫作阿陀那識，因爲如果沒有祂幫你照顧色身，你早死掉了！所以從這個功能就把祂叫作阿陀那識。又把祂叫作異熟識，因爲祂能示現異熟，所以衆生造了業，下一世該怎麼樣？祂就幫他變生出來。所以這一世生而爲人，誹謗正法、誹謗賢聖，下一世該去畜生道、該去餓鬼道或地獄道，異熟識就幫他變生畜生、餓鬼、地獄身，看該去哪一道、就去哪一道。而祂同時也含藏了所有足以使人成佛的清淨種子，所以祖師們說「如來藏中藏如來」，因此又把祂命名爲如來藏。

那爲什麼叫作異熟？因爲祂沒有善惡性，如來藏第八識沒有善惡性，祂就是如實去作這件事，所以是無覆無記性。祂不是心裡覺得說：「哇！這個人太惡劣了！我義憤塡膺，我要讓他下地獄！」祂永遠不是這樣，祂是依於所執持的惡業種子而自然就這樣，沒有善惡性，所以祂無覆無記性。所以法不能亂講，不可以說祂會作主；祂會作主就不叫無覆無記性！

那爲什麼叫作異熟識？因爲祂完全無覆無記，依於業種直接把五陰變生出來；那這個業「異時而熟」，不會現在造了現在就報，要換到另一個時間（比如死時）才報；報時「異地異類而熟」——現在是在人間，下一世可能在餓鬼道，或是人間的另一處所而不在同一個家庭；還有「異性而熟」——不是同一種有情的自性，比如說下一世生在餓鬼道，那就不是人，是另外一個種性，所以叫作異熟。因爲祂這個識有這個特性，所以把祂叫作「異熟識」。祂完全沒有善惡性，可是有時候把祂叫作無垢識，等你成佛了，你的第八識都叫無垢識；因爲裡外俱淨、因爲常樂我淨，所以叫作「無垢識」。

可是我們通常都把祂叫作如來藏，爲什麼呢？因爲你成佛要靠祂，所以禪門裡面有一句話叫作：「**如來藏中藏如來**。」有一部經典就是講這個，說突然出生了一朵很清淨、很莊嚴的蓮花，可是那蓮花不久以後就枯萎了；枯萎以後的蓮花，裡面有一尊如來綻放光明，這就是十喻中的「萎花喻」。眾生就是這樣，每一個眾生的五陰就像一朵萎花，臭爛不淨，但裡面都有一尊如來，即是第八識，所以有時候又把祂叫作「**如來**」；那這三位大士又把祂叫作佛、叫作世尊。可是不管你叫祂什麼都可以，都是在指涉祂，但是你的所說全部都跟祂無關！這都是我們跟祂安立的假名。

那有的外道把祂叫作上帝，有的外道把祂叫作祖父、叫作大梵天，有無量名；禪宗祖師把祂叫作莫邪劍、叫作本地風光、叫作父母未生前的本來面目，施設了好多名稱都在講祂；哲學界則是把祂說為第一因，因為哲學界判斷祂是萬法的根源。所以 佛在《楞伽經》說：「**這個第八識自心有無量名。**」外道所說的創造有情的心或是上帝、造物主等，其實都是指這個阿賴耶識，只是他們弄不懂罷了。那你要怎麼樣把祂立名呢？就從你所現觀到祂的某一部分來設想的立場，從那個方向來把祂立名，那你要怎麼說祂都可以；只要有根據，不是想像的。如果你善於假名，你就可以這樣講啊：「**『我』就是如來啊，『我』出現在世間，『我』是三界之中唯我獨尊的。**」這個「我」就是第八識。而這三位菩薩善於假名，所以他們這樣說，如來就這樣回答。那阿難是眞的不懂才問嗎？不是啊！他發願為諸佛攝受法藏，當然早就聽過了，也知道自己這個時候該這樣問，所以他提出來問。

這時候 佛也回答完了，阿難就說：「**如是！如是！此菩薩等善說假名，唯願世**

尊，重爲我說，亦令大眾蒙法照明。」他的目的就是希望 世尊爲大眾重新宣說一遍，讓大眾得到這樣的法來照明；照明的結果就是黑暗就失去了。黑暗就是無明，所以明與無明是相對的。那法照明了以後，就失去無明了，就變成有智慧；這就是阿難的目的。所以要成爲諸佛如來講經時聞法的重要菩薩，必然有他的條件。所以將來你們如果在 如來座下成爲重要的菩薩，表示 如來講經的時候你是有角色的，那你就知道 如來這部經講到什麼地方，自己應該要講什麼。就好像打球一樣，打球的人之中，誰是主角、誰是配角？早就分配好了。那你要作球給他，他去投球就可以得分；你要作球給他！菩薩都是作球的，這個道理要懂。接下來，世尊怎麼樣來解釋這個道理呢？

經文：【爾時世尊便爲如是百千萬億眾生解其疑悔決定善根，即於爾時而說偈言：「若能見過去，未來亦復然，如實知諸法，是名爲如來；

現在亦如是，去來悉同等，非一亦非異，究竟寂滅相。

譬如過去佛，行施不思議，彼施亦如是，是故說假名；

譬如過去佛，住無礙菩提，彼住亦復爾，是名爲如來。
一切法不住，菩提亦寂滅，不得菩提相，是名爲如來。
若說過去戒，未來亦如是；現在皆同等，是名爲如來。
過去世行忍，菩薩截手足，彼忍亦如是，是名住於忍；
若發大精進，本求於菩提，得是精進已，是名爲如來。
一切法平等，獲彼如實證，亦不取我相，是名爲如來；
不取於諸法，一切悉平等，如彼平等已，無相無所有；
如是等三昧，不取諸法相，安住於禪定，是名爲如來。
一切法性相，及所說諸法，知其性相已，如實無所有；
當知諸法空，智慧非福田，知彼非智已，得到智彼岸。
若到於彼岸，智慧不思議，而不得此智，到寂滅彼岸；
如相非到智，無有此彼岸，不得如是智，是名爲如來；
菩提非如得，凡愚所不思，一切法無得，是名爲如來。
若得於無礙，而到大智處，一切法無利，證無礙菩提；

如本所修道，救世者濟度，得彼無依道，能知於體相；
如是修習已，獲於最勝道，調伏此道已，知一切皆空；
知其初中後，皆與諸法同，此法平等已，是名爲如來。
道若如菩提，是名住菩提，猶如虛空相，是名爲如來；
如是說法已，如悉平等相；若於此無疑，是名住菩提。
阿難知假名、言說爲如來，言說亦如是，智者所行處；
菩薩無所畏，明智不退轉，一切所行處，作如是顯說。
阿難是次第，如來之所說，爲諸菩薩等，令得於無礙。」

語譯：【這時世尊就爲了像這樣的百千萬億眾生，解開他們心中的懷疑悔恨而決定他們的善根，這時候世尊就說這首偈：「

如果能看見過去是這樣子，未來也同樣會是這樣子，可以猶如實際那樣而了知到諸法，這樣就稱之爲如來；

過去未來如是、現在也如是，跟過去未來全部都同等，不是同一個但也不是不同一個，而且是最究竟的寂滅的法相。

譬如過去的諸佛，祂們修行布施不可思議，而那個布施也同樣是這樣子，所以就說這布施是假名；

又譬如過去的諸佛，住於無所障礙的菩提之中，而那樣的住也是一樣的道理，懂得這個道理就稱之爲如來。

一切諸法都是不住的，菩提也是寂滅而無所住的，根本就不可能有菩提之法相，這樣就稱之爲如來。

如果說過去世的戒，那麼未來世的戒也將是同樣的；現在的戒也全部是相同而無異，這樣就稱之爲如來。

過去無量世修行於忍，所以菩薩乃至被截斷手足，而五蘊那個忍也如同這個如來是一樣的忍，這樣就稱之爲住於忍辱度中；

如果發起了大精進，本來是爲了求於佛菩提，得到這樣的精進之後，就稱之爲如來。

一切法全部都平等無有高下，獲得那樣的如實修證之後，也不執取蘊處界等我的我相，這樣就稱之爲如來；

不執取於一切諸法，一切諸法全部都平等，猶如那樣的平等以後，結果是無相也無所有；

證得像這樣的各種三昧，不執取諸法的行相，安住於禪定之中，這樣就稱之爲如來。

一切法的性相，以及所說的諸法，深知這些諸法的自性和行相以後，也知道如實的境界是無所有的；

應當知道諸法都是空，而這樣的智慧並非福田，了知那樣的智慧並不是智慧以後，才能得到智慧的彼岸。

如果已經到達無生無死的智慧彼岸，而那個智慧是不可思議的，然而證得智慧之後，竟然不曾得到這個智慧，這樣就到達寂滅的彼岸了；

如的行相不等於所到達的智慧，沒有此岸也沒有彼岸，親證時不曾得到這樣的智慧，這樣就稱之爲如來；

菩提不是由眞如所得，這是凡夫與愚人之所不能思議，而一切法全部都無所得，這樣就稱之爲如來。

如果得到了無所障礙的境界，而能夠到達大智慧的所在，於一切法中再也無所利益了，這樣便是證得無障礙的菩提；

猶如本來所修的道，這樣來救度世間的人可以被救濟以及得度，而得到這樣的無所依之道，能夠知諸法的一切體相；

像這樣的修學熏習完畢以後，獲得了三界中的最殊勝之道，而且能調伏這個道了以後，也了知一切法皆空；

並且了知眞如的初時、中間以及末後，全部都跟諸法無所差別，了知這個法是平等了以後，這個人就稱之爲如來。

佛法的道就像是所證得的菩提一樣，這樣就稱之爲住於菩提之中，而這樣所證的菩提猶如虛空的法相一樣，這樣的人就稱之爲如來；

像這樣子說法了以後，而眞如全部都是平等相；如果對於這個眞如沒有任何的疑惑了，這就稱之爲住於菩提之中。

阿難！了知假名、言說就是如來，而言說也就像是這樣子，這就是有智慧者所行之處；

菩薩心中無所畏懼，有光明智慧而不退轉，在一切所行的地方，都像是這樣為大家分明演說。

阿難！諸法這樣的次第，是如來之所說，目的是為了使令諸菩薩等，都可以到達無所障礙的境界。」】

**講義**：有沒有人想到說：「就只是個第八識，佛陀講這麼多幹嘛？」我弘法早期就有人這樣講：「老師啊！就是證這個第八識，也只是明心與見性，您為什麼要講那麼多法？」因為這個第八識不可思議啊！這個第八識有各類的種子，無量無邊難以理解；光是這個第八識的總相與別相，就有許多可以說的了，何況其中還有無量無邊的種子呢！佛當然要講很多，要不然一悟就成佛了，何必要三大阿僧祇劫？對啊！所以一個第八識要講這麼久，那你成佛也要修那麼久。

可是我說菩薩道中最難修的是福德，因為你如果有因緣值遇　如來，假使是八萬歲的時候值遇　如來，你可以學好幾萬歲；幾萬歲還講不完嗎？講得完啦！可是你要實證就很難，因為智慧的修學很快，可是那個智慧的境界你要去取證就不容易！因為每一個三昧都有相應的福德，如果沒有那個相應的福德，就無法取證！

就好像眞如，我講這麼多了，就是你身上的第八識；而這第八識我也跟諸位講得很多了，可是爲什麼很多人上山了都還渺渺茫茫，還不知道哪個是第八識！所以禪三時我得要神頭鬼臉，入泥入水，撒土撒沙來幫助大家。就算找到了，爲什麼還考不過去？有的人更可愛，進了小參室說：「**我有找到了，可是我不會講啦。**」（大眾笑…）我們監香老師常常遇到這樣的同修；他眞的有找到了，可是他說不上來，不曉得該怎麼講！所以同樣是一個第八識，祂有很多的面向、很多的層級各不相同，那當然要講很多啊。

然後還是要跟諸位說明：其實福德最難修，因爲佛弟子可以修福德的時間不夠長、機會也不夠多！譬如說，這九千年過後，你還要留在這個人間嗎？留下來造惡？對喔！那個時候留下來，就是跟著大家一起造惡；你如果不造惡，就會變成異類，無法在人間生存的！就像某一個大家都知道的國家，全國都是貪官汙吏，從最上位到最下位，大家都在貪；全國都是貪，只有大貪、小貪的差別；如果你一個人不貪，待得下去嗎？就好像臺灣以前有的清官都會提早退休。爲什麼呢？因爲大家不喜歡他；可是他站在那個位置，這個工程進行起來，也要經過他蓋章；

但他又不想蓋章，因爲他也不要或者不想拿錢，就怕說：「以後事發，我被抓了怎麼辦？」結果他只好趕快提早退休；退休之前就先請調，去不相干的單位——沒有油水的地方，他這樣一個人過日子。九千年後的社會就是這樣，大家都在幹惡事，惡事變成習以爲常；那你要修福德，大家要把你罵死了，你沒機會修福德的；所以九千年後，就去彌勒內院；那你能修福德的機會，只剩下這九千年！

將來你去彌勒內院的時候，要聽聞很多的法，聽聞之後就能實證嗎？就好像如幻觀、陽焰觀、如夢觀、猶如鏡像、猶如光影……，這十種現觀我都跟諸位講了。聽了就能實證喔？不能！因爲每一個階位都有它相應的智慧與福德，而智慧只要有善知識教導就可以實證，不是問題，你一定可以聽懂；可是眞正要獲得現觀就難了！因爲那個配合的福德不夠。所以就像 如來講一首偈也是一樣，從布施開始跟你講：布施、持戒、忍辱、精進、禪定、般若，就這樣跟你講：「爲什麼要實證佛法的人都必須修行六度。」在這首偈裡面，如來也跟你講六度；但是修行六度得要三輪體空，所以你證如來藏以後，在布施的時候三輪體空，那你布施的福德就大；持戒的時候三輪體空，你持戒的福德就大，所以 如來才會講這麼多的法。好，我們接著來解釋這些偈。

「若能見過去，未來亦復然，如實知諸法，是名爲如來；現在亦如是，去來悉同等，非一亦非異，究竟寂滅相。」如果你能夠看見一個法，這一個法是過去無始以來祂就存在的，而這一個法在未來無量劫以後，祂依舊繼續存在，跟過去無量劫一樣；當你能證得這樣一個法，就可以如實了知諸法，因爲諸法都從這個法來；所以你只要證悟如來藏之後，去讀了《阿含經》，漸漸也會通，不必有人教！證悟如來藏之後，《般若經》你不必讀也會通！那你想要上進，要入地，你就趕快去讀，讀了就可以現觀，能成就非安立諦三品心；乃至於第三轉法輪唯識諸經，亦復如是，因爲你諸法已經如實知了。我就是這樣證明給諸位看，我用自己作例子爲大家證明：沒有人教我《阿含經》，沒有人教我般若，也沒有人教我唯識諸經，可是我從證得如來藏開始，四通八達。當然，我剛才那樣講是有語病的；因爲兩千五百年前，釋迦老爸教了我，不能說沒有人教我，我說的是這一世沒有人教我。那你如果證得這一個過去無始劫來祂就是這樣眞實如如又能出生一切法的心，未來無始劫還是會這樣，你就會知道諸法的實相；因爲你如實了知諸法，到這個時節，你觀察來、觀察去以後，就說：「一切諸法本來不生不滅。」因爲一切諸法都是如來藏所有。然後你讀了《阿含經》，《阿含經》說：「一切法生滅無常。」沒有錯！因爲看起來好像衝突、好像矛盾，但《阿含經》說一切法生滅無常，來到大乘法中竟然說：「一切諸法本來不生不滅。」因爲是改從如來藏來講的，所以沒有矛盾！也因爲你已經如實了知諸法的實質了。

那麼這個時候，你證得的這個眞如法，依於這個法而住，這個法又叫作什麼？（眾答：如來藏。）是如來藏！這時候你就叫作如來，不是事修行相上說的如來，而是說理上你就是如來。所以有的人行腳去參訪禪師，禪師聽到他問：「如何是佛？」趕快下禪床頂禮他。欸，禪師是個證悟者呢！聽到他這麼一問，竟然下禪床頂禮他！爲什麼？因爲這就是如來啊！那麼能見過去、能見未來，「如實知諸法」，現在難道不能見嗎？當然現在同樣也可見啊！那就可以現觀說：「過去無量諸法、未來無量諸法，其實也都同樣平等，因爲都屬於第八識如來藏。」所以無量諸法與這個第八識如來藏「非一亦非異」；無量諸法不是如來藏，但無量諸法也不能說不是如來藏，因爲無量諸法都在如來藏的表面上顯現，不斷地在運作。就好像鏡中的影像，你不能說它不是鏡子；可也不能說影像就是鏡子，因爲影像畢竟是影像，是生滅變化不定的；但影像本來就是鏡子的一部分，所以影像與鏡子「非一亦非異」。那麼諸法：我們的蘊、處、界、入等等一切諸法，跟如來藏這個法「非一亦非異」；而且，一切諸法表面上看來是很喧鬧，可是你如果從如來藏來看一切諸法時，這一切諸法則是究竟的「寂滅相」，這個寂滅是究竟的寂滅。一般人以爲的寂滅，就是打坐時坐到什麼聲音都沒有了，說這就是寂滅。其實不然，那只是離開五塵而已！可是如來藏的境界中，沒有六根、沒有六塵、沒有六識，沒有任何一法！這才是「究竟寂滅相」；這樣你就可以說，你證得寂滅了。

世尊又接著說：「譬如過去佛，行施不思議，彼施亦如是，是故說假名；」比如說過去的諸佛，祂們也是從布施修行上來的啊，可是祂們的布施是不可思議的；那樣不可思議的布施，就同樣把它叫作布施，所以布施只是個假名。雖然實際上你有布施了，有你這個人，也有布施的事與物，還有接受布施的人；施者、受者、施事都在，可是你從實際理地來看布施，有布施這回事嗎？沒有這回事啦！可是明明你現在正在布施，對方正在接受你的布施，布施的財物與事相也正在進行中，但是你從如來藏來看時，都沒有這回事！三輪體空！所以誰如果來護持了同修會，接著來跟我說：「導師！我布施了一百萬元，現在我要離開正覺了，我要跟你要回來。」（大眾笑…）我說：「你有布施嗎？」（大眾笑…）「你既然沒有布施，爲什麼跟我要錢？」如果從事相上來講，「錢又不是我蕭老師拿的，你爲什麼找蕭老師要錢？」對吧？是啊！「而且我從如來藏來看，你也沒有布施啊。」那如果聽到我這樣的講座，心想：「欸！這很有道理！那我要學您這個法，我不走了！」我說：「那你可以留下來修學啊。」但你留下來，也沒有留下來！（大眾笑…）對吧？對啊！留下來也沒留下來，因爲那是你五陰留下來，你如來藏中沒有這回事！阿你沒有留下來，有一天你能現觀自己留下來以後，結果沒留下來，那我就恭喜：「你開悟了！」所以「布施」這回事也是假名。

「譬如過去佛」，祂們都住於「無礙菩提」中。那你所證的這個法，祂的所住也同樣是無礙的，這樣就稱爲如來。過去佛都住於無礙菩提。諸位未來佛現在也住於「無礙菩提」，因爲眞正的你是如來藏，而如來藏攝入一切諸法之中無所障礙！所以器世間不離如來藏，你的五蘊、十二處、十八界、六入同樣不離如來藏，如來藏於一切法中的存在是無所障礙的，這叫作「住無礙菩提」，如來藏的住就是這樣。所以過去諸佛於法無所遮障，能夠演說一切法，住的是「無礙菩提」，如來藏就是這樣住；由於菩薩依於如來藏而住於「無礙菩提」，所以就說他是如來。

《不退轉法輪經》今天要從八十六頁第三行開始講。但是開講前，想跟諸位聊一下，當然也是聊佛法。那些退轉者好像這兩天貼文說：「阿賴耶識是生滅法。」諸位對這一句有沒有耳熟能詳？因爲這個邪見在二〇〇三年就討論過了！我們也出了很多書在說明這個事情；聽說他們也讀過了，可是現在繼續提出來。也許他們讀不懂中文，因爲我們那些書裡面舉證了很多的聖教來說明，也從理上來說明過了！現在他們舉出來的聖教是來自《瑜伽師地論》，說「阿賴耶識，阿羅漢位滅」，所以是生滅法。但這個問題在二〇〇三年時，退轉的那些人也是提出這一句，我們也已經說明很多遍了：「只滅其性，不改其體。」但張先生他們顯然是讀不懂！我眞不曉得應該對他說什麼。就好像你是個大學教授，遇到幼稚園小班的學生提出質疑，你要怎麼跟他解釋？很難喔！放棄啦！不解釋了！呵呵呵……。

張先生用釋印順的六識論來檢驗正覺的八識論，當然格格不入；因爲釋印順所謂的：「細意識是常住的，就是禪宗開悟的心，就是直覺。」但直覺還是很粗的意識作用，怎麼會是細意識？離念靈知也是很粗的意識，證得那個粗糙的「離念靈知」怎麼會是大乘的見道、禪宗的見道呢？證得離念靈知時能懂三無性喔？連「圓成實性」都證不得呢！由此可見他們不懂什麼叫「依他起性」，因為「離念靈知」正好是「依他起性」所攝，那他們把依他起性的「離念靈知」當作是大乘見道之標的，就表示他們仍然落在「遍計執性」中；因為「遍計執性」就是把「依他起性」的法普遍計度，當作是眞實法。由此證明張先生他們都沒有證得「圓成實性」，而且沒有離開「依他起性」、「遍計執性」，然後來質疑我們證得「三自性」、轉入「三無性」的人，說這個不是開悟，而把禪宗自古以來，從 釋迦牟尼佛以來的所有證悟的祖師們全部都推翻了！欸，這膽子也太大了！

那我要請問諸位了，假使有人主張說人有七個識，他們退轉者則說人只有六個識，那麼請問：「證得第七識意根的人，有沒有比他們證得六識的人更高？」（有人答：有。）有啊！那如果有證得第八識的人、具足證得八識心王的人，是不是比證得六識的人更高？（眾答：是。）是囉！這是很簡單的道理，諸位用膝蓋想也知道；可是沒智慧的人會追隨張先生，這也是無可奈何！因爲連密宗那種編造的虛假成佛方法都有人會追隨了，所以這都是正常的！因此有智慧的人，怎麼樣不斷地去串習正確的佛法，然後生起「擇法眼」來，這個才是最好的方法。因爲還沒有實證的人，也可以建立「擇法覺分」，就是經由正確的聞、思、修慧來建立；可是聞慧如果是虛假的、錯謬的法，譬如說六識論，或者九識論、十識論，聽聞到那些錯誤的法，那他的聞慧就不是佛法中的聞慧！思慧、修慧也是一樣，都不是正確的聞、思、修慧！他就不可能生起擇法覺分。

所以學法之前，最重要的就是簡擇，而簡擇的能力之所建立，是來自正確的法義，經由聞、思、修而建立；如果弘法者所說的法義一開始就錯了，那麼聞者就沒有辦法建立擇法覺分了！比如說，他們主張說我們阿含講錯了，說阿含只有六識論；可是我已經在《阿含正義》中舉證《阿含經》的許多說法，說阿含也是依八識論來宣講的。那阿含既然是八識論，他們硬說是六識論，表示他們讀不懂《阿含經》，也讀不懂《阿含正義》。當今佛教界的阿含專家不敢否定我們寫的《阿含正義》，他們竟敢說我們寫錯了！那諸位想一想：「你這個大學教授，遇到一個幼稚園小班的學生說你講錯了；你要跟他吵架、要跟他打架嗎？」你們為什麼笑？打不得也，哥哥！（大眾笑⋯）因為打了會有事啊！你大學教授幹嘛打幼稚園小班的學生？人家會笑你說：「你跟他還不是一樣！不然怎麼會打他？」道理是一樣的。

所以有的人思想淺薄，就說：「你看，蕭平實沒辦法回應了吧？」我們當時是沒時間回應，但現在我們有臺灣同修、也有大陸同修看不下去了，寫文章回應了；他們讀後卻是連一篇也沒辦法回應我們。至少要回應我們同修寫的文章，回應個一篇、兩篇也好吧！但他們來個相應不理，這個忍功了得。好了，不談他了！這樣簡單說些佛法上基本的知見，讓大家因此建立了一點佛法上的擇法覺分，這也是好的。換句話說，在佛法中，三十七道品是必修的內涵，其中一品就是擇法覺分。擇法覺分要經由正確法義的聞、思、修而發起。這樣講解一下，就算還沒有建立擇法覺分的初學者，比如禪淨班剛來學的人，聽了也能建立一分擇法覺分，自己就先有一分的佛法智慧了，這也是好的。

回到《不退轉法輪經》來：「一切法不住，菩提亦寂滅，不得菩提相，是名為如來。」因為這三位他方的菩薩來了，他們希望如來僧正住、世尊僧正住等，所以佛在這裡就爲大眾說明什麼叫作如來、於一切法都無所住；而菩提也是寂滅的，因此從來沒有證得或者找得到菩提之相，這樣的法叫作「如來」。換句話說，你不可以落在離念靈知識陰裡面，否則就一定會落入六塵境界中。離念靈知是識陰，是你的工具，你覺知心要先修成離念的定力；離念之後，就是有定心相應的意識，有定心的意識是你證悟般若的工具；你要用這個與「定」相應的意識來修學佛菩提，也就是說，這時你要修四加行了。四加行最後階段就是參禪，意思是你要證得能取、所取都是空性如來藏的事實而能現觀；能現觀這事實而轉依成功時，你就是見道位的菩薩，稱爲眞見道。可是你見道時，證得的就是第八識如來藏，這樣叫作證得佛菩提。可是你轉依第八識「如來」而看一切法時，這第八識於「一切法不住」；不管你是什麼樣的法，第八識如來藏都無所住；雖然一切法都從如來藏中出生，可是如來藏對一切法都無所住，所以叫作「一切法不住」。

而第八識如來的境界中是寂滅的。世間人所謂的寂滅，大不了進入二禪等至位說：「喔！現在沒有五塵，這是究竟寂滅了。」雖然沒有五塵，可是意識還在，還有定境中的法塵，也還是有覺知，那就不是眞正的寂滅！而菩提指的是第八識如來藏，祂的境界中連六識都不存在，何況還有定境法塵？連意根也不存在，十八界都不存在，所以祂是究竟的寂滅。而祂的境界其實就是無餘涅槃的境界，在這樣的境界裡面無一法可得；那麼這樣當然也「不得菩提相」，所以證悟的法相在祂的境界中也不存在；這種「不得菩提相」的第八識心境界，就說：「這樣的心叫作如來。」當然就是第八識。

「若說過去戒，未來亦如是；現在皆同等，是名為如來。」現在說到戒了。前面這三行偈都在講布施，這種布施不可思議，因為三輪體空；可是這個菩提其實無相，這就是如來。現在來說戒了，戒有過去世受的戒，也有未來世還會再受的戒，乃至有人現在這一世受戒，並不一定。其實有很多人來受菩薩戒，他們是過去世就已經受過的，不是這一世才受戒。有的人質疑說：「你蕭老師憑什麼跟人家傳菩薩戒？你又不是出家人，怎麼能傳菩薩戒？」這個事情二十幾年前，土城有一個很有名的禪寺，他們出家人就質問過了。我告訴那位同修說，你下次再去那寺院時告訴他一句話：「把菩薩戒本請出來，讀讀看就知道了！裡面有一句話是《菩薩瓔珞本業經》說的：『其師者，夫婦六親得互為師授。』」我說，假使你兒子、女兒得了戒，你還沒有受戒，他們也可以傳給你啊；何況我這個說法之師呢？這些話傳回去，他們就閉嘴了，所以有的人眞不懂戒。更何況還有過去世所受的菩薩戒呢！如果戒體還在，不可以傳戒嗎？可以啊！只要你確認自己戒體還在，就可以爲人傳戒；因爲父母子女之間、兄弟之間、姊妹之間都可以互相傳戒。如果過去世有受過戒，戒體還在，因爲沒有捨戒（菩薩戒是有受戒而無捨戒的），所以一受永受，盡未來際，那當然可以爲人傳戒。所以有的人不懂，他們聲聞人都只看這一世。

而且菩薩戒可以受持到盡未來際成佛，聲聞戒不行，只有一世受。結果他們落在僧衣崇拜裡面，這就不對了。在佛法中是四眾平等的，不管是不是穿僧衣。你是穿僧衣的菩薩，他是穿俗衣或天衣的菩薩，大家平等；在五十二個階位中，只依你的證量來看應該排在什麼階位。所以你看，以前 維摩詰菩薩示現爲在家人，文殊菩薩也穿著在家的衣服，觀世音菩薩也穿在家的衣服；當時來這個地球上襄助 釋迦牟尼佛的 大勢至菩薩，也是歷史上存在的人物，他也是穿著在家的衣服出家的，可是大家平等；在佛教的僧團中是平等的，一切依照證量來排序，不論聲聞相或菩薩相。所以說受戒這個事情不能從一世來看，因爲聲聞戒受了以後，只有一世，捨壽的時候戒體就失去了。那麼懂戒的人從菩薩藏的精神來看受戒這個事，那就是說：「也許我過去受過菩薩戒了，也許未來世我還會重新再受，那麼現在世我受了菩薩戒，這個戒都是平等的；因爲從如來藏來看，沒有時間的前後，只要這個事情成就了就行。」那你從三世戒法的領受來看，菩薩戒領受的時候，第八識並沒有領受、也沒有不領受，這樣就叫作「如來」。

所以你受戒的時候，到底有沒有受戒？請問諸位：「到底有沒有受戒？」非有領受、非無領受，是嗎？你們說得好！受戒是你五陰身心受的戒，跟如來藏無關。可是五陰身心中到底是你覺知心受的，還是你身體受的？覺知心受的喔？剛才誰說覺知心受的？你覺知心是心，能受戒嗎？覺知心無形無色，怎麼受戒？那是不是身體受的戒？可是身體是段肉，究竟是誰受的？對啊！身體是段肉。如果身體可以受戒，拉個屍體來也可以受戒。有人聰明就說：「對！是如來藏受的戒。」但問題是如來藏懂得什麼叫戒嗎？如來藏連張三、李四、王五、趙六都不知道咧！那到底是誰受的戒？原來沒有人受戒。可是在沒有人受中，明明就有這個五陰身心、加上如來藏去受了戒，不是沒受戒呢！可是沒受戒之中，卻又受了戒，因此說，過去世受的菩薩戒、這一世受了菩薩戒、未來世受的菩薩戒，其實平等平等，沒有差別！能夠這樣現見，就說這個人叫作「如來」。那麼這樣的「如來」在諸位身中，沒有離開過。一尊、一尊的「如來」就在這裡，聽我這一尊「如來」在說法；可是我這一尊「如來」沒有說法，諸位的「如來」也沒有聽法。在沒有說法、沒有聽法之中，我卻說了法，你們卻聽了法；佛法就這樣說，有沒有覺得好奇怪？沒有喔？你們眞是菩薩！那麼持戒是這樣，追溯前面那身口意三行的布施，也是這樣。

接著就來說忍辱：「過去世行忍，菩薩截手足，彼忍亦如是，是名住於忍；」說過去世修行忍辱，就好像以前在歌利王的時代，釋迦牟尼佛還是菩薩，被截斷了手足時也是行忍，沒有起瞋。這樣子被截了手足而不起瞋，這是何等的忍！如果有人能夠像這樣修忍，這叫作「住於忍」；可是「住於忍」跟大精進有關係，合在一起講：「若發大精進，本求於菩提，得是精進已，是名爲如來。」當年 釋迦菩薩在因地，就是爲了求菩提，所以發起大精進心，這樣子修忍。那個典故大家還記得嗎？不記得喔？說歌利王有一天帶著一群後宮嬪妃出去遊獵；在一個樹林中，他累了坐下來休息，結果睡著了。他的皇后、妃子們看見他睡著了就到處玩，結果看見因地 釋迦菩薩打坐，覺得這個人異於凡人，所以就前往親近；結果 釋迦菩薩爲她們演說佛法。後來歌利王誤會菩薩調戲他的皇后嬪妃，所以一番說話之後把菩薩次第截斷了手足，問他說：「**你既然是修忍的菩薩，我斷了你的手，你生氣不生氣？**」結果不生氣，又斷了另一隻手；然後又斷了兩隻腳，結果都不生氣，這就是菩薩修忍，就叫作「**大精進**」。

像這樣大精進，本來爲了就是求佛菩提；可是像這樣子求菩提的人，後來證悟了才眞的叫作「**大精進**」；這樣的「**大精進**」才能叫作「**如來**」，因爲當你轉依如來藏的時候，割截了手足當然是很痛的事，如果你忍不住，直接暈過去就算了！你就不要生氣，因爲死了也沒死，就到後世去，所以不需要生氣。如果能夠忍得住，是爲了度他，那你就忍，痛就痛吧！是爲了度他。可是這樣的精進爲什麼叫「**如來**」？因爲無忍而忍。五陰是很痛，可是轉依如來藏來看時就不痛了！這一砍下去時儘管哇哇大叫，然而問你「痛不痛」時，你卻說不痛！就是這樣，這就是菩薩修忍。所以還記得嗎？那荷澤神會去見六祖，六祖拿棍子打他，問他說：「痛還是不痛？」他說：「亦痛亦不痛！」明明很痛，痛得哇哇大叫，還是說不痛；因爲有個痛的、有個不痛的，這痛與不痛的和合在一起；轉依那個不痛的，你正痛時也就不說痛了。可是你的五陰還是痛，就這樣有痛、有不痛的，這就是佛法，所以叫作中道，因爲非痛與非不痛。所以諸菩薩被刀割了，很痛！怎麼辦？去醫院哪！該縫的縫、該上藥的上藥、該哇哇叫就哇哇叫吧！可是還有一個不痛的，你就轉依那個不痛的；該叫時你就叫，沒關係！如果受不了那個痛，暈過去就好了，交給別人處理不是更省事嗎？菩薩就是這樣；那麼這樣子，這個人就叫作「如來」。

接著要談般若，般若有兩行：「一切法平等，獲彼如實證，亦不取我相，是名爲如來；不取於諸法，一切悉平等，如彼平等已，無相無所有；」先告訴大家般若，禪定、靜慮再說。眞正的般若跟一般學人的想法不一樣，所以才說佛法平等、平等。在佛法中，聲聞法實施「八敬法」，即使這位比丘尼出家六十年，今年七十好幾了，見到一個才滿十八歲才剛剃度、戒疤都還沒乾的比丘，妳還得頂禮他，還得聽他的話；依照戒律，每天要去跟他問候或請法，八敬法是這樣規定的。因爲那是聲聞法，所以，臺灣有一位蠻有名的比丘尼，出來主張說她要廢除八敬法；我聽了都覺得好笑，爲什麼呢？因爲大乘法中沒有八敬法，那是聲聞法呀。那你如果是出家的菩薩，不管你是比丘尼或者比丘，大家平等、平等！大乘法中沒有「八敬法」這回事！我們同修會是大乘法，所以我們不行八敬法；所以你們看，我們不管男眾親教師、女眾親教師，男眾比丘、女眾比丘尼，大家平等！因爲那是聲聞法中才行的事。

那麼從聲聞法來看法，法不平等！因爲聲聞法講的是十八界法、講的是五陰身心，全都是現象界中的事，無關實相法界。五陰身心有它的次序，有它的所依和所緣，所以講色陰時，色陰也有所依和所緣；如果沒有如來藏、沒有意根爲依，色陰不能出現；色陰出現了以後，還得要緣於四大，緣於六塵境界等。那麼色陰出現以後，接著是識陰出現，識陰也要依色陰而有；如果不是色陰——五色根加六塵等十一個法，識陰不會出現的。乃至行陰以想陰爲所依，以諸法爲所緣；那你看，這些法平等嗎？不平等啦！因爲要依於別的法才能存在，然後也緣於別的法；每一個法都有所依、有所緣，你說平等嗎？不可能的。然後再從事相上來看諸阿羅漢時，尤其是那些定性聲聞，全部依 佛而住；如果不是依 佛而住，他們就不曉得該怎麼辦了。

可是，如來有一天因爲饑荒，僧眾乞食困難，就派遣諸弟子到各處去弘法。那些弟子們都沒有推辭，因爲他們不是定性聲聞，他們是菩薩！乃至於最困難的地方，富樓那尊者都應諾而去。如來問他說：「你要去那個地方，怕不怕？」他說：「我不怕！」「爲什麼不怕？」「因爲他們不會罵我。」如來說：「如果罵了你呢？」他說：「罵了，我就當作風，我也沒有受損害呀！」「可是他們不會只有罵，也許會打你呢！」「打我就打我吧！」這樣一直講，講到說：「如果把我殺了，殺了就殺了，也沒有問題啊！」就這樣，他就去了。這個說法第一的富樓那尊者是九地菩薩，可是他示現得像個聲聞凡夫；但是後來他去到那個地方——完全不信佛法的外道地方，結果竟然沒有人殺他、沒有人打他、沒有人用石頭丟他，乃至於沒有人罵他！因爲他太會說法，說到那些外道都歸依三寶，這就是菩薩！而菩薩爲什麼可以這樣？因爲「一切法平等」。可是聲聞阿羅漢都要依 佛而住，如來在世說法時，坐得最近的都是那些聲聞阿羅漢；而菩薩們都沒關係，可以坐得遠遠的，菩薩就這樣。那麼 如來就是這樣教化弟子，菩薩弟子們可以坐遠遠的，都無所謂，因爲跟 如來默契非常好，都無所謂；近邊都給那些定性聲聞阿羅漢們坐，因爲從菩薩弟子們來看：「**一切法平等，所以我坐遠遠的也沒關係，我跟如來心靈相契。**」

定性聲聞他們是不平等的，所以他們就是要爭著在 如來身邊坐；誰都不許靠近，誰都要坐在他們的後面，他們從來是這樣的；可是菩薩阿羅漢們不同，因爲「**一切法平等**」。那爲什麼一切法平等？雖然經中總是說：「**法住法位，法爾如是。**」看起來是不平等的，可是你如果證得如來藏，你有了般若智慧；從這個智慧去看一切法時，法法平等啊。如來藏對諸法沒有取捨，如來藏不會說：「**欸，你這個法比較高，你比較親近我；那個法離我比較遠，我不喜歡！**」不會這樣啊，所以一切法平等，這就是如來藏的境界。所以意識的意見最多了，可是如來藏不會說：「**你的意見特別多，我就不管你，不理你！**」如來藏不會，祂該作什麼就作什麼，所以「**一切法平等**」，你進入大乘法中，就得如實證；你獲得這樣的如實修證以後，還取不取我相？不取了！因爲有我相的時候，諸法全都不平等；唯有從如來藏來看時，「一切法平等」。那麼這樣「不取我相」的人，就叫作「如來」。因爲他是以第八識爲轉依的對象，從此認定第八識才是眞實的我；那第八識就是「如來」，所以他的名字就叫作「如來」。

接著說，這樣的人「不取於諸法」，所以菩薩看眾生，不計較善人、惡人；遇到那些謗法、謗賢聖的惡人，菩薩的看法就是說：「他迷失了！」不會仇恨他。根本用不著仇恨，他只是迷失！迷失的事情，菩薩反觀自己說：「無數劫以前，我也曾經迷失。」那就沒有什麼可取著的了，所以就當作是自然會發生的事情。就好像一句俗話說的：「水來土掩，兵來將擋。」該怎麼作，就怎麼作，不計較它，不必去仇恨對方！因爲你不取諸法，從如來藏來看諸法時一無可取！如來藏「不取於諸法」，所以這時候所見的一切眾生平等、平等；這時所見的一切法也平等、平等，所以沒有不被攝受的眾生，只有暫時捨棄的眾生；因爲你現在攝受他是不可能的，所以暫時把他放過，留待未來世。

因此說，菩薩以這樣的心態來看待眾生時，就沒什麼可恨的了。有的人，他那個口頭禪不太好，其實心沒有那麼壞！因爲人家得罪他時，他每次都說：「你給我記住！」就是說，他要把那個人對他的壞，永遠記在心裡面。其實我看呢，他過幾天就忘光了，就是嘴巴那麼壞，說「你給我記住」，其實他也沒有眞的在記；這個也是一種習性，要把它改掉，嘴巴不要老是說「你給我記住」；要轉依眞實心而說，因此一下子就忘了，那就好了。像這樣子修行，才叫作平等。可是究竟的平等還是要依如來藏，因爲如來藏的境界中，從來不分別人我；所以像這樣的平等才叫作「無相無所有」。修學佛法就是要證這樣的境界，因爲在無相的如來藏境界中，一切法都無所有；既然一切法都無所有，還要分什麼高下呢？

然後說：「如是等三昧，不取諸法相，安住於禪定，是名爲如來。」這裡講的禪定，就是制心一處。很多人認爲的禪定，大概就是四禪八定；可是你如果把話說穿了、把法做明了來講，定就是制心一處，心不搖動，這就是定。所以智慧的證得也叫三昧，三昧就是定。譬如說有一部經叫作《金剛三昧經》，那三昧是什麼？就是證如來藏而且心得決定。可是有的人證如來藏之後沒有三昧，有的人證如來藏有三昧，差異在哪裡？差異就在有沒有心得決定。證得如來藏以後，心中翻悔、懷疑：「這好像不是佛法，因爲釋印順說這個叫作外道，這個是外道講的神我。」

心中懷疑，懷疑就沒有三昧！也就是說，他沒有心得決定。沒有心得決定時就叫作「**有證得金剛而沒有三昧**」，那就不是金剛三昧！表示他沒有轉依成功。那你如果證得這個金剛心以後，心得決定，一點都不懷疑，然後就住於這樣的境界裡面，轉依這樣的金剛心，使得智慧不斷地生起。

因爲證得這個總相以後，祂還有很多別相可以讓你現觀，你就每天跟祂學、每天觀察這個心有哪些別相，這就是讀誦；如果觀察了很久，覺得無可再觀時，就把《大品般若經》六百卷請出來好好讀！如來爲你一一細說祂有多少別相；像這樣子越學越發心得決定，都不懷疑，這就是有三昧，三昧就叫作定。所以像前面講的這一些金剛心如來藏的境界，你能夠心得決定而從這個金剛心在各個部分、每一個部分都得三昧，這個叫「**如是等三昧**」。由於依止金剛心如來藏，所以「**不取諸法相**」；「**不取諸法相**」最後轉依很成功而捨棄了諸法；捨棄了諸法的時候，諸法不在你身上，你心中沒有那些法，也就沒有煩惱！沒有煩惱就得解脫了。

阿羅漢的解脫是從智慧解脫的，不是從定解脫！定只是個工具。不管俱解脫、慧解脫、三明六通大解脫，都是因爲智慧而得解脫，不是藉由禪定而得解脫的。

所以當你證得如來藏以後，心得決定，你有了這個金剛三昧，依止於這個金剛三昧，繼續努力去爲眾生、爲正法去奮鬥；奮鬥到最後都忘了自己到底這麼忙、這麼辛苦是爲了什麼，全都忘了！就只是去作，作到忘了自己有什麼利益，全都不再計較，這時你的初禪就現前了！就這樣「梵行已立」，很簡單啊。這時候一定有人心裡打個大問號說：「這哪有簡單？」（大眾笑⋯⋯）你們爲什麼笑？是不簡單！不簡單是因爲你還沒作到，可是你作到了以後就很簡單；不用打坐，初禪就現前了。

我講了二十幾年都這樣講的，那我們會裡面也有幾位得初禪的人，他們也不是打坐得來的；跟我一樣，都是爲眾生努力去作事，作到忘了自己。然後呢，沒有煩惱——欲界諸法的貪愛斷除了；結果什麼時候斷除的，自己也不知道，因爲沒有去檢查自己到底有沒有斷除；然後有一天突然間，初禪就發起了，不是打坐來的。包括寫《廣論之平議》那位徐正雄，他也是有初禪的，可惜得癌症走了，眞的很可惜！所以像這樣「安住於禪定」，也是因爲這個金剛三昧而得的。那如果有人能這樣作，他完全轉依如來藏，這樣的人就叫作「如來」。

接下來說菩提：「一切法性相，及所說諸法，知其性相已，如實無所有；當知諸法空，智慧非福田，知彼非智已，得到智彼岸。」所以佛法跟世間人想的不太一樣，跟一般的學佛人想的不太一樣。在我們正覺弘法之前，各大道場都想要把這個六識妄心修行，去變成菩提心、變成無分別心；但他們修到離念時自認為無分別，那時所說的菩提心其實還是意識，沒有變成真正的無分別心；可是佛法中說的菩提心是第八識，相差太多了！直到我們出來弘法，說應該用這個能知能覺、能分別的意識心，去證得那個無知無覺、無分別的第八識如來藏；經過將近二十年的弘法以後，他們才懂這個道理；否則他們一直都不信受，一直都說：「我這個意識心修行到離念以後，就是真如。」結果是能修行的心跟所證的心是同一個。但佛法不是這樣，修行的是你意識心，而你要證得另一個第八識如來藏；祂不修行，祂是你實證之標的。而你證得到祂以後，修行依舊是你的事，你要繼續修行，一直到成佛，而你的如來藏一直到成佛也不修行。這樣說起來很不平等吧？不！非常平等！正因為祂不修行，你才可以成佛，否則你修行就不能成佛！如果祂也得修行，你也得修行，兩個都在修行，我告訴你：「就兩個都不能成佛！」佛法就是這樣，就是有一個不用修行的，因為祂本來就是「佛」、就是「如來」、就是「世尊」。你覺知心要修行到將來完全像祂，那祂含藏著你七轉識種子究竟清淨了，你覺知心就跟祂一樣清淨；所以到時候你跟祂完全一樣，而祂含藏的一切種子全部清淨時，第八識就像意識一樣也能與五別境、善十一等心所相應，你就成佛了；所以祂永遠不修行，佛法就這麼怪！

修學佛法說是爲了追求智慧，因爲菩提就是覺悟，所以我要覺悟、我要有智慧，可是你覺悟是從親證那個什麼智慧都沒有的如來藏來；而你求悟，要悟的也是那個全然都沒有智慧的如來藏。有世間智慧的你證得如來藏以後，就生起了出世間智，變得更有智慧，因爲這一下又加上了世出世間法的智慧。可是這讓一般人聽起來會覺得好奇怪：「怎麼會這樣？爲什麼我要去證得一個完全沒有智慧的心，然後我就會變得有智慧？這個道理講不通欸！」然而佛法正是如此。因爲講不通、想不通、思惟也不通，所以才叫作不可思議；如果想了就通，那大家都去學那一些學術界的人就好了，幹嘛還要歸依三寶、受菩薩戒、辛苦修行？這就是說，菩提異於世俗凡夫之所想像，所以才會告訴你說：「當知諸法空。」所以學佛的人應當要知道：一切諸法都是空性如來藏，外於空性如來藏時就沒有一法可得！

所以諸法空，知道諸法都從空性中所生。你有智慧了，可是這個智慧不是福田，因爲這個智慧是從證得如來藏而出生的，如來藏才是眞實福田。

可是這個眞實福田不受供，你供養祂時祂並不接受。你每天起床就看到自己的如來藏，可是如來藏從來不看你，所以禪門有一句話說：「臣下每天要去面君，」說臣下每天要去見皇帝；「可是君不見臣」，說皇帝從來不看臣下。你想世間有這樣的皇帝喔？沒有啦！是說你的如來藏就像那個皇帝一樣，從來不看你，只有你去見祂的分兒！沒有祂來見你的事，這樣的福田才叫作眞實福田。當然，從世間相來講，有貧窮田、有功德田，也還有個報恩田，就是父母師長。現在說「智慧非福田」，這個才是大福田！比如說報恩田，你每天供養老父、老母是爲了報恩，因爲他們把你將養長大，讓你進學校受學才有今天。可是你每天供養老父老母的時候，這堂上兩尊佛，何時受供了？推究到實際理地，還是這個如來藏。而那個貧窮田，譬如說你走到路上，遇到很多會外的那些凡夫僧，那是貧窮田，因爲他們既未證法，又不事生產，一切世事都來自居士供養，所以叫作貧窮田；可是你供養他們的時候，本質還是供養他們的如來藏，而他們的如來藏卻不受供，這樣叫作供養貧窮田。

如果是供養功德田呢，譬如說有的人喜歡坐在靠近門口的座位聽經，等我們講經圓滿、大眾開始離開時，他們就趕快站在各講堂門口供養會裡聽經正在離開的出家眾；因爲會裡出家眾有很多都是證悟者，這眞是功德田呢！可是你供養這功德田的時候，他們受供了嗎？因爲從色身、從覺知心來講，全都是生滅法呀！而唯一不生滅的就是他們的如來藏，所以推究到本質，還是供養了他們的如來藏；可是他們的如來藏又不受供，所以你布施的時候其實沒有布施，他們接受你布施的時候其實沒有接受布施；而布施這件事情從如來藏來看時，又是不存在的，就這樣三輪體空。而這樣供養了眞實福田，這就是眞正的供養，他們才是眞福田。

那他們穿著僧衣，當然有義務受供，不可以客氣推辭說：「**不要啦！不好意思啦！我算什麼？**」不可以這樣講；因爲他們有這個義務，穿僧衣本來就要給人家種福田的，不能推辭。那麼親教師們是不是功德田？當然更是啊！可是你們供養了他們，他們當然不收金銀、珠寶、錢財，那你說：「**我供養一顆水果行不行？**」行啦！他們也不好意思跟你推辭，因爲不是金銀、珠寶等，就可以接受供養，但不要多喔！那你這個供養，依《優婆塞戒經》中的聖教來講都是無量報；可是他們受了你這個供養，到底有沒有供養到他們？全都沒有！可是他們明明把果皮剝了吃了呀，怎麼沒受供養？有啊！可是吃了，是色身吃的嗎？色身又不懂吃！那是覺知心吃的嗎？覺知心無形無色怎麼吃得到水果？那是如來藏吃的，一定沒錯！（大眾笑⋯⋯）對不起！如來藏無形無色，如來藏怎麼會吃得到？結果竟然沒有吃的人、沒有受供的人呢，好奇怪！但這樣就是三輪體空。

那你供養的時候也是一樣，你供養了他們，結果他們沒有受供養；因為當你站在如來藏的立場來看時，並沒有受供養這件事。但你明明供養了，可是你如果證悟了，從如來藏來看時也沒有供養這回事，而你五陰自己也沒有供養，這樣子供養完了結果三輪體空。三輪體空的供養才是眞供養，這才是眞福田。而這個眞福田，是從你證得這個什麼都不懂的第八識如來藏而來。可是你證如來藏以後，你的智慧生起了，這時請問：「你的如來藏有這個智慧嗎？」又搖頭了，因為你的如來藏還眞沒有這個智慧。你得要知道如來藏眞的沒有智慧，這樣知道了以後，你才能「得到智彼岸」。

這樣說起來，佛法這個智慧也太難懂了吧！但事實就是這樣。就好像有人說：「我要到達無生無死的解脫彼岸。」可是等你到達的時候卻發覺：「我本來就在無生無死的彼岸！所以到達無生無死的彼岸時，又何妨有生死？」就這樣一世又一世繼續生在人間、繼續生死，利樂有情。所以《大寶積經》才會說：「生死無邊際，常住於實際。」講的就是這個道理；因為你如來藏於生死中無窮無盡，而你依如來藏的時候又沒有生死了，這就是實際。所以佛法很妙吧？只要你通達了，你想怎樣講都行。假使無量世以前亂講一通，把那些亂講的東西拿來，再講一遍就圓了，這叫作轉圜。也就是說本來處處不通的法，你現在通達了，把它拿來重講一遍，就全部都圓滿，沒有不通的地方，這才是「得到智彼岸」。

接著來講解脫：「若到於彼岸，智慧不思議，而不得此智，到寂滅彼岸；」說你如果到達無生無死的彼岸，眞的到達智慧解脫的彼岸，那時候你的智慧不可思議！可是在不可思議的智慧當中，你卻發覺：原來沒有智慧可說，這樣才是眞正到達寂滅的智慧彼岸。有智慧的時候，想來應當是很多語言才對，因為要為人說法，要不然自己思惟的時候，也是會有很多語言啊！結果竟然就是「到寂滅彼岸」，到達全無言語的彼岸，好奇怪！所以我弘法不久就講了：「假使有阿羅漢來到正覺講堂，也開不了口！」當年佛教界很多人對我很生氣，四處說蕭平實誇大、講大話。可是我說的是事實，就算南洋現在還有阿羅漢，讓他們來到正覺講堂，遇到增上班的同修們也是開不了口；這是眞的啊！因爲他們沒有到彼岸！這時候有人要抗議說：「蕭老師，您講得不對吧！阿羅漢已經了生死了，怎麼會不到彼岸？」可是問題是：「阿羅漢死後入無餘涅槃時，五陰十八界滅盡了，不再受生，那樣叫作入無餘涅槃，叫作到達無生無死的彼岸；可是那時的阿羅漢何在？」那時阿羅漢不存在了！既然不存在了，怎麼可以說他到達無生無死的彼岸？講不通啊！

可是菩薩一旦證悟，還不必修到阿羅漢位，只要有善知識爲他解說，他就已經弄清楚無餘涅槃的境界了！因爲他現前看見自己的如來藏本來就不生不死；不生不死就是無餘涅槃。結果自己的五陰住在如來藏裡面生死，而如來藏中五陰還在；五陰住在如來藏中，不就等於說五陰住在無生無死的彼岸中嗎？莫說今天南洋沒有阿羅漢，連個初果人都沒有！就算有阿羅漢來到這裡，只要問他：「請問你將來入了無餘涅槃，無餘涅槃裡面是什麼境界？」他就開不了口了！還能開口？

才奇怪呢！可是假使他追問起來：「請問菩薩，那將來我入了無餘涅槃，是什麼境界？」你該怎麼答？五爪金龍給他呀！你就走了。他如果有因緣就知道：「啊！果然是菩薩！」遙禮三拜，他也只能這樣。所以你看佛法怪不怪？怪！可是你要見怪不怪，眞的，別笑！等你哪一天實證了，你說：「果然如此！不怪了。」然後讀到公案時，那些禪師一個個好像神經病一樣，你再也不覺得怪了。這時候《般若經》請出來，你讀懂了，不是意識思惟的懂，這時你會發覺經中講的都是你自心中事，不是外法！

所以當你到了彼岸的時候，你的智慧是不可思議的，聲聞阿羅漢也拿你沒辦法；可是你會發覺：證得這個彼岸的時候，無智亦無得！「無智亦無得」的時候就是已經到達寂滅的彼岸了，因爲那個彼岸就是如來藏的境界，離見聞覺知，無一法可得，這就是解脫。所以有人來問禪師：「如何得解脫？」禪師就反問他說：「誰縛汝？」說誰綁著你了，你要求什麼解脫？所以後來禪師說：「不必求解脫，本來解脫！」也許有人想說：「那既然這樣，我就不用學佛了，因爲本來就解脫了。」你別笑！眞的這樣，有人眞的這樣想。可是不求解脫，什麼時候得解脫？還是要求，就像沒開悟以前要求開悟啊！可別像聖嚴法師那樣講說：「求開悟就不能開悟。」那是離念靈知的境界，絕對不是開悟！所以你還是要求開悟，去設法證得第八識如來藏；證得以後才可以說：「不必求解脫，本來就解脫。」而這樣解脫的境界，就是「如」的境界。

爲什麼是如的境界？「如相非到智，無有此彼岸，不得如是智，是名爲如來；」「如」是不是斷滅空？爲什麼搖頭？因爲斷滅空就無一法存在了，怎麼叫如？如一定是有一個法存在，而這個法對於任何的境界永遠如如不動，才能叫作「如」；斷滅空怎麼能叫作「如」呢？所以哪天我如果遇見了釋印順張某某，我就問他：「你說『滅相不滅叫作眞如』，那好，我現在把你殺了，你就是滅了；這個滅沒有辦法再滅，就是眞如。你要證眞如，我現在把你殺了，好不好？」看他說好、還是不好？他一定說：「不好！」所以一定有個法存在，而這個法始終是如，無始以來就是如，現在也是如，未來無量劫、無窮無際還是如，這樣才可以叫作「如」；而證得眞如這個法相的人，並沒有到達眞如的境界中，因爲悟後的意識仍是意識，而眞如本來就是如，何須再去眞如的境界中呢？證得這個眞如的人有這樣的智慧，就知道那個智慧境界、眞如境界不必去，本來就住在這個境界裡面；既然本來住在「如」的境界中，不需要去，也就沒有來去的事情了，所以本來就是「如」。這時候所見，沒有流轉生死的此岸，也沒有不生不死的彼岸，因爲兩者其實和合在一起。

可是證得這樣境界的人，竟然說「**不得如是智**」，怪不怪？不怪！因爲你轉依這個眞如以後，眞如自己的境界是沒有智慧的境界，所以叫作「**無智亦無得**」；這就是證得般若波羅蜜多了，這就是證得無上正等正覺。所以《心經》告訴諸位：「**菩提薩埵依般若波羅蜜多故……**」怎麼樣？「**心無罣礙**」！因爲本來就是無所得的法，無所得的法就不怕別人剝奪了；如果證得有所得的法，就會怕別人剝奪，他心中就會有疙瘩；所以菩薩因爲無所得的緣故，無所罣礙。所以假使有人要罵我是什麼天魔波旬，什麼外道、什麼東西；曾經還有人罵我蛤蟆精、人妖，什麼都有，可是我不理他們！因爲他們罵的跟「我」無關啊！他們罵的是他們家的事，要怎麼罵就罵吧，跟「我」無關！如果如來藏會是人妖、蛤蟆精，那他就罵吧；就去罵吧，跟我無關。所以有人問我：「**老師！您眞的不生氣喔？**」我說：「**我有什麼好生氣的？他們喜歡罵就罵；他們罵越多，從事相上來講，我的業就消越多，有什麼不好？他們幫我消業呢！我還得感謝他們哩。」所以我從來不生氣，很簡單，就是因為轉依；轉依以後，「不得如是智」，連智慧都沒有了，你為他生氣幹嘛？你對他生氣，就是你智慧還在，落入現象界中就不是眞解脫了。

還記得「非安立諦三品心」嗎？且說「第一品心」就好——內遣有情假緣智，有的人說：「這叫作內遣有情假緣的智慧。」我說：「不是！是要向內把有情假緣有的智慧也遣除；遣除以後轉依如來藏而住，就沒有智慧了，沒智慧就解脫了。」有智慧就落入意識心中，就是還住在三界中；把這個智慧具足修成之後，還要轉依如來藏、轉依眞如，把這個智慧也遣除；遣除以後，你有這個智慧，但是你得解脫，是依這個智慧而得解脫，這叫作「內遣『有情假緣智』」。所以你雖然有智慧，看見一切有情都是假緣而有；有這個智慧之後，再把它遣除，歸於如來藏，轉依眞如，你就得解脫，但是你繼續有這個智慧。乃至最後一品心——「遍遣一切有情諸法假緣智」。一切有情都是諸法假緣而有，一切諸法也是諸法假緣而有，你這兩種智慧都有了，但是全部要把它們遣除掉，轉依眞如「無智亦無得」，「無智亦無得」時就解脫了；既然解脫了，解脫的境界中無有任何智慧，所以說：「不得如是智，是名爲如來。」這就是第八識「如來」眞正的境界了。

那接下來說：「菩提非如得，凡愚所不思，一切法無得，是名爲如來。」菩提叫作覺悟。上得禪三覺悟了，拿到金剛寶印下來，回到家裡有沒有用下巴看人？沒有啊！所以這時候有智慧了，可以去觀察：「原來證悟是我五陰的事，可是我證得如來藏而有智慧了，如來藏的境界裡面本來解脫，卻是全無智慧。所以我覺悟的時候，這個覺悟不是由眞如所獲得，是我五陰身心獲得；而我的眞如沒有得到覺悟。」這個法難懂喔？是難懂，因爲叫作不可思議啊；如果隨便聽一下就懂了，那還叫作不可思議？所以這個法不是凡夫之所能知，也不是愚人阿羅漢們所能知道的，因此說「凡愚所不思」，凡夫跟愚人都無法思議；而你證得這樣的菩提，其實於一切法都無所得；你證得這樣的智慧，這就叫作「如來」。

接著說：「若得於無礙，而到大智處，一切法無利，證無礙菩提；」證菩提跟無礙有什麼關係呢？竟然講到無礙來！也就是說，當你證得眞正的菩提，這個佛菩提所證，是於一切法中都無所障礙的。如果悟錯了，以定爲禪，把一念不生的定境當作是禪的開悟，他就不是無礙，必然會有障礙！所以他每天要上座，要進入離念的狀態裡面住；如果你一天到晚纏著他，不讓他上座，他會跟你翻臉的；當他跟你翻臉的時候，有沒有障礙？障礙出現了，因爲他不得於無念，所以就生氣了。可是你證得眞如的時候，眞如本來就離念的；所以上座時無念，下座後也是無念，跟人家講話時還是無念，對無念的境界無所障礙。你所證的眞如這個法跟你覺知心在一起、跟你五識在一起、跟你意根在一起，也跟你的六塵在一起，也跟你的五色根在一起，跟誰都好，完全沒有障礙！可是離念靈知呢？離念靈知會選擇的：「這個我不喜歡！這個我討厭，你不要過來！這個我喜歡，靠過去吧。」這就是離念靈知；可是眞如從來不選擇，無所簡擇，什麼法都好。這時候也許有人說：「那我正好面對一碗狗屎的時候，這還好嗎？」我說：「你不好，你的眞如還是像原來那樣好。」（大眾笑…。）

因爲祂無所簡擇，所以祂無所障礙，什麼境界祂都沒問題！所以眞如可以上到非想非非想天，也可以來到欲界天示現爲天人，五百個天女服侍，每個天女還有七個婢女，你看！眷屬成群，祂也無所障礙。萬一他因爲享樂而結果白人起來，誹謗三寶，下了無間地獄，好痛苦喔！無間地獄身很廣大，每一时都很痛苦，可是他的眞如照樣無所謂，沒有障礙！眞如去到哪裡都成，可是有情在三惡道的五陰身心就覺得好痛苦：「我要趕快離開！」可是又離開不了，每天自怨自艾；那眞如都無所謂，無所障礙！你如果證得眞如、轉依眞如的時候，就是「得於無礙」；像這樣得於無礙的人叫作「到大智處」，這才是大智慧；有這種大慧的人，「一切法無利」。你告訴他任何一法，對他而言，他想：「我現在知道了，這是我未曾聽聞的法。可是這個法是我本來就有的，所以我聽了這個法對我有大利益，其實也沒有利益，因爲法本來是我有的；既然這個法是我本來就有的，那對我有什麼利益？只是讓我知道而已。」所以說「一切法無利」，這是從他的如來藏來看。而他的五陰身心知道有這個法，智慧又往前再推進一步，可是這時他的第八識眞如也沒有得到什麼利益；當你這樣來看的時候，一切法莫不如是，對一切法就沒有障礙！這樣的人就是「證無礙菩提」。

「如本所修道，救世者濟度，得彼無依道，能知於體相；」這就是說，猶如你往昔一生又一生、一劫又一劫，不斷地在修學這個佛菩提道，而你證悟很多劫以來，繼續這樣一劫又一劫、一世又一世去救度眾生，這就是「如本所修道，救世者濟度」啊！這才是眞正的濟度眾生。以財物去布施，救很多人不會餓死，那樣的救濟也只是一世；可是你如果度人，讓他證得這個無礙菩提、有了這個菩提心種子，當他證悟以後，這種子就存在他的如來藏裡面，一生又一生、一劫又一劫，不會消失！盡未來際，遇緣而發——遇到個因緣有佛法住世、聽到佛法，這種子馬上就引發起來，智慧就回來了；要像這樣子來救世、來濟度眾生。

濟度眾生的事有好多人都在作，也有好多神在作；你們有沒有看見有一些宮、有些廟，有一些大的廟、小的廟，有時候那乩童突然有神來附身，開藥方救人，有沒有？我說啊！現在神都被人害死了。眞的！你看現在什麼醫藥法、什麼衛生法訂下規矩來，乩童不可以跟人家開藥單、不可以作什麼；好了，現在神降到乩童身上，本來可以開藥單治病的，現在不能開了怎麼辦？因爲如果開了，他神沒事，但他的乩童就有事啊！他不能害乩童，只好拿起寶劍來割舌流血，然後寫了符籙，把舌頭的血點上去，來加持信徒病可以治好。那乩童當時不會痛，痛的是那個神，那麼神不是被人害慘了嗎？對呀！就是這樣。所以現在人類在代行神的職事，管到神身上去了！因爲有乩童可以管，神不敢害乩童，所以符籙寫了好幾張，然後就割舌，血流出來就在符籙上一張又一張的點上去。哎呀！那多痛！乩童當時不知道痛，所以神退駕以前要先再寫幾張符，然後再割舌，把血點了那幾張符以後才退駕。退駕以後乩童就把那個符化了，燒在水裡面喝，他一、兩天很快好了，就這樣。你看，所以神還被人害；可是神也不會因此就說：「**我不要再濟度眾生了！**」他也不會這樣，痛就痛吧。

這就是說，那樣的濟度只是救護他的色身，不再受病痛之苦；或者救度他的心，不再被鬼神所干擾，其實都不是究竟的濟度！究竟的濟度得要是證佛菩提，至少得要是證悟二乘菩提！那麼佛菩提的「**救世者濟度**」，所證的是「**無依道**」，因爲如來藏無所依。但是 佛爲什麼要講這個？因爲眞的有人會犯這個過失。我們正覺同修會第一次法難，有個親教師被自在居士影響了，然後就影響別的親教師跟著退轉。他說：「**老師教我們證得這個如來藏，是萬法的所依，但如來藏也應該有個所依。**」他就發明一個創造的所依，說如來藏依什麼而有。我才一聽，就說他出問題了！那時我們的同修還只有兩、三百人而已。我說他出問題了，有的人還不信，我說：「**如來藏就是無所依，才能得解脫。**」如果有所依，他說依止於某一個法，人家還會接著說：「**那你這個法又是依什麼而有？**」然後大家都一直依下去，無窮無盡。我說：「**沒有這樣的法！這樣有『無窮盡』的過失，法永遠沒有究竟！**」所以如來藏是無所依的。

《六祖壇經》早就講過：「**如日處虛空。**」太陽處於虛空中依什麼？沒有所依，但就在虛空中這樣運行，太陽只是自己處於虛空而無所依；如來藏也是一樣，處於虛空中無所依，這才是證得「**無依道**」。如果證得某一個法，要有個所依才能算數，那麼如果那個所依不見了，他該怎麼辦？不就落空了嗎？白修行了！譬如有人說：「**我證得離念靈知，離念靈知才是眞如。**」好了，他這個離念靈知要依於離念；那如果有人一天到晚找他講話，他就會生氣了，因爲他的所依不見了！可是如果有人出個價錢給他堂上二老說：「**你們兩個人每天找他說話，讓他不能去打坐。**」他不是要氣死了嗎？氣死了！到時候對兩老都翻臉。身爲人家的子女，對堂上二老翻臉呢！爲什麼？因爲所依的離念境界不見了。所以應該是「**無依道**」才是正道，如果是要依於一個什麼法、什麼境界才能夠存在的，那個就不是「**無依道」，那一定是有所得法；而菩薩證得的如來藏正是「無依道」，無所得法。

證得無依道的人「能知於體相」，有體、有相。證如來藏，好多人自以為他實證了，結果上山，鎩羽而歸。證得如來藏有表相的證，只是知道如來藏是什麼；可是他沒有體驗，所以祂的體、祂的用完全不知道！那要知道如來藏的行相就更不可能了。所以有的人進了小參室，監香老師會要求他：「你拿出來，我看看！」你既然證得如來藏，就拿出來我看看哪。但他拿不出來啊！那時候就像啞巴壓死了兒子一樣，這是臺灣的俗語：「啞巴睡覺時壓死了兒子」，歇後語是什麼？有苦難言啦！心裡很苦啊：「我知道，我知道！可是我講不出來啊，我拿不出來！」為什麼拿不出來？因為你不知道如來藏的用；如來藏的體、相、用，你既然證得了，當然就知道祂怎麼用；知道「用」你就可以拿出來，然後再來考你的「體」；體、用都知道了，自然就知道祂的行相了，這樣才會對唯識相有現觀。所以真正懂得「無依道」的人「能知於體相」，有的人有體無用，有的人有用無體，那都不是我們同修會要的。所以證如來藏之後要有體、有用，知道體、也知道用了，就知道如來藏的行相了，就是證得唯識相；那麼如來藏有什麼自性、有什麼功德也就知道了，這才是眞正的「無依道」；像這樣的人而說會退轉，打死我都不信！

「如是修習已，獲於最勝道，調伏此道已，知一切皆空；」要像這樣子修學熏習，不是證悟了就沒事；因爲證悟了只是「眞見道」位，後面還有「相見道」位中的許多法等著你繼續修學。就算「相見道」位修學完了，事情更多，因爲還有十度波羅蜜等著你修學。所以當菩薩子還眞苦欸，可是你們很怪！一個個搶著要當菩薩子。但是，回頭想來，我今生不走，何時要開始走？這條路終究要走，菩薩子始終都是要當的。那你再蹉跎無量阿僧祇劫以後，還是得走上這一條路，那時拖上無量阿僧祇劫以後，枉受多少生死痛苦！不如現在就走，最晚三大阿僧祇劫就成佛了，免受好多的生死痛苦，這樣才是「最勝道」；因爲遲早要走這條路，晚走不如早走！早點走，就算是走累了，中途休息個兩年再回來吧，這也行！因爲有的人無始劫來，到現在學佛不過是一、兩劫，不能契合菩薩道的修行也是正常。所以如果有人想要休學個兩年，沒問題！講一聲就好，告個長假，兩年後再回來；也不必先寫申請書，直接就回來了，沒問題的！因爲這種情形很多，我們看多了。可是獲得這個「最勝道」雖然很辛苦，卻是遲早都得走的路；早走，就少受幾世的辛苦！

那這個「最勝道」的修行過程中，有一件最難的，我要告訴諸位。學法不是最難的，二乘菩提的智慧、大乘菩提的智慧不是最難的；只要有善知識教導，這不是最難的，最難的就是「調伏」。所以有的人很用心，在法義上我一講完了，他馬上就去整理，筆記整理得很詳細；上課前他就先預習，預習時先自己作筆記、先去整理，然後拿來給我看。我說：「你是在搞學術研究？」（大眾笑…）佛法不是這樣修的！佛法是說：你學得的法要用在自己身上。如何是解脫？那我要怎麼解脫於我的五陰、我的十八界的繫縛？我要怎麼樣把我的煩惱降伏、斷除？這才是眞修行，而不是記得很多、學得很多，然後知道很多，可以爲人家夸夸其談，不是這回事！而是自己的心性要去調伏，調伏之後轉變了，成爲解脫者，這樣才有功德受用。要不然世俗人隨便一句話，他就氣得嘰哩呱啦罵個不停，那他有什麼功德？沒有啊！也沒有智慧的功德，也沒有解脫的功德，卻拿佛法的名詞來罵人家，人家回說：「你都用佛法在罵我，到底在學什麼佛法？」又答不得了。所以，學佛最重要的就是轉依，然後依止如來藏的法性來調伏自己五陰身心，使自己的五陰像如來藏一樣眞實而如如，這個叫作「調伏此道已」。

所以佛法的修行，智慧並不難修的。譬如在正覺同修會裡面，我把《瑜伽師地論》講了，把諸經講了，我還要再把《成唯識論》也重講一遍；所以佛法智慧不難修，這些學完了，到成佛之道的內涵都教給你了，可是你就能成佛嗎？不能！因爲心性到不了；所以怎麼樣「調伏此道」才是重要的事。可是一位眞正調伏此道的人，「知一切皆空」，他很清楚確認一切都是空性。空性就是如來藏，無有一法不是如來藏！也許有人說：「哪有可能！如來藏沒有煩惱，可是我住在如來藏裡面；本來我沒有煩惱，如來藏就把煩惱種子丟給我，我就起煩惱！」（大眾笑…）對吧？對啊！看起來好像是這樣。其實不然！那些煩惱種子是過去世的你丟給祂的，所以祂現在還給你。前世張三給我這樣的種子，我還給此世的李四，李四要不要抗議？李四照理來說，應該要抗議吧：「那是前一世的我給你的啊，你怎麼可以丟給這一世的我？」假使如來藏能回話，就會說：「不然你去把前一世的你找回來，我就丟給前世的你。」但卻是不可能的事，而法界中本來就是這樣。

所以調伏自己以後，那些染汙種子消失了、煩惱種子消失了，結果跟因地證悟的時候一樣，還是空性如來藏啊。五陰的自己只像一個過客，《楞嚴經》講的啊：好像一間旅社，這張三來住了一晚（一晚就是一世無明的夜晚，叫作一晚），住了一世無明的晚上。明天早上有明了，他離開了，然後換李四又來住上一晚，就這樣；所以五陰來來去去，五陰是客，如來藏才是不來不去的眞主。可是房舍如來藏不會告訴你說：「**你是張三，你明天要走了；然後明天早上換李四住進來。**」如來藏不會這樣講，可就是安排好張三來，一夜過後就走了；李四再來，同樣一夜過後也走了，一個換一個。五陰只是過客，不用計較太多！就像這個道理，說將來你們出世當法主的時候，能度者度；不能度者留到未來世去，這樣就好了；你不必爲一個人去花很多的時間，然後把很多的人晾在一邊，不需要這樣！不可度的留到未來世因緣熟了再度，現世可度的你就先度；那你度了以後，結果也沒度，這才是解脫。意思就是說，度到最後，凡有所見，一切都是空性；除第八識空性而外，無有一個眾生可得可度；除空性而外，無有一個器世間可得，所以「**知一切皆空**」。

「**知其初中後，皆與諸法同，此法平等已，是名爲如來。**」知道如來藏，就知道初、中、後。「初」就是最剛開始，一開始就是如來藏，無始以來就是如來藏，沒有第二個法；來到現在時，還是這個如來藏，從來不曾變過；乃至盡未來際，無數劫以後的以後、的以後……，沒有一個終止的無盡時劫後，也還是如來藏。那這個無有初、中、後的如來藏，出生了以前無量劫來的世世五陰、現在世的五陰、以及未來無量劫後不可數的五陰；因爲你既然是菩薩，以利樂眾生永無窮盡，結果這一切法跟如來藏非一非異。所以這如來藏的初、中、後你都瞭解了，就發覺：如來藏與一切諸法本來就不能夠說是不同的，所以你的色陰也是如來藏，受、想、行、識也都是如來藏；而如來藏跟你的五陰也不等、平等，如來藏也不會說：**「你五陰比較行，我聽你的；我如來藏比較行，我永遠不死，你五陰要聽我的！」**祂從來沒有這些主張，所以法法平等。

觀察到諸法一切都平等，這時候，你以平等心來看待一切諸法；你以平等心來看待一切有情，所以走到路上，看見那個公關女郎，你也不再搖頭了；看見那些凡夫的出家人，你也不再搖頭了；看見個午夜牛郎，你也不搖頭；看見一條牛、一隻狗、一隻貓，也不再搖頭了，因爲法法平等，全部都是如來藏！只是因爲往昔所造的業差別，導致這一世顯現的果報不同，如此而已！但是一切法平等，這樣就說：「**你就是如來。**」

看見菩薩道中的同修越來越多，總是歡喜，但是有的人退轉了，該不該歡喜？很難答的題目喔！其實並不難答，也是應該歡喜，因爲他們到了必須要經歷這個階段的過程之中，表示這個過程趕快經歷完了，未來世就可以快點回來，也是應該歡喜才對啊！諸位已經走過這個路，過完應該退轉的這個過程了，相較之下對自己也應該要歡喜，對吧？是應該這樣！因爲幾乎是百分之百的人，應該說百分之九十幾的人，大概都要經歷這個過程；所以退轉是很自然的事，晚經歷不如早經歷；那他們現在經歷了，表示他們已經開始這個過程了，未來世再回來正法時就會跟你們一樣；所以你爲他們想得遠一點，就應該也會歡喜才對！那麼當然對自己不必再經歷退轉的過程也該歡喜，因爲已經走完這個過程了。

既然談到他們，咱們就聊一下法義吧！他們說大乘的見道一定是初地，不知道諸位同不同意？爲什麼又搖頭、又說不同意？因爲如果大乘見道在初地，那問題就很大了！就要請問：「**禪宗那一些祖師們，他們都見道了，所以才敢公開稱爲**

開悟；難道開悟可以說不是見道嗎？他們既然開悟了，他們到底有沒有入地？」不能說沒有，可也不能說有欸！因爲大部分的禪宗祖師沒有入地，少數禪宗祖師是已經在地後了，所以不能一概而論；可是大部分禪師們都沒有入地，因爲他們悟後所有的是大乘無生忍，可是沒有大乘無生法忍。

所以張先生主張說大乘見道就是初地，這應該是慢心很嚴重，叫作增上慢，才可能這樣講。但我說得很保守，我說大乘見道—眞見道—也就是第一次的見道，生起了根本無分別智，這是在三賢位的第七住位。我很保守、很安分，一點都不敢自大，而且這也有根據；在《菩薩瓔珞本業經》中，如來已經說得分明，無可質疑了。那麼依照他們所講的，三賢位這三十心豈不是都在混日子？因爲都沒有見道呀！所以這三十心那麼長，一大阿僧祇劫時間都在混日子，然後一見道就入初地，那你說三賢位的菩薩們該打不該打？（大眾笑…）諸位爲什麼笑？因爲不該打，三賢菩薩們沒有混日了啊！初住位修布施，二住位修持戒，乃至六住位修般若，然後四加行，加行位完成了就是眞見道，如來說這個叫作「般若正觀現在前」。

如果你有般若的正觀，可以說不是大乘的見道嗎？既然有般若現觀就一定是見道，沒有見道豈能有般若現觀？那《華嚴經》裡面〈十地品〉，或者說《十地經》，所說的那一些無生法忍，禪宗祖師們十之八九都沒有，那他的意思是不是說禪宗祖師們都沒有見道？假設如他所說是眞的都沒有見道，可是他們明心開悟而有般若智慧了，這個悟到底悟個什麼？是悟世間法或是悟凡夫法，還是悟外道法？一定是悟得般若才可以叫作悟啊！那張先生的意思是不是說禪宗祖師們都沒有開悟？因爲他說的中間要劃上等號，他的意思就是劃上等號；可是他這個等號要加上一斜槓「非等號」，因爲他說錯了。如果他說的正確，諸經也全部都要修改了；所以依照他的說法，不但諸經要改，《顯揚聖教論》、《瑜伽師地論》、《成唯識論》統統要改，因爲這三部最主要的論跟他講的都互相抵觸。所以，你們是要信他講的，還是要信《顯揚聖教論》、《瑜伽師地論》、《成唯識論》呢？答案就很明白了。

那麼《成唯識論》我們也講得很明白，說見道有三個階位，就是眞見道、相見道以及通達位，而以通達位來含攝這三位，所以說見道有三種。我講經十幾年來也不斷在講說：見道位在相見道裡面要修三品心，那屬於非安立諦。這個非安立諦的三品心修好了，還沒有入地，可是也屬於見道。這個相見道卻要依最開始的眞見道的根本無分別智來起修，然後才能完成這三品心，就是遣除了有情假緣智，乃至遍遣一切有情諸法假緣智。這三個智慧都內遣了而轉依十住位眞如、十行位眞如、十迴向位眞如；但這還不足以入地，還要再修安立諦的十六品心、九品心，成爲阿羅漢，然後迴心發起十大願起惑潤生才能入地；而且這個願要發到清淨了，要清淨的意思就是必須有安立諦的十六品心、九品心來支撐。

換句話說，必須要有阿羅漢的解脫果來支撐，然後去發十大願，才能夠成爲清淨的增上意樂，這才算入地。可是這個入地，背後還得有廣大福德支撐，否則還入不了地。他們卻說不用修福德，那要怎麼入地？所以要把那非安立諦三品心也修學完成，換句話說必須要依眞見道的根本無分別智，進修後面相見道位的非安立諦三品心，具足成就後得無分別智；修學完成再修安立諦的十六品心、九品心成阿羅漢，然後發十大願才能入地，這時候才叫作通達位，也還是見道位。結果他說大乘見道就是入地！

我說大乘見道只是第七住，要修相見道位完成以後才能夠入初地，而相見道位有非安立諦三品心，也有安立諦的十六品心、九品心得修證。那麼他們指責說我未悟言悟、是增上慢者，連帶把你們增上班的所有同修也罵進去，說你們全部都是未悟言悟，都是增上慢。而我判見道只有第七住位，是他所說的增上慢者；他判見道就是初地，而他並沒有眞見道，連眞見道都沒有，竟然主張見道就入地，那到底是誰有增上慢？（大眾笑…）諸位聽了好笑，不禁笑了起來。所以世間人很顚倒，有增上慢的人罵沒有增上慢的人是增上慢。依照他們的定義，顯然經與論都要改，那律部的經典也得改，因爲律部也是說見道只是第七住位，要到見道已經通達時才算入地。

他們同時還有一個說法，他們說：入地的時候那個眞見道要有第四禪作基礎。諸位認爲這樣好不好？好不好？爲什麼不好？因爲如果必須要有四禪作基礎，那大家都別見道了，都先去修禪定再講了。那問題是，禪宗祖師們沒幾個有四禪的，然而少數有四禪的祖師卻被禪師們罵說沒有悟。所以有個首座可以坐脫立亡，結果禪師還跟他撫背說：「坐脫立亡即不無，先師意，未夢見在。」你看，首座他爲了證明自己有悟，就坐脫立亡給大家看。沒想到他的師弟看他走人了，還跟他撫背消遣，摸著他的背消遣他說：「坐脫立亡的功夫，你算是有啦！可是先師石霜慶諸的眞實意，你連作夢都夢不到的。」你看，這個消遣多嚴重。

那麼禪宗祖師們百分之九十九沒有第四禪功夫，依張志成的說法，禪師們那個悟算什麼？顯然都是未悟言悟者。依照他這個說法，經得要改，論也要改，律也要改，因爲《阿含經》說二乘的見道要有未到地定，證得第三果要有初禪，阿羅漢也要有初禪，都沒有說要證四禪才能證果。阿含部的《央掘魔羅經》也有講到如來藏，可是證如來藏時也沒有規定要有四禪的功夫。不但如此，根本論《瑜伽師地論》還說二乘見道或大乘見道都要有未到地定支持，並沒有說要先證四禪，只說要有未到地定支持；然後說入地的時候要有解脫果就是阿羅漢果作支持，那就表示至少要有初禪，也沒說要四禪；然後《根本論》還說諸佛成佛一定要在第四禪開悟以及眼見佛性，因爲四禪最勝故。

那麼請問諸位：到底他們退轉者說的有沒有道理？爲什麼搖頭？因爲眞的沒道理啊！如果他們說的對，經典得要改，論典也要改，律典也要改，就包括《大乘莊嚴經論》也要改，《瑜伽師地論》也要改，《成唯識論》也要改。可是他說出來的主張都跟這一些經論不同，顯然他是自認爲比 佛更高吧！如果比 佛更高，寫一本經出來也好啊！讓大家來奉讀看看。可是他們不但不能寫經、不能寫論，我們臺灣、大陸同修針對他們寫的東西回應了文章出來，他們連回都不敢回。因爲指說他們的很多錯誤以後，他們回都不回，就當作你沒寫文章破他，他沒看見。

所以學佛眞的不能自以爲是，我常常說在佛法中不可以有創見；換句話說，凡有所說、凡有所證都必須符合 佛說的經典，也必須符合大菩薩們的論典。論的部分，我說必須符合大菩薩們的論典，因爲有好多冒充的凡夫菩薩、聲聞僧也來寫論，像安惠、清辨、佛護、寂天、阿底峽那一些人，包括凡夫外道宗喀巴也都來寫論，那些都叫作外道論，只是貼上佛法的標籤而已。如果不符合經與論等聖教，那就不是佛法。而這種現象不是現在才有，古時候在天竺就有了，尤其是部派佛教時，從上座部分裂出來以後繼續分裂到十八個部派，後來還分裂到二十五個部派；那些部派佛教的聲聞僧，見取見非常嚴重，不但部派互相爭執，還一天到晚跟菩薩們爭執，他們沒理就是要爭執到贏。諸位都知道見取見以鬥爭爲業，所以他們都想要把菩薩鬥倒。

所以在部派佛教的時代，法義辯論是常所看見的事情，而那些聲聞凡夫僧總是不服菩薩，一直在跟菩薩鬥爭。鬥爭到後來，玄奘也覺得受不了，所以寫《成唯識論》的時候還罵他們叫作「天愛」。「天愛」知道嗎？天上的天，愛人的愛，就好像臺灣有一句俗語說「天公疼憨人」，聽過沒有？對！意思就是說，他是天所愛護的人，如果天不愛護他，他在人間就不能生存、就會死掉，所以叫作「天愛」。所以他自己沒有謀生的能力，完全靠老天垂憐，讓他活著而沒死掉，這叫作「天愛」之人。玄奘就罵他們說「天愛寧知」，說「你們這一些天愛之人怎麼會知道這個道理」，就是公開罵他們，而且還寫在論裡面，可見眞的是受不了了。可是受不了了，你也得受啊！他們講的雖然是邪知、邪見、邪思惟，你可以把他們拿來辨正一下，讓他們世諦流布利益眾生。

所以佛法很深、很廣、很妙，難以理解，不能夠說讀了一些經、一些論，自己都還沒眞懂，就說人家講錯、教錯了。批評人家都很容易啦！可是自己寫出來看看，這裡也錯，那裡也錯，這一頁也錯，那一頁也錯，前一段跟後一段也是自相衝突，琅琊閣、張志成他們講的總是這樣。如果把他們前後所說作比對，他們是不斷在修改法義的。可是我們沒有修改過，一開始弘法就是這樣的法，快三十年了都沒有修改過，只有越講越廣越深、越來越奧妙，不修改法義。但他們才一年多就不斷的修改法義，前後講的自相矛盾，自己掌嘴了都還不知道，得要我們跟他提醒；提醒了以後，他還不知道自己已經掌嘴。那你說，像這樣的人所提出的質問，我要不要答覆？諸位搖頭，眞搖對了！因爲據 佛陀的聖教，這樣的人提出的問題是應該默置。這叫作「置記」，把他放著不答覆，不作記別；因爲他的目的是要跟你鬥爭，他的目的不是要跟你討論法義。

眞正討論法義的人，如果你講的對，他會接受，然後表示歉意；可是他若是要跟你鬥爭的時候，明知你講對了，他也不會接受，繼續跟你扭曲。這就是部派佛教聲聞僧們所作的事，而琅琊閣、張志成現在正在幹這種事，所以我認定他們是以前聲聞部派佛教的遺緒。要不然我們已經講到這麼清楚明白了，因爲見道就是有眞見道、相見道、通達位，就是有三位差別；然後依據他講的說見道是在初地，而且見道一定要有第四禪，那麼就沒有三位差別了；而且那些古來的禪宗祖師們也都沒悟了，只有他一個人悟了，有這個道理嗎？沒這個道理啊！

所以佛法，有時候我們繞個彎回來講：有些人提出來，退轉的人提出來質疑是好事，因爲這樣大家才有機會去瞭解什麼是正、什麼是訛，正訛的分際就分清楚了。就像二〇〇三年他們發動法難，他們至少還知道第八識是怎麼運作的，他們的問題只是自己在創造了個第九識來出生第八識，想要自炫高證而打壓正覺，所以他們心中的法義就變成一團混亂。現在這批退轉的人遠不如二〇〇三年退轉的人，因爲我們指出他的錯誤了，他們還是讀不懂，或是讀懂了也不認錯；所以他們一退轉了，我當初就說他們是忘失了所悟。爲何忘失我也說了，說他們當年開悟時並沒有勝解，或者說當初有勝解，但是心中懷疑不能如實信受的緣故而無忍，就無法實際上加以深入體驗；不能深入體驗，那麼久後就忘失了。由於他的勝解不成就，勝解不成就表示他沒有念心所，沒有念心所就不能夠對勝解後所印持的內容加以受持，所以不成就念心所。不成就念心所，他就沒有定心所，心中不得決定，於是懷疑越來越多。懷疑越來越多，如果是事相上一帆風順就不會有問題，他會繼續遮蓋著、隱藏著，可是一旦事相上出了問題，比如說他們在英譯組裡面作翻譯的事情，互相之間有爭議，因爲他作得不順心就爆發開來，就怪罪到同修會了。這次退轉者都是英譯組的人，可是你們留在英譯組的人不要覺得羞報，跟你們無關，那是他們的事。

這一爆發開來，然後就顯示他們眞的對如來藏沒有勝解。所以他們初期放話，威脅我要聽他們的話，且說如果我沒聽他們的話，他們就要把般若密意公布。我說：「**那他們就公布吧！**」因爲我不怕人家公布密意，公布密意時如果那個密意是眞的，他就是自己虧損如來、虧損法事，干我何事？我又不必替他下地獄。下地獄的是他，那他要公布就公布吧！後來他們果然眞的公布，可是公布出來是什麼？是影印《成唯識論》裡面的一小段文字，說這就是正覺的密意。我看了都好笑，可以寫在《成唯識論》裡公開流通的內容，竟然還叫作密意啊？所以佛法的密意不是經論上可以讀到的，經論上會爲你指點方向，可是不會跟你明說密意的。

這樣看來，佛法不是那麼簡單的事，不然從初發心到成佛，爲什麼要三大阿僧祇劫？阿僧祇劫是很多倍數去不斷乘上來的。那不是一加一、再加一、再加一，而是一倍變兩倍、變四倍、變八倍、變十六倍、變三十二倍，這樣累積乘上去的，那叫作什麼級數？等比級數吧！從一到阿僧祇，是二、三十個等比級數才到達的。諸位想想看，一劫是多久？我們這個賢劫現在才是第四佛出世，後面還有九百九十六尊佛，想來一劫的時間還眞夠久的，眞的要聽臺灣雞叫！可是竟然成佛要三大阿僧祇劫，這表示該修的、該證的、該斷的，眞的太多了。所以不能夠自以爲是，這個觀念一定要建立；如果還殘存著一點上慢的種子，千萬千萬趕快把它砍了。好，回到《不退轉法輪經》：

**「道若如菩提，是名住菩提，猶如虛空相，是名爲如來；如是說法已，如悉平等相；若於此無疑，是名住菩提。」**苦、集、滅的道理講清楚了，想要達成滅的目的，修行之道其實就是八正道。二乘菩提講八正道，大乘菩提還是八正道，道理是一樣的，只是所修證之法有所差異。因此說，所修的道如果就好像是菩提，這樣就叫作住於菩提。八正道，諸位耳熟能詳，可是八正道以什麼起首？正見。所以正見是一切修道的開始，不能沒有正見。如果沒有正見，所修的道究竟是佛菩提道或緣覺道、聲聞道，或者外道呢？根本都不知道，所以正見很重要。

在咱們正覺弘法之前，各大道場都說他們是大乘，可是從來沒聽過他們講菩薩六度，也沒聽過他們講菩薩五十二個階位，更沒聽過他們講證眞如。在大乘法中，證眞如是頂頂重要的事。就像釋印順自己講的「修學佛法以見道爲首要」，他都會講欸！然而，大乘法的見道究竟是什麼？他不知道，也沒有人講過。大家都說他們學的是佛法、修的是佛法，怎麼修呢？每天打坐要離念，然後要證得離念靈知。如果可以半天離念就說那叫作小悟，如果能夠整天離念叫作大悟，如果能夠三天都離念叫作大悟徹底。可是佛世當初說那些外道從證初禪乃至證得非非想定，他們乃至可以往生無色界頂八萬大劫一念不生，如來都說那叫作外道，連聲聞見道的功德都沒有；那麼正覺弘法前的佛教大法師們以離念靈知爲悟，顯然遠不如外道！如來說那跟解脫無關，也跟成佛之道無關。但是，佛教界修的都是離念靈知；甚至我們說大乘見道是要證第八識如來藏，要能現觀如來藏的眞實如如法性，叫作證眞如。那大陸八大修行人之一的徒弟，還一天到晚在網路上貼文章罵我們，才會有張老師那本《護法與毀法》的書籍正式回應。所以當年大家都說是大乘，可是你把他們追究起來，修的都是外道法。誰修了大乘法？一個也沒有。

或許有人說：「那印順導師不就是大乘法嗎？」我說：「他那個不是大乘法，你把他深究以後會發覺：他是以二乘法當作大乘法。」可是如果眞要如實說倒也罷了，偏偏他說的所謂成佛之道其實是二乘菩提的法，卻又是錯誤的、虛假的二乘菩提，不是正確的二乘菩提。他說的法也是外道法，他那一本《成佛之道》，不過就是把《廣論》去掉後面的雙身法的止觀，將前半部說的不外於五陰的內容改編一下寫出來，就成爲他自己的《成佛之道》。原來他學宗喀巴，還學得眞像啊！宗喀巴是有名的文抄公，他就把宗喀巴的東西抄一抄、字句改一下就變成他的，所以他也是一個標準的文抄公。印順所謂的成佛之道其實就是二乘菩提，偏偏又把二乘菩提給講錯了，結果就不是二乘菩提，所說當然就是外道法。

所以我們弘法之前，佛教界沒有佛法，直到我們出來弘法說：「**大乘的見道是證第八識如來藏，現觀祂的眞如法性。**」結果整個佛教界還卯起來抵制我們。接著是前後經過三次法難，我們出了些書，現在佛教界終於承認說我們是眞正的佛教，以前都罵我們是新興宗教，私底下則罵我們正覺是邪魔外道。可是，我們這個新興宗教講的法跟 如來講的一模一樣，他們講的跟 如來講的卻完全不同。

所以所謂的大乘見道，所說一定要符合佛菩提的內涵。佛菩提有一定的內涵，不可以改變，不是人云亦云的法。這在經律論中都有說明，你所修的道一定要從正見出發。所以如何是佛菩提，這個正見一定要先建立起來，依著正見來修八正道；這樣八正道所修的內涵就如同佛菩提一樣，這樣來修才能夠證得菩提。證得菩提，在大乘法中叫作證眞如，而眞如是第八識所顯示出來的眞實如如的法性；外於第八識，別無眞如可證、可觀、可得。有的人想像什麼叫眞如，還有的人發明什麼叫眞如，而釋印順說「**滅相不滅叫作眞如**」，那個退轉的張先生就跟著他講說「**三無性就是緣起性空，叫作眞如**」，可是那種眞如都叫作斷滅空，因爲都只是緣生性空的思想，並沒有證得實體法第八識的眞如。

眞如只有一種，依照 佛的定義，沒有第二種，就是第八識運行過程當中顯示出來的眞實又如如的法性，所以叫作眞如。有時候，《大品般若經》直接說這個第八識叫作眞如。假使如是知而這樣證，你就具足了正見；具足了正見來繼續悟後修學八正道，這樣才叫作眞正的佛菩提。菩提譯成中文叫作覺悟，所以你所修的八正道，如果覺悟之後轉依而猶如眞如，這樣就稱之爲住於菩提之中。住於菩提之中卻無所住，因爲菩提只是你知道了法界的實相而有了智慧，稱之爲覺悟。

可是，這覺悟的內涵「**猶如虛空相**」。虛空有沒有東西？你想把它抓了，抓不住；砍，砍不著；放火燒，燒不到；放大水淹，淹不壞它；因爲虛空叫作無，不存在的東西，你怎麼燒它，怎麼砍它、淹它呢？但是，所證的佛菩提第八識如來藏，叫作「**猶如虛空相**」，但不等於虛空；虛空是無，但如來藏猶如虛空，無形無色，可是祂有自性，有祂的功能，有祂的業相。祂的自性「**不生不滅、不垢不淨、不增不減、不來不去**」，若要再把祂發揮下去，說叫作不男不女、不黑不白，隨你怎麼講，你把所有的兩邊拿來，這邊一個「不」、另一邊又一個「不」湊上去就好了，講不完的。可是祂有功能，這個功能就不能告訴你，你得要自己參；否則跟你講了，你又要退轉了，害了你，何苦來哉！你看，張志成上禪三這樣經過考驗都還會退轉，明講了，當然更會退轉。

但是祂有業用，所以祂出生了你這個色身，出生了你的內六塵給你，還出生了你的七轉識，還變生了器世間給你住，並且給你實現業報及重新造業。祂有業用，所以祂是眞實之法，因爲你的七識心都還是祂生的，怎麼可以說沒有這個心？所以我說釋印順從年輕糊塗到死，虧他還弘揚《中論》！《中論》開宗明義就講了：「**諸法不自生，亦不從他生，不共不無因，是故知無生。**」你這個五陰也是諸法之一，你這個五陰不會自己生，因爲你本來不存在，不存在怎麼可能出生你自己五陰？「**諸法不自生，亦不從他生**」，一神教就是「**從他生**」，所以說大家都是上帝出生的，那「**從他生**」也是邪見。「**不共不無因**」，就是不共生也不可以無因生；共生就是印順講的根觸塵就生了六識，不必有第八識來出生六識，由根與塵和合就能生六識，叫作共生；可見印順不懂《中論》，因爲他落在共生及無因生裡面。

諸法亦不無因生，所以說「**不共不無因**」，諸法也不可以是無因生，表示根與塵相觸而引生六識的背後，要有一個根本因，叫作第八識如來藏。第八識如來藏出生了六根，然後出生六塵，再藉六根與六塵相觸的因緣來出生六識，所以要有根本因，不可以無因生。那釋印順犯了兩個大過失「**共生**」和「**無因生**」，不曉得他是怎麼在弘揚《中論》的！所以他可以騙很多人，獨獨騙不了蕭平實。我從《楞伽經詳解》第三輯開始評論他，而且我每一本書出版後都有寄給他，而他從來不敢講話；然而現在竟有退轉的張志成想用他的法來推翻正覺的法，你說顛倒不顛倒？主子生前都不敢開口，僕人卻在那邊哇哇大叫，現在就是這麼顛倒！

所以，住於菩提一定是「**猶如虛空相**」，「**猶如虛空相**」的時候，會跟人家計較東計較西嗎？可是，現在退轉的人一天到晚計較說：「你正智出版社侵吞十方財。」我都不知道有十方來的財，我知道的只有四方財。而且什麼地方侵吞了？正智出版社賺的錢捐給正覺同修會，所有的稅後盈餘不曾納入私人口袋，怎麼叫侵吞？反正道理講了他也不懂。他都在不需要、不應該計較的地方不斷計較，這種心行根本就不像虛空。

可是，我要把這個道理說給諸位知道，菩薩不計較這個。如果想要貪財的話，我不要退休就好了，我繼續賺，還怕賺不了錢嗎？那麼退休下來，成立正智出版社，所有盈餘我不要捐就行了。所有的義工幫忙賣書，一個鐘頭多少錢，我算給大家就是；我把賺的錢都自己留著，不行嗎？有違法嗎？沒有違法啊！也合情合理呀！可是竟要被人家上網公開說是侵吞，所以有些事情眞的要說清楚講明白。有的人腦筋轉不過來，聽了就跟著說：「對啊！你侵吞十方財啊！」我不曉得侵吞上方下方的什麼財？有天人來買書？或是下方世界的人來買書？我又是如何侵吞了別人開的正智出版社的錢財？也就是說，其實不用去貪那個東西，因爲從如夢觀去看見往世當轉輪聖王多麼風光，再多的錢財都有，可是當到都不想當了才來當菩薩的；那就是好像已經從胃中吐出去的不淨之食，你絕對不會再吃回來！所以 佛說那類人「如愚自食吐」，菩薩沒有那麼笨的！

因此，你既然證得眞如，而眞如「猶如虛空相」，那你轉依祂就是「猶如虛空相」。當你「猶如虛空相」的時候，就不跟人家計較了。所以，爲正法你該幹嘛就幹嘛，心裡從來沒有想過說：「我很偉大，我一點都不貪。」沒有想過。從我出來弘法到現在都認爲這是理所當然，沒有想過要貪。意思就是說，你得要這樣轉依第八識；你如實這樣轉依了以後，你的一切所行之道都如菩提一樣，都像是如來藏一樣。那所行都是「猶如虛空相」，這時候就說你叫作「如來」。這時候的你不是指五陰的你，而是你的第八識如來藏；因爲你這一切八正道的所行，其實所見全都是如來藏幫你行，你何曾行過。

這時候有人一定心裡在抗議：「您蕭老師也講得太過分了吧！明明是我五陰行的，您爲什麼說都是如來藏幫我行。」可是我們增上班的同修不會抗議，因爲事實就是這樣啊！你五陰的所行就是如來藏的所行，一切不外於如來藏。要是不信，沒關係，我也不跟你分解，也不跟你諍論，等以後證悟了你再去看。你如果現在心裡罵我也沒有關係，說我糊塗了亂講也沒有關係，等你將來悟了再跟我懺悔就行（大眾笑…），因為這是我的自心現量。如來在《楞伽經》說的一點都沒錯：「一切眾生所思所行莫非是自心現量，都是如來藏自心所現前的事實。」能夠這樣現觀的話，就說你叫作「如來」。

像這樣子說法以後，你就會發覺「如」於一切法中都是平等相，「如」就是第八識眞如，永遠是如。當你證悟以後褒獎祂說：「哇！如來藏你太厲害了，原來我辦不到的，你都可以，太厲害了！」你褒獎了以後，祂有沒有翹起尾巴來？沒有！如如不動。你看祂如如不動，都不回應你，氣起來罵說：「你這傢伙不知好歹，我褒獎了你，你至少要說一句『不客氣』吧！竟然如如不動都不回應我。」罵將起來。可是你大罵特罵以後，祂依舊如如不動。祂就是這樣，不管什麼順心或違心的境界，祂都如如不動；你生到欲界天享樂多快樂，五百天女伺候，每個天女還有七個婢女，哇！快樂極了，都在服侍你一個天人，當然快樂啊！可是如來藏也不快樂，不快樂不是說祂生氣，是說祂沒有快樂，依舊如如不動。那如果毀謗賢聖、破壞正法，下了地獄；在無間地獄、阿鼻地獄不是最苦嗎？廣大身的五陰苦得不得了，可是他的如來藏依舊如如不動。所以不管在什麼境界中，這第八識如來藏永遠是如。既然是如，看一切法就是平等、平等了，所以「如悉平等相」。如果對於眞如能夠有深入的體驗而瞭解眞如於一切法中全部都平等，祂沒有善相惡相，永遠都是如。如果對於這一點，一點兒都沒有懷疑，那是因爲你有現觀。

有現觀就不懷疑，沒有現觀就會懷疑；所以那一些退轉者恐嚇說：「你們增上班的所有人都是大妄語。」結果沒有一個人要聽他的，大家繼續上課。我在增上班中說：「依據他們的標準，見道就是初地，恭喜諸位：你們都入初地了。」大家聽了呵呵大笑，不是承認，是覺得可笑，可是沒有人要退轉。爲什麼？因爲於眞如無疑，大家都很清楚知道：這第八識如來藏於一切法、於一切境界中永遠都是如；既然一切有情的第八識都是如，那就是「平等相」。如果能夠對這一點毫無懷疑，這樣就是住於菩提之中。要這樣才有資格說是住於覺悟之中，菩提就是覺悟。如果不能夠現觀眞如於一切境界中悉皆是如，那就不是住於菩提。

接著說：「阿難知假名、言說爲如來，言說亦如是，智者所行處；菩薩無所畏，明智不退轉，一切所行處，作如是顯說。」如來呼喚阿難說：「能夠知道一切法都是假名、都只是言說，這樣的人就是如來。」所以佛法中有很多的名相，有些名詞是悟前的你根本弄不懂的；但這一些名詞都只是在形容如來藏的各類自性以及各類功德。所以那一些佛法的名詞都叫作「假名」，藉著假名言說來施設諸法而表示如來藏的自體、如來藏的行相、如來藏的自性、如來藏的功德，能如實了知到這一點，就說你是「如來」。那麼言說的道理也就像是這樣子，所以言說的目的就是「意思表示」：「意思表示」是個法律名詞，用世俗人的話叫作「表示意思」；但是「表示意思」是動態的，而「意思表示」是說明它能夠表示這個道理。那麼同樣的道理，佛法中一切的言說，道理是相同的。懂得一切言說都只在表顯法界實相的各類種子的道理，那就是有智慧的人們身心所行的處所。

這樣的人既然從理上稱爲「如來」，他就是眞實義的菩薩，可是眞實義的菩薩無所畏懼。我弘法以來，接受過多少恐嚇，有的在網路上恐嚇，有的叫人帶話來臺灣恐嚇。以前還有西藏喇嘛帶話來說：「你蕭平實有種上西藏來，我一定把你殺掉！」於是我等不及上西藏了，可就是沒機會去；因爲我上西藏的條件很簡單，就是正覺在拉薩開了第一班禪淨班（大眾笑…），然後我就上西藏了。我準備帶著氧氣筒上去，可是到現在沒機會實現，看起來這一世也好像沒機會實現。上西藏沒什麼，不過是舊地重遊，那有什麼關係！

有的人會對我作各種威脅，可是我不接受威脅，雖然我個子不高。就像土城那位果子師預記的說：「**將來我走了，會有一位個頭不高的人出來弘法。**」聽說他有講過這句話，我沒求證，不曉得眞假。雖然我個頭不高，但是我不接受威脅。所有的威脅，我把它晾在腦後不理它，包括這一次琅琊閣、張志成等人威脅我說：「**你如果不聽我們的話，我就把你正覺開悟的密意公布！**」公布就公布吧！下地獄的又不是我。就算眞的公布了，我還是可以破他，這就是有無生法忍的好處。

可是「菩薩無所畏」，一定要有兩個原因：第一、就是他的智慧夠，可以面對一切法義上的挑戰；第二、因爲他轉依眞如，轉依眞如就沒有死；五陰被殺了，沒關係！來世又一個五陰，他們殺不完。所以以前有人警告我說：「**老師！您爲什麼一直要說基督教的上帝怎麼樣、怎麼樣？上帝起瞋時會報復您的。**」我說：「**我不怕上帝啊！上帝就算眞的有威神力把我殺了，我來世又出生時，他也不知道我是怎麼出生的；然後我來世又繼續破他，他能怎麼辦？給他殺上十次，他也會殺**

到手軟啦！」所以「菩薩無所畏」，因爲轉依眞如；另一個就是有智慧，有智慧就可以降伏一切外道。

這是說菩薩有明有智，有明就沒有無明；換句話說，菩薩對三乘菩提清楚了然，沒有人可以籠罩他。他有這樣的智慧，所以不退轉。以前我也講過：「假使有人拿刀架著我的脖子，要讓我退轉，要讓我否定如來藏，我一定跟他講：要命一條，要退轉，沒門兒！」所以，一切的所行就是爲正法、爲眾生，沒有別的事。但是還沒有到這個境界的人，心裡總是想：「您講得好聽，我怎麼知道您是眞的？」眞與假只看身行、口行、意行，不就知道了嗎？三十年來始終如一，那還會假喔！

所以「一切所行處」既然都是如此，當然可以講啊！如果「一切所行處」像一句成語講的「陽奉陰違」，那麼講出來的時候是不是耳朵會發燙？會的，會發燙啊！但因爲你「一切所行處」就是這樣，不怕檢驗，所以你可以像這樣子明白的講出來。本經中說的那三位東方來的菩薩就是因爲這樣，所以一位叫作「如來」，一位叫作「世尊」，一位叫作「佛」，因爲他們的所行正是這樣。

然後 如來作個結論說：「阿難是次第，如來之所說，爲諸菩薩等，令得於無礙。」

因爲阿難問的是這三位菩薩爲什麼這樣講，說他們的名字叫作如來、世尊、佛；所以 世尊回應就從六度、從菩提、從解脫、從眞如，這樣來解說，說這就是他們稱爲「如來」、稱爲「世尊」、稱爲「佛」的原因，而這一些法是有它的次第的。「這就是我釋迦如來之所說，而我說的這一些法，是爲了使令諸菩薩等，於佛法都能夠無礙。」接下來：

經文：【爾時阿難作如是言而說偈言：「

以何因緣故，能知諸法相，是菩薩無礙，亦名爲世尊？」

世尊答曰：「

於百千萬億，無量無數劫，爾乃成菩提，佛道難思議；

成就菩提已，爲眾生住世，處處實無生，是名爲世尊。

久超輪迴趣，不受於生死，救度眾生故，是名爲世尊。

不處輪迴趣，亦不入生死，云何拔眾苦，號世無上尊？

不念於諸法，亦不壞危脆，不得眾生相，能度諸苦惱；

無生死輪轉，亦不住生死，令眾如是住，是名爲世尊。
得諸法無畏，於佛亦復然，無邊無有餘，說法若干種；
諸法究竟空，佛法之體性，如是成就已，而不見諸法；
若能專修行，空法之體性，心得於無畏，是名知空法。
如實知諸法，一切皆妄想，顯現無所畏，如是實法相；
已過怖畏處，亦離於淨居，無恐亦無畏，超度諸惡道；
免濟億眾生，生死之大畏，不得於生死，而能度眾生；
安置於眾生，寂滅涅槃岸，亦無眾生相，是名爲世尊。
諸法猶虛空，顯示現眾生；於彼亦無畏，是名爲世尊。
一切法平等，顯現若干種；菩提無分別，不得菩提相；
眾生如是學，得成於菩提，如說如修行，則無恐怖想；
分別菩提想，猶如眾生想；超過一切想，是名爲世尊。
滅除一切想，菩薩則無垢，不得名字想，是名爲世尊。
能知一切法，同於盡滅離，過去不可得，是名爲世尊。

不重名字故，是以不求名，離著名字者，而為廣說法；
菩提離名字，如彼之所住；眾生重名字，遠離於菩提；
名字呼聲響，分別則多種；聲亦無分別，而恃空名稱；
不著一切聲，名亦無所依，菩提無戲論，是名為世尊。
如是等諸法，世尊之所說；非菩薩所得，是名為世尊。
若解於修道，無有能知者，安住於菩提，除礙名無漏；
阿難是假名，但以言語說；是以我今稱，自號為世尊。」】

語譯：【這時候阿難尊者就這樣子說，而他是以偈頌的方式來說的：「是由於什麼樣的因緣故，能夠了知諸法的法相時，說這樣的菩薩名為無礙，又稱之為世尊？」

世尊答覆說：「

於百千萬億，無量無數劫的修行之後，才能夠成就菩提，佛法修行之道難可思議；

成就了覺悟以後，為眾生而住持於世間，可是諸法處處眞實都是本來無生，這樣親證的人就稱之爲世尊。

眞如久遠以來超過輪迴的五趣六道，從來不曾領受於生和死，親證者如此不斷地救護眾生的緣故，所以名之爲世尊。

不住在輪迴的六趣之中，也不會入於眾生生死的境界中，怎麼樣來拔除眾生的痛苦，而可以稱之爲世間裡的無上尊呢？

隨順眞如而不憶念於一切諸法，也不會毀壞危脆的世間，而且從來不得眾生的法相，能夠度過一切的苦惱；

所見是沒有生死的輪轉，也從來不住於生死之中，並且教令大眾也像這樣子安住，這樣的人就稱之爲世尊。

得到諸法中的無所畏懼，於成佛的事情也同樣如此，行道之時無邊而且無有所餘，說法則有非常多的種類；

然而諸法究竟說來都只是空性，成佛之道的法就是這樣的體性，如此成就了以後，於所見諸法之中卻對諸法都沒有看見；

如果能夠專門這樣子修行，空性這個法的體性，而心中都已經得到無所畏懼的境界，這樣就稱爲了知空法。

像這樣如實了知了一切諸法，就知道一切法都全部是妄想，顯現了於諸法無所畏懼，這樣就是親證眞實的法相；

已經超過恐怖畏懼的處所了，但是也遠離了一切淨居天的境界，心中沒有恐怖也沒有畏懼，超越而且度過了一切的惡道；

免除以及救濟了無量億的眾生，讓他們離開了生與死的大畏懼，然而實際理地卻從來都沒有生死，這樣實證卻能夠度化眾生；

如此安置眾生，到達寂滅的不生不死涅槃彼岸，可是也沒有眾生得度的法相，這樣的人就稱之爲世尊。

一切諸法攝歸眞如時猶如虛空，明顯的示現出來有眾生；然而於眾生之中也都無所畏懼，這樣的人就稱之爲世尊。

一切諸法悉皆平等歸於眞如，可是卻顯現出來有若干種類不同的法；而菩提是沒有分別的，所以也不得菩提相；

眾生都像是這樣子來修學，然後也可以成就於菩提，像這樣所說而依於如來修行，心中就沒有恐怖之想；

如果分別有菩提之想，就猶如眾生有各種想一般；假使能超越了一切諸想，這樣的人就稱之爲世尊。

能夠滅除一切諸想，菩薩心中就沒有汙垢，既然心中連名字之想都不存在了，這樣的人就稱之爲世尊。

能了知一切不同的法，都同於盡、同於滅、也同於離，而過去一切諸法全部都不可得，這樣現觀的人就稱之爲世尊。

不看重名字的緣故，所以從來都不追求名聲，離開執著名字的狀況，而爲眾生廣說正法；

菩提是遠離各種名字的，而能夠猶如遠離名字的菩提那樣的安住；可是眾生一向都看重名字，所以遠離了菩提；

然而名字就只是呼出空氣產生的聲響，分別起來名字就會有很多的種類；然而呼出來的聲音其實也並沒有分別，卻向內依恃於空性的功能和名稱；

菩薩如是現觀而不執著一切的聲音，對於各種名字也都無所依止，而菩提之中是沒有戲論的，如是具足了知的人就稱之爲世尊。

像這樣攝歸眞如的種種諸法，是一切諸佛世尊之所說；這並不是菩薩於現象界中之所得，這樣實證的人就稱之爲世尊。

如果能勝解什麼叫作修道，並且了知修道的過程當中其實沒有一個能知的人，像這樣安住於佛菩提之中，修除了各種的障礙就稱爲無漏；

阿難！這一些都是假名，只是藉著言語來說明；由於這個緣故我今天說，『我』的名號叫作『世尊』。」】

**講義**：前面是說「如來」，因爲那位菩薩的名字叫作「如來」，就解釋爲什麼他的名字叫作「如來」。第二位菩薩說他叫作「世尊」，現在就來解釋這個「世尊」的道理。所以阿難問完第一位爲什麼叫作「如來」，而世尊解釋完了，他就來問第二位：「到底是因爲什麼樣的因緣，能夠了知諸法的法相，這個菩薩於諸法的法相無所障礙的時候，他也可以名爲『世尊』？」

阿難問了這個問題，我倒想起來馬鳴菩薩說：一個世界之中只要有一位初地菩薩就足夠住持正法了，因爲初地菩薩也可以示現八相成道。諸位現在這樣想一想，馬鳴菩薩說的有沒有道理呢？有啊！如果那個世界的眾生，他需要聽到「世尊」這個名號，才會信受他所講的佛法，雖然他只是個初地菩薩，無妨來示現八相成道，而其實他只是個初地菩薩。

因爲初地菩薩通達三乘菩提，他也可以來個三轉法輪：先初轉法輪度大家成爲阿羅漢，然後第二轉法輪講《大般若經》度大家成爲菩薩，第三轉法輪把 佛講的那一些「一切種智」的經典、唯識經典，都拿來講一遍當作是自己講的，也不算大妄語。雖然他自稱爲「世尊」，但那是爲了眾生需要，所以他自稱爲「世尊」。他不是爲了搏取名利而稱爲「世尊」，因爲入地以後，對名利都無所貪著了，所以他自稱爲「世尊」也不是大妄語。

阿難問完了，世尊答覆說，想要成就菩提是要「百千萬億無量無數劫」才能成就。百千萬億的無量無數劫，簡單的合起來叫作三大阿僧祇劫。可是我要提示一下，三大阿僧祇劫的定義：第一個阿僧祇劫所斷的叫作貪和瞋的現行；第二大阿僧祇劫所斷的叫作貪與瞋的習氣隨眠種子，都屬於有記性的法；第三大阿僧祇劫所斷的叫作癡與隨眠，所斷的都是無記性的異熟法。沒有聽過誰這麼講吧？可是我今天跟諸位提示了。我提示這個道理，目的是什麼？現在一定有人裝迷糊說：「我不知道。」我就不讓你不知道，我偏要講。如果悟了以後，藉所悟的法去謀取世間利益，他就是「貪」的現行。必須要完全不藉這個法來謀利，他才能度過第一大阿僧祇劫。所以如果誰說他入地了，結果在廣收供養，一天到晚在謀財謀利，說什麼他是四地菩薩、五地菩薩，還要喝酒，還要嚼檳榔，蹺起二郎腿時還一直抖著。大陸就有這樣的假四地、五地菩薩，我說他還沒有度過第一大阿僧祇劫！還早著呢！

所以正覺是上行下效，大家都不貪利，爲的是要趕快度過第一大阿僧祇劫。如果要藉這個法來斂財，我還不會嗎？「明心」人民幣五百萬，現在漲價了；以前我會說臺幣五百萬，現在漲價，「明心」人民幣五百萬；「見性」人民幣一千萬，我還不會？會啊！問題是貪得來，能帶去未來世嗎？帶不去，而且還虧損了來世的福德，那叫作大呆瓜！凡是有無生法忍的人都不作這種事。

第二大阿僧祇劫爲什麼我說主要是斷瞋？因爲菩薩往往還有法瞋，看見眾生毀謗正法的時候，他還是會起瞋。有的入地菩薩還會起瞋，雖然我沒有起瞋過，但我知道有的入地菩薩還是會起法瞋，因為那個習氣種子還在。如果心中有瞋與隨眠，他度不過第二大阿僧祇劫。終於度過第二大阿僧祇劫，轉入八地初心了，開始要斷的都是異熟法種，要斷如來藏中的異熟性。異熟性都是無記性的，無善無惡，他可以修善、但是對於他的善果無所增益，所以叫作無功用行，這時所修除的都是如來藏中一切種子的異熟性。有異熟性就表示他的種子還會變異，那就是第三個階段的生死，叫作變易生死，他還沒有度過。而變易生死所斷的種子都是異熟性，異熟性非善非惡。非善非惡卻讓你無法成佛，這不就是癡的代表嗎？你把這一些都斷除，癡（無明）就不存在了，也就成佛了。

所以菩提達摩說解脫就是斷貪、瞋、癡，當然這裡面有層次差別，他說的斷貪瞋癡是成就阿羅漢果，叫作菩薩阿羅漢。但是我講的貪瞋癡，是包括貪瞋癡相應的習氣種子隨眠。雖然這話有語病，語病何在呢？有許多人還是不知道，因為貪有習氣種子隨眠，瞋也有習氣種子隨眠，可是癡沒有習氣種子，癡只有隨眠。把包括貪、瞋的習氣種子以及癡的隨眠都斷除了，你就成佛了。所以有一些人藉著這個法，不聽我勸，自己出外去弘法，收了好多供養，心裡好歡喜；其實不用歡喜，因爲他是在耽擱自己的成佛之道，對自己的道業全無益處。我說的是老實話，我弘法以來不打誑語。

所以這個道理，諸位要瞭解。於百千萬億無量無數劫，整合起來叫作三大阿僧祇劫，再把它整合起來本質就是斷貪、瞋、癡；而入地之前，最需要對治的叫作貪。貪有很多種，貪名、貪利、貪眷屬、貪權力、貪勢力所得的位置……等，都叫作貪。安立諦十六品心、九品心的實證，就是要你離貪。非安立諦三品心就是要你從眞如來離貪，說穿了就是這樣。所以，成就菩提要經歷三大阿僧祇劫，成就阿羅漢果也要斷貪瞋癡，但不斷習氣種子，只斷現行。

由此可知，菩提難成就，「**佛道難思議**」。因爲種子的異熟性斷除最難，所以從八地、九地、十地來算，只有三地的歷程，卻也要一大阿僧祇劫。從初地到十地，它只佔了三地，修這三地卻要一大阿僧祇劫的實修，表示如來藏含藏的那一些異熟法隨眠太多。它不會導致眾生輪迴生死，但它會障礙眾生成佛，所以它沒有習氣種子，只名隨眠。這個部分太微細了，我如果講給諸位聽，諸位一定想：「講**這個給我聽幹嘛？**」因爲跟你相去太遙遠而沒有意義，就好像你找了一個幼稚園的學生爲他講微積分，道理是一樣的。所以我還是比較強調實修之道，這部分留到增上班中再說吧。在佛法修行之中，不是學習理論、學習智慧就沒事了，心性的調伏是最重要的事：心性若不能調伏好，你所學的智慧就不能相應；不能相應時，你就無法轉依成功，這就沒有解脫果的實質；沒有解脫果、沒有解脫相應時，遇到不如意事就有可能會退轉。如果不想退轉，你就好好轉變心性來轉依眞如。

我還發覺一項事實，從第二次法難以來到現在，會退轉的大部分人，百分之九十以上的人都沒有在作功夫。沒有在作功夫，表示他沒有降伏其心；心地沒有降伏就很剛硬，質地很剛硬的時候，你不能拿它來製作各種器物。你要把某些物品彎曲成什麼時，這一彎就斷了，表示它是不許彎的。所以就像寶劍，眞正的寶劍被彎了也不會斷，因爲它經過不斷的錘鍊，錘鍊到後來，寶劍的本質，它等於是一層又一層、是多層純鋼的金剛寶劍；看起來好像是一根扁鐵，其實它是很多層的，所以它就有彈性，硬度也夠。可是如果是鑄鐵，你稍微把它彎一下就斷了。因此調伏心性很重要，所以定力一定要修。

並且不要去靜坐修定，一定要修動中定。我也講過了，農禪寺以前有一位果某法師，不講名字。去泰國法身寺修了兩年回來，他們每天打坐，結果回臺後半年定力就散掉了。因爲要爲眾生作事，你不是聲聞人成天打坐；爲眾生作事時，得要有動中定；在動中不會散掉，這樣跟如來藏相應以後，你有證眞如的根本無分別智，不妨繼續利樂眾生而你的智慧繼續與定力相應，這樣的智慧就不會退轉，因爲你的定沒有退失，所以動中定才是重要的。

但是，修動中定的目的就是降伏其心，把意根、意識、五識給降伏下來。降伏下來就容易與道相應，當後來有一天見道了就不會退轉，就會轉依成功。所以有的人領了執事，當了幹部以後脾氣變得好大，我說他該打。哪天假使我有空，把他提溜了來，屁股打上三棒，叫他不要再發脾氣。有的人領了執事以後起了貪——貪眷屬。他倒不是貪錢，只是貪眷屬：「這是我的人，你怎麼老是來挖我的人。」這樣子貪眷屬的關係，人被挖走時他就生氣了。有的人藉這個法去謀利，廣收供養，分明顯示他的轉依沒有成功。轉依沒有成功，還能叫作開悟嗎？不能！

所以想要入地，首先除貪，絕對逃不掉。這個修除貪瞋癡是三大阿僧祇劫之精要，把斷除貪瞋癡的道理跟諸位講了，三大阿僧祇劫就好修行。當然從菩薩道來講，第一大阿僧祇劫，你在除貪的同時也要除一點瞋，不能夠所有的瞋都不除；那愚癡當然也是同樣要除，因爲你都證智慧了，怎麼不除愚癡呢？你都要修非安立諦三品心了，當然也是要除癡，但心性的調伏重點在貪。第二大阿僧祇劫重點在瞋，第三大阿僧祇劫不談，因爲距離諸位太遙遠了。

那麼既然要三大阿僧祇劫才可以成就佛菩提，現在有人心裡一定想：「**既然佛說的是三大阿僧祇劫，這裡說的是百千萬億無量無數劫，為什麼你說貪瞋癡除了就成佛？我才不信！**」你不信也行，但我要說到讓你信，因爲我們這部經講完要講《解深密經》，《解深密經》有這麼明明白白地說過：菩薩應當要化長劫入短劫。有的人過三大阿僧祇劫，他是以一大劫爲一大劫來過的。有的人呢，譬如說像那些發動法難退轉的人，他們是以一大阿僧祇劫當作一個大劫來過。可是 佛說：有的人以一世爲一大劫來過完三大阿僧祇劫，有的人以一年爲一個大劫，有的人以一個時辰爲一個大劫，乃至以時、分、秒、剎那爲一個大劫，來過完三大阿僧祇劫。那麼三大阿僧祇劫到底是多久？讓諸位想一想，我不告訴你。今天講到這裡。

《不退轉法輪經》開講之前，照例講一點法，因爲有很多人說：「**有人退轉，**

我們就有因緣多聽一點深妙的法。」我乾脆就來幫大家完成感謝退轉者的心願，包括未來還要跟諸位聊一聊唯識性、唯識相，因爲那些都是增上班的深妙法，在講經的時候，除非有相關聯的經文，否則不太會講到這些名相的法義。以前雖然也講了不少的唯識性與唯識相，但今天先講一點淺的。

那些退轉者說佛法中沒有正覺所講的那樣的密意，說正覺密意只是三轉法輪中的普通常識。我就要問問：去打過禪三一次、兩次、三次、五次，還沒有過關，到底是什麼原因？是正覺的法太深，還是有人去了五趟以後還是程度太差，連知識、連常識都不懂，那到底是哪一種？他們所謂的三轉法輪中的常識，那個常識到底是指什麼？也公開講來聽聽吧！因爲他們說佛法中沒有密意，但他們又講不出來。如果是普通的常識，爲什麼有很多人上了禪三好幾次了，都還考不過去呢？這是個大問題，因爲既然是常識，應該每一個人只要上山一次都可以考得下來，這才叫常識。

所以當他們威脅我，說我如果不聽從他們的意旨，就要把佛法密意公布。我說那也行啊！那就請他公布吧！結果公布出來時並不是所謂密意，只是把《成唯識論》裡面的一段字句貼出來，說那就是我們禪三證悟的密意。如果他講的是正確的，諸位回去趕快去書局買一套《成唯識論》。《成唯識論》只有十卷，不會很大本，把它讀一讀，密意就有了，也就證悟了，不是嗎？可是《成唯識論》很多人讀了，其實不懂，可是不懂的人會說他懂了。甚至於有時候窺基法師的《成唯識論述記》的某一些法義還是錯誤的，表示他對《成唯識論》也是有一些誤會的，所以《成唯識論》沒那麼好懂的。

上了禪三才知道說臺灣的那一句俗語是什麼滋味，中南部有一句話說「**啞巴壓死了孩子**」，有沒有？歇後語是什麼？有口難言啊！真的沒辦法講出來，就算你找到了，也還講不出來，那怎麼辦？因為那還不是我們要的真正密意，何況他們完全不知道密意，連如來藏的邊都沒有摸著。而我們要求的是：你對如來藏的「體相用」必須全部都弄清楚。所以當他們貼了出來，有人轉給我時我就笑了說：「**那是寫在論中公開的東西，怎麼叫作正覺的密意？**」所以說《成唯識論》很難懂。

我以前也講過《成唯識論》中有許多的字句，是玄奘菩薩提示自己用的，不是給一般人讀的。他們聽我講這句話就說：「**趕快！趕快！去把它錄下來。**」有人說：「已經講過了，也沒錄啊，怎麼辦？」那退轉者本人就說：「那沒關係，反正他以後整理出書也會寫出來。」我說：「我再講第二遍，你如果現在有在錄，趕快錄！我再講第三遍，那是玄奘菩薩提示自己用的字句。」這樣今天講三遍了，有錄下來沒有？（大眾笑⋯）將來這部經整理完成，還會印出來，可是他們弄不懂的人都會說：「我眞的懂，蕭老師講錯了，我才是對的。」他們希望我把《成唯識論釋》六輯（現在看來可能要七輯）一起出版，但我怎麼可能如他所願（編案：最後完成時總共爲十輯）。我這個人弘法是有次第有順序的，絕對不躐等、不超越。什麼時節因緣可以說什麼法，我就什麼時節說什麼法；時間還沒有到，我慢慢來，不會應他們的要求提前全部出版。

那麼他們又講說：「禪宗的明心見性指的是同一件事。」這到底對或者不對？我跟諸位說也對也不對。說對，是因爲禪宗絕大多數的祖師，他們把明心的時候看見如來藏具有使人修行成佛的自性，就說那個叫作佛性。但那個不是《大般涅槃經》所講的佛性。所以禪宗祖師中很多祖師講的佛性，都是看見如來藏具有令人成佛的自性，六祖講的也是這樣。但是，我弘揚的佛性是指《大般涅槃經》所講的佛性，那是要到十住位才能夠第一次看見的。

那麼很多人不相信，那也沒關係啊！我舉個例子好了，我們有許多親教師都是明心以後，另外再參究才看見佛性的。如果佛性就是明心的內容，爲什麼當初明心的時候看不見？而且，明心的時候可以在自己身上看見自己的如來藏，也可以從他人身上看見他人的如來藏；但是，沒有辦法在山河大地上、在無情上面看見自己的如來藏。但是見性時可以在無情上面也看得見自己的佛性，也可以從他人身上看見自己的佛性，同時也可以從他人身上看見他人的佛性。你說，這怎麼會一樣？當然不一樣啊！因爲你的如來藏無法從無情上面看見，你也無法從別人身上看見自己的如來藏，但佛性可以啊！這怎麼會一樣？

再說，這佛性，明心了以後，都還想不通是什麼？可是看見佛性的人，他很清楚知道這是如來藏的另外一面。所以，有時我會說佛性就是如來藏的用，但這個用跟如來藏的「體相用」那個用不同。假使沒有佛性這個功德，如來藏就什麼都不是了，如來藏就沒有作用了。對不對？對啊！問問眼見佛性的老師們都知道，這是截然不同的。再說，明心的內容，假使定力退失了，所悟與智慧依舊在，不會失去；可是，如果眼見佛性，定力退失了就看不見了。明心與定力的退失無關，照樣知道所悟的內容，智慧仍然在；可是見性，定力退失了就看不見了，他還知道佛性的名義，但是就看不見。這怎麼會一樣？

但是有的人聰明，聽到我說佛性其實就是如來藏的心所法，他老兄聰明，趕快去研究如來藏的心所法，然後來跟我報告如來藏有多少心所，我問說：「你跟我講這一些是作什麼？」他不好意思說自己是看見佛性了，我就說：「你當作是看見佛性了吧！」「是啊！這就是佛性啊，您講的啊！」我說：「佛性不是這回事。」可是我說的沒錯，佛性確實是如來藏的心所。所以，佛性這一關沒那麼好闖的，其中的關鍵眞的是唯證乃知。

我也常常講，想要看見佛性，三個條件缺一不可——定力、福德、慧力。有的人想：「沒關係啦！我先闖闖看，萬一看不見，我再來補修。」抱歉！後來補修具足了，一樣看不見。這一關很奇特，你得要三個條件都具足的時候再來看見。當你參出來佛性的名義，可是看不見的時候，這一世大約就看不見了，幾乎沒有第二次的機會。可是明心不同，明心可以不斷的補充，最後就圓滿具足了。這樣二者怎麼會一樣？

再以眞實的例子來講，譬如說我們慈慧老師、正偉老師，還有我們的余老師，他們都是明心後很多年；像惠莉老師也是一樣，都是明心後很多年；你們看那王老師也是一樣，明心後很多年、很多年以後，再來參究佛性，然後才看見。如果是一樣，爲什麼還能夠再次證悟見性？不可能啊！因爲二者既然是一樣的，就不可能明心以後很多年再來眼見佛性，那明顯就是不一樣，所以說他們不懂！

因爲我們正覺這個法是超越於禪宗的，禪宗的法都在三賢位以內，通常也都只有明心而無眼見佛性。我也常常說：「**自古以來，中國禪宗的祖師，你能夠找到明心之後又有眼見佛性的祖師不到一打，你要找出十個人來都很難。**」所以，眞正勝妙究竟的法給因緣不具足的人遇到了，那是他倒楣；因緣具足的人遇到了，就是很幸福的事。這也就是說，不能把禪宗的明心與見性當作一回事，因爲我也曾經在禪宗，不是只有唐朝那時的事，所以也不能夠一篙子打翻一船人，就說：「**禪宗明心見性是指同一回事。**」不能這樣講，因爲禪宗的祖師不是全部都像六祖那樣。六祖是把看見如來藏能使人成佛的自性當作是見性，但那是他定義的見性，不是其他極少數禪宗祖師所謂的見性，更不是《大般涅槃經》中說的眼見佛性。

所以，飯可以亂吃，話不能亂講；尤其在了義正法上面，亂講話的因果是特重、特重的。你想，遇到一個初果人供養了就是無量報，供養個普通的人不過千倍萬倍之報，為何差這麼多？因為證量不一樣。同理，遇到了義究竟的正法時，說出來的任何一句話，不論是讚美或者毀謗，分量都是很重的。所以我常常說：「飯可以亂吃，你要吃大米飯、小米飯、五穀雜糧飯，隨你怎麼吃；在了義正法中，話就是不能亂講。」

不但如此，經中也對明心與見性作了不同的開示。如果眼見佛性就是明心的話，為什麼經中會有不同的開示？如來對於佛性有專有的開示，也有專有的經典。而且，如來說眾生隨順佛性的時候有四個層次，一般眾生所謂的佛性都是六識的自性，落在識陰六識裡面；而十住菩薩隨順的佛性就不落在六識裡面；然後地上菩薩的佛性，佛地的佛性又不相同。如來有作特別的開示，這跟明心是不同的，如果跟明心一樣，如來又何必講那一部經來開示，顯然就是不同的！

所以，大部分禪宗祖師也不懂這個道理，這得要有無生法忍才能懂，就好像我們講《法華經》的時候說：「大通智勝佛，十劫坐道場，佛法不現前，不得成佛道。」坐道場就是明心開悟了，爲何還不能成就佛道？有誰知道其中的道理？講《法華經》之前一、二十年，我也不曉得講過幾次了，但古來就沒人講過。所以，佛法不是那麼簡單的事！只有不懂的人才會說：「明心就是見性，見性就是明心。」原來那些退轉者，是把網路上一些對正法的毀謗都拿來當作是正確的說法。人如果有智慧，一定不會這樣吧！因爲他們的看法就是：「大家講的都對，只有你正覺講錯了。」也就是百萬將軍一個兵，就是這樣啊！那諸位想想，我有沒有那麼倒楣當那個兵？不幸的是，百萬將軍的將軍要改爲兵，那個兵要改爲將軍。而我就是那個兵，就是眞正的將軍；所以我不論見了誰，只要是以外道法取代正法的破法人，我就像下棋一樣不斷地：「將軍、將軍、將軍。」沒有誰可以回應我！我公開講了那麼多，我們的同修也寫了那麼多，他們回應了沒有？不敢回應！因爲那都是他們自己的敗闕，他們對此是完全不懂的，能如何回應？隨著時日的過去，每週開示，我總是希望有人收集他們又新貼的資料給我，我再來講評。我可以作講評，而他們的講評，人家看了都會發噱。發噱，懂不懂？就像你們剛才不自覺就笑了起來。

如果還要主張說：「**明心就是見性。**」那不然請我們會中這麼多明心後過了好幾年又見性的人來證明，看看有沒有一樣？譬如我們陸理事長他是第二次禪三明心見性一次過，我記得是這樣，不是嗎？是後來第三次禪三喔？也是不同次！所以佛法不是那麼簡單的啦！你們進了正覺同修會覺得明心很簡單，已經拿在手裡了，這個金剛寶印還眞的是金剛做的，能實證是因爲善知識的緣故。想想二十世紀的佛教、十九世紀的佛教，包括二十一世紀這二十年來的佛教，除了在正覺悟了以後出去的，還有誰悟了？莫說一個，半個也沒！那麼這些退轉的人有資格來談說明心跟見性是不是同一件事嗎？沒資格！就好像一個三歲娃兒來評斷說：「**你這個在臺大教微積分的教授，其實不懂微積分，我才懂啦！**」那教授一定不理他。儘管他每天都到教授家門來，在那邊吆喝，教授也不理他；到後來他弄汽油來教授家門前放了火了，那教授就不能不理了，就像這個樣子。所以身在福中應知福，如果在外面不知道福，那就不知道，因爲他不住在幸福之中，那無所謂。

所以佛法甚深難解，單單一個般若，多少人會不了；想想那釋印順多麼聰明，到死依舊會不了。而般若講的就是第八識的中道性，以及第八識的無所執著性，把它歸結起來很簡單一句話，就是《心經》講的「無智亦無得」，就是眞如，這麼簡單一句話。可是要親證「無智亦無得」的智慧與解脫境界，祂的解脫以及實相智慧的眞如法性，卻得要親證第八識如來藏才能發起。結果他們卻說：「**親證如來藏不是般若的實證，親證如來藏不是大乘的見道**。」

所以張志成他認同釋印順，那釋印順有沒有見道呢？顯然沒有啊！他連第七識都不懂，才會把第七識意根當作腦神經，還寫在書中廣爲流通，那是個笑話！然後他有沒有證得第八識？也沒有，因爲他否定第八識，說那是外道神我；而且他也沒斷我見，具足凡夫邪見，可見他對佛法的誤會很嚴重。外道神我只是第六識，他說第八識是外道神我，結果張志成等人認爲說：「**印順講的才對，正覺說的錯了**。」那好了，印順只能證到第六識，我們證得第七識還有第八識，我們會比他差喔？奇怪了，這是什麼邏輯呢？這邏輯不能成立的，也顯示張志成如同釋印順一樣，全都不懂唯識性及唯識相，才會講錯和認同錯了。

那麼今天這樣把見性跟明心的不同，我舉出了好多點了，三點四點、或五點不同了，會裡還有十幾位眼見佛性的證人可以證明見性跟明心是截然不同的。而這個道理，我們在結緣版的《禪—悟前與悟後》就已經在封面印出來了。明心是偏向寂滅的，可是眼見佛性的時候，那是生機澎湃；怎麼會一樣？差太多了。所以歸結到一句話說：「**飯可以亂吃，話不能亂講。**」還有很多要說的，留到下週、下下週、下下下週再來講。

回到《不退轉法輪經》，上週我們講到八十七頁的倒數第二行「**於百千萬億無量無數劫，爾乃成菩提，佛道難思議**」，因爲時間不夠沒講完，我再來跟諸位講這個「劫」。我們臺灣老人家遇到哪個親戚朋友認識的人出了事故，結果死了，就感歎說：「**想不到這個劫數，他沒有逃過去。**」有沒有聽過？有！都說這是個劫數。有時候簡單的說「**劫數難逃**」，既然說「**劫數難逃**」，我們就得要來探討什麼叫作劫。也就是說，他們引申出來說，多遠的時間、多長久的時間算是一個劫。這個劫之中該有什麼災難，該來的終究會來，有沒有福氣可以逃過去呢？就看他的造化，這叫作劫，所以說叫作「**劫數難逃**」。

其實這本來是佛法中說的，從世界悉檀來講，一個大劫有成住壞空四個中劫，每一個中劫有二十個小劫，每一個小劫裡面又有很多的劫，例如疾疫劫，現在新冠肺炎流行全球，這就是疾疫劫。疾疫劫、飢饉劫、水劫、風劫、火劫，還有一個刀兵劫。當刀兵劫來的時候，隨便地上拔一根茅草下來都可以捅死人，就是因爲劫的關係，才會那麼厲害。現在疾疫劫，五千萬人罹患了新冠肺炎，眼看著這個疾疫劫將會不斷肆虐下去，而人類仍舊沒有辦法，最多就是隔離，但隔離只是延緩它的傳布。疫苗研發出來以後，也不能保證一定有效，因爲病毒一直在演變。所以這個疾疫劫要等到眾生該受的報應過去了，它才會消失，這個就是劫。

可是佛法中說貪，從解脫道來講，貪是第一大阿僧祇劫，指的是欲界五欲的貪愛。欲界貪過去了，第二個色界天的貪愛如果沒有辦法除掉，那就是因貪起瞋，瞋是第二個阿僧祇劫，然後無色界就是癡。修解脫道之所以修行成功，證得阿羅漢果是因爲斷除了貪瞋癡，就是斷三界愛的現行；但這只是現行，習氣種子隨眠都還沒有斷除，如來施設方便，讓他們可以入無餘涅槃，超脫了生死。

可是佛菩提道中，貪瞋癡道理雖然相同，可是所斷要包括習氣種子隨眠，以及無色界癡的隨眠，也就是無始無明隨眠。可是 彌勒菩薩發心早於 釋迦牟尼佛四十劫，但是 釋迦牟尼佛於過無量無數百千萬億那由他劫之前已經成佛，這次是因爲遠古的往昔一千位兄弟約定同一大劫中成佛，所以再來示現同一劫中前後成佛。那 彌勒菩薩現在才即將成佛，諸位想想看，那差距多遠？這表示說，有的人雖然仍然稱爲三大阿僧祇劫成佛，可是有的人快，有的人慢。今天我要告訴諸位的一點就是：這個劫它要怎麼定義？我就舉內地人常說的詞：就叫作「坎」，一個土字旁，加一個欠錢的欠。

大陸有一位教授寫了一篇文章說：「**正覺同修會是中國佛教界過不去的一道坎兒。**」坎就是一個很深的懸崖，或者是很高大而且很長的牆，使人跨不過去，引申出來就是那個很深的懸崖或很高大的牆。譬如說門檻，古時候門檻都做很高，小孩子都跨不過去一樣。其實劫就是坎，怎麼說呢？譬如說學佛，大家都想要見道，不管是二乘的見道或大乘的見道；因爲學佛莫如見道急，可是想要見道沒那麼容易，因爲每一個人都有各各不同的坎。比如說，有的人剛拿到一本正覺的書，他馬上想起來：「**蕭平實，喔！這個我不能讀，我師父說我們不讀在家人寫的書。**」另外有的人拿到正覺的書就說：「**不行，我們《廣論》的老師說正覺的書不能讀，**

有毒。」有的人拿到了以後一看是正覺的、蕭平實的，他就說：「不行喔！我們點傳師說正覺的書不能讀，上網一查到處都在罵，不能讀。」舉這三個例子就好，因爲無根毀謗太多了。這一些人一聽到這些話，如果沒有別的增上緣來幫助，他們就跨不過這個坎。跨不過這個坎，從少年一直學著所謂的佛法，學到老，最後抱恨而終，沒有因緣可以見道。莫說大乘見道，連二乘見道都不可得。

這就是他們的坎，一個坎就是一大阿僧祇劫。如果要客氣一點說：「你不要講這麼嚴重，好不好？」行！一個坎就是一個大劫，這樣夠客氣了吧！夠客氣了。可是他們這些人想要見道，不是只有一個坎，而是有無數的坎。比如一百公尺跨欄，跨不過去就是跌倒，那些坎有多少？算得出來。可是學佛過程中遇到的那些坎是數不盡的，而且那些坎都很高，遠高於百公尺跨欄比賽的坎，所以他們跟見道絕緣。

這時候我們會裡一定有人想：「好家在，我已經見道了，沒這個坎了。」我說其實不然，因爲見道之後能不能快速入地或者能不能快速成佛，這中間也有很多的坎。比如說，有的人剛進增上班來，我在講《根本論》的時候遇到跟某一些外道、法師相關的謬法，就會順便提上來講；我這是實行玄奘菩薩《成唯識論》說的「若不摧邪，難以顯正」。因爲如果我沒有提出來作比較，有的人會以爲那些凡夫大法師講的也對，那個凡夫居士講的也對，那個凡夫外道講的也對，會當作是一樣的。其實差異很大，我得要把他們作比較，兩個提出來放在一起比較，大家比較之後說：「這邊是這樣，那邊是那樣，喔！差那麼多。」這樣智慧增長就快，佛道的腳步就快。

可是有人聽到我這樣講，心裡面總是想：「又在講我師父了！」可是我覺得很奇怪，他師父有比他父母親偉大嗎？沒有啊！他師父對他有恩德嗎？也沒有欸！他師父是一生都在誤導他，對誤導他的師父竟然不忍心被我評論，看得比父母重要，你說他這個腦袋是不是出問題了？是有問題啊！而我是他的法身慧命父母，我評論誤導他的師父所說錯誤的法義，來幫助他快速增長道業，這不行嗎？很奇怪咧！我想不通那個道理！這樣的人就是淨土經中講的「情執深重」。

「情執深重」的人不可能往生極樂世界的，因爲《觀經》已經講過了。所以學佛一定要理智：這個法對，是什麼地方對；那個法錯，是什麼地方錯；要很理智去把它詳細分析。弄清楚了，自己就跳開了師父誤導自己的那個錯誤窠臼，就過了一道坎。可是有的人過不了這道坎，每次聽到我講到他以前的師父，心裡面就咒罵：「你這個蕭平實又罵我師父。」就是這樣！他這個坎始終跨不過去，那他這三大阿僧祇劫就會走得很慢、很久，因爲每一個坎他都跨不過去。

有的人有別的坎，有一天某位師兄說了一件什麼事情，他剛好聽到了，那件事情剛好跟他有關；於是他氣得不得了，然後他一直跨不過這道坎。他的問題就是脾氣很大，自尊太強，就是落在我中，那就跨不過這道坎。可是我說這個坎，簡單的說叫作瞋。這個瞋細說起來，還要談到瞋、忿、恨、怨、惱。瞋有時候不形於顏色，心裡很氣，但是還陪著笑臉；那時，聰明人一看說他皮笑肉不笑，知道他沒有發作起來。但是他如果發作起來就叫作忿，分數的分，下面加個心；這樣瞋、忿、恨、怨、惱，是五道坎。忿形諸於外，瞋不形於外。如果是恨，表示他放不下，永遠把這件事情記住了，這個仇解不開了，這就是恨。如果進一步發展下去，開始計畫怎麼樣報復，這叫作怨。怨就是已經開始計畫怎麼報復，計畫都完成了；然後付諸於實行而開始惱他，那就是惱。這就是五道坎。

有的人懂得轉依如來藏，沒有忿，但是有瞋記在心中，所以瞋了幾天，後來想一想：「不對，我要修心，不然我要怎麼樣發起初禪，我要怎麼樣可以入地。」想一想算了，不計較了。他這道坎就跨過去了，忿與恨兩道坎消失了。這一消失就沒有後面的怨和惱，瞋也不見了。但是如果有的人，他已經發作到後來變成惱了，就是想辦法去用計傷害得罪他的人，那已經是怨與惱的階段，表示他具足五道坎。這五道坎要全部跨過去，得要很久很久。有的人這五道坎，整整五個大劫也跨不過去，因為他沒有想要修心。所以各種坎，各不相同。

有的人很沉醉於人家的讚歎，一般人說：「他吃軟不吃硬，所以你跟他硬來沒用，可是你用好話跟他褒獎幾句了，哇！他心裡面翩翩然，什麼都好商量。」這也是一道坎。所以各人的坎各不相同，那要怎麼樣去跨越這些坎，不被它所限制，這才是重要的事。如果一道坎又一道坎不斷的跨越過去，你就是化長劫入短劫，你的成佛之道會走得很快。這就是說無量無數劫，因為每一個人的學佛過程當中有很多種坎，這些坎之中有很高的坎，也有中高的坎，也有很低的坎，各不相同。如果沒有能力的人，遇到低的坎就跨不過去了，那他的三大無量數劫就真的是三大無量數劫，甚至於他也有可能化短劫入長劫。所以說這個無量無數劫當作如是解，應當要這樣來了知。

所以，怎麼樣去快速成就佛道，就是要在這一些劫如何對治的方法上去用心。如果不懂得在這上面用心，學再多的智慧也沒用。我可以教很多很深細、很廣大的智慧，可是諸位若不肯修心，學再多也沒用。因此，有一句話禪師講的，奉獻給諸位：「說得一丈，不如行取一尺；說得一尺，不如行取一寸。」意思就是說，講得一丈那麼長、那麼遠，不如探究看看我如何可以跨進一尺、一寸，這一尺、一寸比講的一丈還要重要。也就是說，實修比較重要，轉依如來藏之後要依於祂的眞如性，然後就是轉變自己來依如來藏的眞如法性，這樣就一道坎又一道坎都不斷跨過去，那三大無量數劫就會走得很快。這個道理，這樣諸位聽懂了呵？那我就沒有白講，以後會裡的糾紛也會少很多，這樣諸位的佛道進展就會很快速。

「成就菩提已，爲眾生住世，處處實無生，是名爲世尊。」這個無量無數劫講完了，再說成就菩提之後爲眾生住持正法於世間。我們常常說來會裡修學必須是個菩薩，我不度聲聞人，我不管你老少男女、在家出家，我只管你的種姓是菩

法，可是證得佛菩提以後，放眼所見一切生滅法全部無生，沒有一法是有生有滅

不是自了漢的事。

然而證得這個菩提以後，「處處實無生」。在人間放眼所見一切諸法都是生滅

麼偉大，不需要爲自己去證悟如來藏。證如來藏是菩薩的事，不是凡夫眾生的事，

奮鬥，得要先自己證悟。所以是爲眾生、爲正法而求悟，不是爲自己。自己沒那

發大願，願意爲眾生、爲正法的久住，努力去奮鬥。但是要爲正法、爲了眾生去

入泥入水；要不然，我過我的退休生活多愜意，何必這麼辛苦！所以大家都要敢

眾生。如果是爲個人，我幹嘛這麼辛苦出來度人？我是爲佛教的復興才需要這樣

也就是說，證這個佛菩提道的勝妙法—證眞如—目的不是爲自己，而是要爲

把刀砍了他的腳後跟。」結果，想當然爾，退失而去自在居士教的離念靈知中了。

如來藏讓自己可以快速解脫生死，想要證阿羅漢而出離生死。我說：「早知道，拿

嘛去？他跑到他們家樓頂去站到女兒牆上面，看自己會不會害怕，他想要藉這個

不是爲了自己求取解脫。我們早期有一位同修他也姓蕭，我幫他悟了以後，他幹

薩或者聲聞。如果讓我知道是個聲聞人，根本就不理他。也就是說，證得這個法

的，因爲這一切生滅法都在如來藏中生滅，從來不外於如來藏，全都攝歸不生滅的如來藏，那你怎麼能夠說它有生；它不過就是個影像的生滅，而明鏡一直都在而無生無滅。影像的生滅不能拿來說明鏡子有生滅，而影像的生滅都只是明鏡中的一部分，鏡中不斷的有影像生滅。如果影像滅失了呢？譬如說拿一塊黑布把明鏡蓋了，那譬喻入涅槃。可是，如果那個明鏡一年到頭都用黑布把它蓋著不打開來用，要那個明鏡幹嘛？有沒有想到這個問題？如果那個明鏡，賣給你的人規定說：「只能用黑布蓋著，永遠不許打開。」你乾脆拿回去退給老闆好了：「我不要買這個明鏡。」因爲買明鏡的目的就是要照自己的臉、照家人的臉，就是要用的。

同理，如來藏就是要用的，如來藏不是要給你用黑布蓋起來的。如果證得如來藏以後，還要用黑布把祂蓋著永遠不打開，只想要入無餘涅槃，那我說：「他不用證如來藏，他入無餘涅槃就好了，就像聲聞人入涅槃之前都不用證如來藏。」如來對那幾十位不迴心大乘的定性聲聞阿羅漢，就是這樣處置的，總共約有近百位；第一次阿含結集的時候還有四十位阿羅漢就是這樣的，他們都不用證如來藏。如來這個勝妙法只給菩薩，即使他是個凡夫也幫他開悟，讓他當菩薩。而那些人是阿羅漢，卻是個自了漢聲聞，如來就不幫他們證悟眞如。

菩薩證得菩提之後，在人間行走，看見一切無量無數的生滅法的本質其實全部都無生；所以不管走到哪裡，所見諸法都無生。這樣實證的人就是世間中尊，就叫作人中寶，就是仁波切。密宗講仁波切，仁波切就是人中寶；然而人中寶講的是菩薩，可是密宗那一些所謂的人中寶，裡面的內涵全都是黑鉛，表皮鍍了一層金，全都是假的。意思就是說菩薩很尊貴，你想要當菩薩，就得有當菩薩的格。神有神格，人有人格，狗有狗格等，各有不同的格。如果沒有讓自己轉變具足菩薩的格，前五度全都不修，就想要證這個眞如，那叫作癡心妄想。如果你證悟菩提了，「**處處實無生**」，你就是人中尊；世間一切人都比不上你，所以你是世間中尊，簡稱「**世尊**」。

「**久超輪迴趣，不受於生死，救度眾生故，是名爲世尊。**」是說過去久遠劫以來，已經超越了眾生輪迴的五趣六道，不領受於生死苦了。換句話說，在菩薩眼中沒有生死，所以菩薩要轉去下一世的時候很灑脫，不會哭哭啼啼。這樣「**不受於生死**」的事，當你證悟菩提時，有一天往前追溯，你將會發覺過去無量無數不可思議阿僧祇劫以前就已經不受生死了。爲何這樣說呢？因爲「不受於生死」的事，你是現在才證實，說：「我的如來藏從來沒有死，以前也不曾有生，我這五陰是在如來藏中生死，而如來藏永遠不生不死，由如來藏不生不死的緣故，所以五陰一世又一世不斷的有生死。我現在證實了。」可是這個事實不是現在才有，而是無數劫前，數不清的無數劫前就已經如此；你看清楚了這一點，從此以後再也不畏懼生死。可是菩薩畢竟不是自了漢，所以就這樣不斷的在生死當中，現見沒有生死而去「救度眾生」如同自己的所證，要使眾生也同樣可以這樣現觀：自己無始劫以來不曾有生死。這樣的人就是世間中尊，簡稱爲「世尊」。

這個道理，咱們正覺弘法以前沒人講過。所以，當年我寫了一份報告給我這一世的師父，我在報告裡面說：「雖然我會無相念佛，信知自己從來不曾念佛；雖然我每天禮佛，信知自己從來不曾禮佛。」我就這樣寫，因爲那就是我的現觀。可惜的是，那一份報告寫了無用，因爲是寫給不該讀的人讀；好在我沒有把眞如密意講出來，也沒有講出佛性的名義，我只是把佛性的境界講了。所以，意思就是說，這個法你得要靠實證，如果沒有實證，靠著意識情解思惟都沒有用。即使聰明如釋印順，亦復完全誤解。

「不處輪迴趣，亦不入生死，云何拔眾苦，號世無上尊？」這是說，菩薩證得菩提以後，再也不處於輪迴的五趣六道之中了，因爲以如來藏爲我，而這個如來藏從來沒有在五趣六道中輪迴，祂永遠是不生不滅的如來藏。輪迴五趣六道的是一世又一世的五陰，所以如來藏「不處輪迴趣」，但是也不會進入生死中，所以說「亦不入生死」。從一般人的想法來說，要度眾生一定要入生死中，不然怎麼度眾生呢？可是你證悟菩提以後，從你所證悟的眞如來看，雖然處在生死中，卻從來沒有入生死中。那麼一般人都是會這樣想：既然你了生脫死了，就不處於輪迴，「亦不入生死」，那你怎麼能夠拔除眾苦呢？眾生在那麼多的苦惱之中，你不入生死又如何拔除他們的痛苦，這樣怎麼可以叫作世間的無上尊？

可是，這其中當然有道理，所以說菩薩證眞如以後，得菩提以後「不念於諸法，亦不壞危脆，不得眾生相，能度諸苦惱；」因爲依於眞如來看的時候，無有一法可念；法都是從自心眞如流注出來，可是自心眞如從來「不念於諸法」。有的人都是會落到兩邊，菩薩既然不念諸法，那就會把諸法加以毀壞吧？其實也不會。

眞如固然不念諸法，可是壽未當終之前，眞如繼續流注一切各類種子讓你得受用，所以「亦不壞危脆」，祂不會因爲「不念於諸法」就把這個五陰給壞滅。

然而，維持五陰繼續在人間運行的過程當中，眞如從來沒有任何眾生相。所以菩薩證得眞如以後，看見蟑螂時就說蟑螂菩薩，看見蜈蚣時就說蜈蚣菩薩，看見猴子、看見馬，就說猴子、馬菩薩。牠們明明是畜生，爲什麼叫作菩薩？因爲菩薩放眼所見一切有情莫非是眞如，所以「不得眾生相」，全部都看作是菩薩。因爲「不得眾生相」，以眞如爲歸，所以「能度諸苦惱」，不被苦惱所繫縛。

有的人認爲說：「我每天上網罵蕭平實，他會氣死了。」他就暗地裡覺得很高興；可是他不知道，我根本連看都不看、連讀都不讀。就算人家下載後唸給我聽，我也不會生氣，因爲司空見慣了；早就習慣了，兩千多年來，被罵的還不夠啊？太多了。被罵還不算什麼，都曾經被殺死過，這罵一罵又算什麼。你們之中也有不少人跟我在西藏被殺死過，有的人自己知道，有的人還不知道，要等破參以後才會知道。但是被殺死了，有眞的死嗎？沒死啦！所以今天活蹦亂跳又是好漢一條，轉依眞如以後就「能度諸苦惱」。

「無生死輪轉，亦不住生死，令眾如是住，是名爲世尊。」所以菩薩放眼所見一切人無生亦無死，因爲一切有情都是本來無生、都是如來藏相，說個如來藏相也是多餘的，既然沒有生死輪轉，那當然也就「不住於生死」了；所以在生死當中沒有生死，不但自己這樣住，也教導大眾同樣如是住。所以我放眼所見是如此，就來教導諸位同樣如此現見。說一句世俗話說「天可憐見」，而今也有六百多人如是見，預料未來還會有更多更多人如是見。能夠自己這樣住，「不住生死」，沒有生死輪轉，也教令眾生同樣如是住，這個人就是世間中的尊貴者，所以名之爲「世尊」。

「得諸法無畏，於佛亦復然，無邊無有餘，說法若干種；」菩薩通達之後，於「諸法無畏」。一般人剛學佛，不論拿到哪一部經典，都覺得好深好深，讀不懂。不管它是阿含、般若、唯識，三轉法輪經典都覺得很難，只有讀到淨土經典的時候說：「這個比較淺，這個我懂。」其實他也沒眞懂，因爲淨土經典也很深；但他以爲懂，其實也沒懂，他只懂表面的意思。

所以你們看，譬如說那雲林老人，《大正藏》讀了六遍，有一天跟我說：「蕭老師啊！我讀《大正藏》六遍了，但是我覺得自己還眞的腦後欠一槌。」說腦後還欠一槌，就是差個禪宗的證悟，何況是一般人呢！所以一般人遇到深妙的法都怕，有的人聽到親友介紹正覺同修會，他就說：「喔！那個法很深，那書我都讀不懂，我不用去了。」他就是於法有畏懼，這一道坎跨不過去。什麼時候才能跨過去呢？也許要好幾劫以後。

所以「得諸法無畏」是很困難的，這最少得要入地。初地的入地心是剛開始「得諸法無畏」。「得諸法無畏」之後，接著就是「於佛亦復然」。他對於自己將來會不會成佛有把握了，所以對於成佛之道就無所畏懼；因爲很清楚知道自己走過多長的路了，後面剩下的路還有多長，他已經確定了。這時候他由於通達了的緣故，所以對於諸法的邊際也知道了。換句話說，整棵菩提樹，什麼是根、什麼是柢、什麼是根盤、什麼是幹、什麼是枝、什麼是莖，什麼是花、是葉、是果、是種子，他都知道了。諸法的邊際，大致上已經知道，所以叫作「無邊無有餘」。因爲初地滿地心已經通達百法明門，百法明門就是對於所有的世間、出世間法的一個概略的邊際，已經知道了，此後轉入二地隨後進修千法明門、萬法明門，百千萬法明門，那就是越修越微細了。

可是越修越微細，一般人聽你說法的時候就會說：「你懂那麼多佛法名相，其實你沒有實證。」一般人會以為這樣。所以，自古以來很多人認為：「玄奘菩薩是沒有實證的，他只會翻譯經典，他懂很多佛法名相。」誰知道他在中土、還在大唐尚未前往西天時，就已經慧解脫、就已經是明心與眼見佛性的人了，所以他還不到二十歲就可以上座為僧眾解說《大般涅槃經》。你想，他有沒有眼見佛性？如果沒有眼見佛性，他沒有辦法解說《大般涅槃經》的。如果不是證得慧解脫，他沒有辦法不用依據《俱舍論》就直接把木叉趜多給推翻。但是，自古以來有多少人知道這個事實？其實這個事實現在文字記載都還在，只是很多的後人都讀不懂，從那些文字記載加上他的經歷內容就證明了這一點；那麼後來再從他知道十種現觀來講，他究竟是第幾地的菩薩？所以我很客氣地說他「至少是三地心菩薩」。

因此，我說初步的「得諸法無畏」是初地的入地心，因為非安立諦及安立諦都修好了，已經通達般若了。他既然通達了，表示成佛之道的順序內容，他都知道了。就好像玄奘菩薩他為什麼要去天竺？因為他明心、見性了，有慧解脫了，可是成佛之道的內涵究竟怎麼樣？由於有胎昧的緣故，他忘了，所以必得要去天竺取經。他取經的標的就是《根本論》—彌勒菩薩說的《瑜伽師地論》—那是他取經的主要標的；沒想到後來見到更多的經論就一起帶回來。

玄奘在西行的過程中，於西域遇到了木叉趜多。木叉是國王的師父，本來玄奘很恭敬他。那木叉趜多問他說：「**你爲什麼要去西天？**」玄奘說：「**我要去西天取根本大論《瑜伽師地論》。**」木叉趜多聽了就說：「**那是外道論，你不用去取，我這裡《俱舍論》讓你學一學就夠了。**」聽到他講這一句話，從此玄奘就看不起他了，當場就挑戰他。聽他說起《俱舍論》，玄奘就說：「**《俱舍論》我都知道。**」對方就提出來問，玄奘就解釋。然後，木叉趜多問別的，玄奘說：「**你問錯了，論文不是這樣講的。**」到後來，玄奘又說：「**你不懂，就再談別的吧！**」他就不敢問，玄奘就說：「**那不然《俱舍論》講了這些解脫法，你解釋看看。**」他說：「**論中沒有這個字句。**」旁邊剛好是國王的叔父也出家了，他說：「**有！論中有這個。**」馬上請來翻出來一看，眞的有。木叉就說：「**對不起！我老了，記不清楚。**」一句老就全部推拖了。

這是說，誰敢瞧不起《瑜伽師地論》，玄奘就瞧不起他；表示他根本是個心外求法的凡夫，最多就是個阿羅漢，也不算什麼。可是，世俗人不懂就說：「哇！他講的一堆佛法，那都是名相。」他不曉得那是玄奘可以隨聞入觀的法，非常深、非常細、非常廣。但他們不懂，他們只想要一個簡簡單單的明心，就是證得離念靈知，想要知道禪宗證悟是什麼，這樣就夠了。

直到正覺弘法以後，也有一些人明心與見性以後就不想學了；所以，我早期弘法也遇過，有個許師姊跟我說：「老師啊！您就教我們明心跟見性就好了，爲什麼還要講那麼多法？」我要把更多的法傳給她，結果她還嫌多，後來她雖沒退轉於正法，但也離去了。所以，人的根器各個不同，猶如俗話說「人心不同，各如其面」。一般人是不懂菩薩爲什麼於法無畏，可是菩薩很清楚，因爲「諸法我已經通達了，所以諸法的邊際到哪裡已經知道了，過此再也無法」。所以菩薩讀了《阿含經》，當然知道十因緣爲什麼說「齊識而還，不能過彼」，因爲超過這個第八識就沒有法了。於法如此，對於自己何時可以成佛，當然也都了然於心，所以說「於佛亦復然，無邊無有餘」。因爲有這樣的證量，所以他就能夠「說法若干種」。

這個事情不用懷疑，眞的是如此，我是個現成的例子。我這個人，生來沒有什麼志向，都沒有想說我要當總統，我要當工程師、當醫生什麼的，全都沒有；我只想好好把這一世過完就算了。我出來弘法不久，老實說膽子可也夠大了，竟然敢講《成唯識論》，竟然敢講《楞伽經》。人家讀都讀不懂，我拿來就敢講。當初我們講《楞伽經》的經本，還不是這樣列印的，只是小小的一本，厚厚的。當初在陽明精舍開講，我是拿在手上這樣講的。小小的一本，翻開來就差不多像這樣大，不比兩個手掌大。是誰教了我？沒有啊！但是因爲證量回來以後，我就敢講，我就敢說了，因爲知道法的本質，它就是這樣。所以，能夠說法的人就有若干種說法。

可是，當年佛教界不信，就放話說：「蕭平實懂念佛，他不懂禪。」我聽到了，就開始拈提公案，第一輯出來，第二輯又出來，第三輯又出來，出到第七輯，電腦裡面還剩了幾則沒有編進去，後來我想：「不寫了，寫來寫去都是在般若的總相上，有什麼好寫的。」這禪宗的法就停了不寫。後來他們又講：「蕭平實雖然懂禪，他不懂唯識。」不懂唯識？那我們就寫一點跟唯識有關的書；又正好人家發動法難，這送上門來的機會，不寫白不寫，咱們就寫。後來又有人說：「他懂唯識，可是他不懂密宗，密宗太高深了。」我說：「密宗不懂喔？我還曾經在西藏當過法王咧！你說我不懂喔！」好，我就來寫密宗，前後三個半月，五十六萬字就把它寫完。後來又有人放話：「唉呀！他雖然懂密宗，可是他不懂阿含啦！」那我就寫《阿含正義》。後來又有人說：「他不懂般若啦！般若甚深極甚深。」我就講《金剛經》、講《實相經》，然後出版。就這樣，這就是「說法若干種」。所以他們說我不懂的，我就把它寫出來。現在佛法中還有什麼是我不懂的？我大概都寫完了。如果說戒法不懂，我也講過《優婆塞戒經》而且出版了，我也在傳菩薩戒。

講到這裡，還有人放話說：「他一個居士傳什麼戒？」我說：「你回去告訴那個法師，請他把戒本再讀一讀，戒本裡面印著經文說『其師者，夫婦六親得互為師授』，他有沒有讀過？」從此他們再也不講了。所以菩薩為什麼能夠「說法若干種」？是因為無生法忍，這個無生法忍是得到了種種的法，跟佛法有關的一切法都懂了。

有人也許想：「你著戇膽啦，人講啥，你著講啥，每一項你著敢講。（臺語）」

有沒有？說我傻傻的，膽子很大，什麼都敢講。可是傻傻的，爲什麼講出來的法都是正確的，而且可以講到深、妙、廣。這不是傻呼呼的，什麼都不懂的那種愚癡壯膽。爲什麼不是愚癡的膽子大？是因爲「**諸法究竟空**」。如來講的很正確「**諸法究竟空**」，也就是說把一切諸法都收歸於空性中，沒有一法不歸第八識空性；即使是《般若經》講的十八空，也同樣都要收歸第八識空性。諸法你推論到最究竟就是空性，一定是第八識空性，沒有別的。

《楞嚴經》也跟大家講得很清楚，說眼識的出現要有九緣，可是這個九緣該還給明就還給明，該還給空就還給空，該還給暗就還給暗，該還給色塵就還給色塵，像這樣一直還，還到最後剩下一個能見之性，你能還給誰？這個能見之性，你能還給誰？誰也還不了，你只能還歸到第八識如來藏來，所以才說「**眼識本如來藏妙眞如性**」。從如來藏來看，眼識就是如來藏中的一部分，十八界、五陰、六入統統如是，一切諸法究竟來說都是空性如來藏。所以，這個空性如來藏祂就是佛法的體性。一切諸佛、一切法，全部都出之於空性如來藏，沒有一法不歸於空性如來藏。像這樣成就了以後，你已經得到這個現觀了，從此所見一切法都是如來藏，再也沒有一切法了！

所以，有的時候走在路上，聽到旁邊兩個人在講：「嘿喔？嘿攏是趁食查某，無蕎啦！（臺語）」聽懂嗎？講好聽一點，是說那個就是公關女郎，沒有什麼用啦！穿得那麼光鮮有什麼用？是這個意思。可是我看那女郎也是如來藏，從久遠劫來看：「你們兩個評論她的人，無量劫以前也幹過這個事，你們有什麼資格評論人家。」可是我當然不能講，講了就一場大是非。所以菩薩所見跟眾生所見是不同的，因爲這樣成就以後就「不見諸法」，任何諸法全部都歸於第八識空性，都是從如來藏中出生現行然後消滅，又繼續從如來藏中出生現行，這樣不斷的重複。

（未完，詳後第九輯中續說。）

# 佛教正覺同修會〈修學佛道次第表〉

## 第一階段

* 以憶佛及拜佛方式修習動中定力。
* 學第一義佛法及禪法知見。
* 無相拜佛功夫成就。
* 具備一念相續功夫─動靜中皆能看話頭。
* 努力培植福德資糧，勤修三福淨業。

## 第二階段

* 參話頭，參公案。
* 開悟明心，一片悟境。
* 鍛鍊功夫求見佛性。
* 眼見佛性〈餘五根亦如是〉親見世界如幻，成就如幻觀。
* 學習禪門差別智。
* 深入第一義經典。
* 修除性障及隨分修學禪定。
* 修證十行位陽焰觀。

## 第三階段

* 學一切種智真實正理─楞伽經、解深密經、成唯識論…。
* 參究末後句。
* 解悟末後句。
* 透牢關─親自體驗所悟末後句境界，親見實相，無得無失。
* 救護一切眾生迴向正道。護持了義正法，修證十迴向位如夢觀。
* 發十無盡願，修習百法明門，親證猶如鏡像現觀。
* 修除五蓋，發起禪定。持一切善法戒。親證猶如光影現觀。
* 進修四禪八定、四無量心、五神通。進修大乘種智，求證猶如谷響現觀。

# 佛菩提二主要道次第概要表——二道並修，以外無別佛法

## 佛菩提道——大菩提道

十信位修集信心——一劫乃至一萬劫

**資糧位**

初住位修集布施功德（以財施爲主）。
二住位修集持戒功德。
三住位修集忍辱功德。
四住位修集精進功德。
五住位修集禪定功德。
六住位修集般若功德（熏習般若中觀及斷我見，加行位也）。

七住位明心般若正觀現前，親證本來自性清淨涅槃。
八住位起於一切法現觀般若中道。漸除性障。
十住位眼見佛性，世界如幻觀成就。

外門廣修六度萬行

**見道位**

一至十行位，於廣行六度萬行中，依般若中道慧，現觀陰處界猶如陽焰，至第十行滿心位，陽焰觀成就。

一至十迴向位熏習一切種智；修除性障，唯留最後一分思惑不斷。第十迴向滿心位成就菩薩道如夢觀。

內門廣修六度萬行

**遠波羅蜜多**

初地：第十迴向位滿心時，成就道種智一分（八識心王一一親證後，領受五法、三自性、七種第一義、七種性自性、二種無我法）復由勇發十無盡願，成通達位菩薩。復又永伏性障而不具斷，能證慧解脫而不取證，由大願故留惑潤生。此地主修法施波羅蜜多及百法明門。證「猶如鏡像」現觀，故滿初地心。

二地：初地功德滿足以後，再成就道種智一分而入二地；主修戒波羅蜜多及一切種智。滿心位成就「猶如光影」現觀，戒行自然清淨。

## 解脫道：二乘菩提

→ 斷三縛結，成初果解脫

→ 薄貪瞋癡，成二果解脫

→ 斷五下分結，成三果解脫

入地前的四加行令煩惱障現行悉斷，成四果解脫，留惑潤生。分段生死已斷，煩惱障習氣種子開始斷除，兼斷無始無明上煩惱。

# 圓滿成就究竟佛果

近波羅蜜多　　大波羅蜜多　　圓滿波羅蜜多

修道位

三地：二地滿心再證道種智一分，故入三地。此地主修忍波羅蜜多及四禪八定、四無量心、五神通。能成就俱解脫果而不取證，留惑潤生。滿心位成就「猶如谷響」現觀及無漏妙定意生身。

四地：由三地再證道種智一分故入四地。主修精進波羅蜜多，於此土及他方世界廣度有緣，無有疲倦。進修一切種智，滿心位成就「如水中月」現觀。

五地：由四地再證道種智一分故入五地。主修禪定波羅蜜多及一切種智，斷除下乘涅槃貪。滿心位成就「變化所成」現觀。

六地：由五地再證道種智一分故入六地。此地主修般若波羅蜜多——依道種智現觀十二因緣一一有支及意生身化身，皆自心眞如變化所現，「非有似有」，成就細相觀，不由加行而自然證得滅盡定，成俱解脫大乘無學。

七地：由六地「非有似有」現觀，再證道種智一分故入七地。此地主修一切種智及方便波羅蜜多，由重觀十二有支一一支中之流轉門及還滅門一切細相，成就方便善巧，念念隨入滅盡定。滿心位證得「如犍闥婆城」現觀。

八地：由七地極細相觀成就故再證道種智一分而入八地。此地主修一切種智及願波羅蜜多。至滿心位純無相觀任運恆起，故於相土自在，滿心位復證「如實覺知諸法相意生身」故。

九地：由八地再證道種智一分故入九地。主修力波羅蜜多及一切種智，成就四無礙，滿心位證得「種類俱生無行作意生身」。

十地：由九地再證道種智一分故入此地。此地主修一切種智——智波羅蜜多。滿心位起大法智雲，及現起大法智雲所含藏種種功德，成受職菩薩。

究竟位

等覺：由十地道種智成就故入此地。此地應修一切種智，圓滿等覺地無生法忍；於百劫中修集極廣大福德，以之圓滿三十二大人相及無量隨形好。

妙覺：示現受生人間已斷盡煩惱障一切習氣種子，並斷盡所知障一切隨眠，永斷變易生死無明，成就大般涅槃，四智圓明。人間捨壽後，報身常住色究竟天利樂十方地上菩薩；以諸化身利樂有情，永無盡期，成就究竟佛道。

七地滿心斷除故意保留之最後一分思惑時，煩惱障所攝色、受、想三陰有漏習氣種子全部斷盡。

煩惱障所攝行、識二陰無漏習氣種子任運漸斷，所知障所攝上煩惱任運漸斷。

斷盡變易生死成就大般涅槃

佛子蕭平實　謹製
（二〇〇九、〇二　修訂）
（二〇一二、〇二　增補）

## 佛教正覺同修會 共修現況 及 招生公告　2025/2/10

**一、共修現況：**（請在共修時間來電，以免無人接聽。）

**台北正覺講堂** 103 台北市承德路三段 277 號九樓 捷運淡水線圓山站旁
Tel..**總機** 02-25957295（晚上）（**分機：九樓**辦公室 10、11；知客櫃檯 12、13。 **十樓**知客櫃檯 15、16；書局櫃檯 14。 **五樓**辦公室 18；知客櫃檯 19。**二樓**辦公室 20；知客櫃檯 21。）
Fax..25954493

**第一講堂**　台北市承德路三段 277 號九樓

**禪淨班：**週一晚班、週三晚班、週四晚班、週五晚班、週六下午班（共修期間二年半，全程免費。皆須報名建立學籍後始可參加共修，欲報名者詳見本公告末頁。）

**進階班：**週六早班。

**增上班：成唯識論釋：**單週六晚班。雙週六晚班（重播班）。17.50～20.50。平實導師講解，2022 年 2 月末開講，預定六年內講完，僅限已明心之會員參加。

**禪門差別智：**每月第一週日全天　平實導師主講（事冗暫停）。

**菩薩瓔珞本業經**　本經說明菩薩道六度、十度波羅蜜多之修行，要先修十信位，於因位中熏習百法明門，再轉入初住位起修六種瓔珞，總共四十二位，即是十住位、十行位、十迴向位、十地位、等覺位、妙覺位，方得成就六種瓔珞成爲一生補處，然後成就佛道，名爲習種性、性種性、道種性、聖種性、等覺性、妙覺性；連同習種性前的十信位，共爲五十二階位實修完畢，方得成佛。於本經中亦說明大乘初見道的證眞如、發起般若現觀時，若有佛菩薩護持故，即得進第七住位常住不退，然後向上進發，速修佛菩提道。如是實修佛菩提道方是義學，而非學術界所說的相似佛法等玄學，皆是可修可證之法，全都屬於現法樂證樂住並且是現觀的佛法，顯示佛法眞是義學而非玄談或思想。本經已於 2024 年一月上旬起開講，由平實導師詳解。每逢週二晚上開講，第一至第七講堂都可同時聽聞，歡迎菩薩種性學人，攜眷共同參與此殊勝法會現場聞法，不限制聽講資格。本會學員憑上課證進入第一至第四、第七講堂聽講，會外學人請以身分證件換證進入聽講（此爲大樓管理處安全管理規定之要求，敬請諒解）；第五及第六講堂（B1、B2）對外開放，不需出示任何證件，請由大樓側門直接進入。

**第二講堂**　台北市承德路三段 267 號十樓。

**禪淨班：**週一晚班。

**進階班：**週三晚班、週四晚班、週五晚班、週六下午班。禪淨班結業後轉入共修。

**增上班：成唯識論釋：**單週六晚班，影音同步傳播。雙週六晚班（重播班）

**菩薩瓔珞本業經：**平實導師講解。每週二 18.50~20.50 影像音聲即時傳輸。

**第三講堂**　台北市承德路三段 277 號五樓。

**增上班：成唯識論釋**：單週六晚班，影音同步傳播。雙週六晚班（重播班）

**進階班**：週一晚班、週三晚班、週四晚班、週五晚班、週六下午班。

**菩薩瓔珞本業經**：平實導師講解。每週二 18.50~20.50 影像音聲即時傳輸。

**第四講堂**　台北市承德路三段 267 號二樓。

**進階班**：週一晚班、週三晚班、週四晚班（禪淨班結業後轉入共修）。

**菩薩瓔珞本業經**：平實導師講解。每週二 18.50~20.50 影像音聲即時傳輸。

**第五、第六講堂**　台北市承德路三段 267 號地下一樓、地下二樓

**進階班**：週一晚班、週二晚班、週四晚班。

**菩薩瓔珞本業經**：平實導師講解。每週二 18.50~20.50 影像音聲即時傳輸。第五、第六講堂爲**開放式講堂**，不需以身分證件換證即可進入聽講，台北市承德路三段 267 號地下一樓、地下二樓。每逢週二晚上講經時段開放給會外人士自由聽經，請由大樓側面梯階逕行進入聽講。**聽講者請尊重講者的著作權及肖像權，請勿錄音錄影，以免違法；若有錄音錄影被查獲者，將依法處理。**

**第七講堂**　台北市承德路三段 267 號六樓。

**菩薩瓔珞本業經**：平實導師講解。每週二 18.50~20.50 影像音聲即時傳輸。

**正覺祖師堂**　大溪區美華里信義路 650 巷坑底 5 之 6 號（台 3 號省道 34 公里處 妙法寺對面斜坡道進入）電話 03-3886110　傳眞 03-3881692 本堂供奉 克勤圓悟大師，專供會員每年四月、十月各兩次精進禪三共修，兼作本會出家菩薩掛單常住之用。開放參訪日期請參見本會公告。教內共修團體或道場，得另申請其餘時間作團體參訪，務請事先與常住確定日期，以便安排常住菩薩接引導覽，亦免妨礙常住菩薩之日常作息及修行。

**桃園正覺講堂（第一、第二講堂）**：桃園市介壽路 286、288 號 10 樓（陽明運動公園對面）電話：03-3749363(請於共修時聯繫，或與台北聯繫)

**禪淨班**：週一晚班（1）、週一晚班（2）、週三晚班、週四晚班、週五晚班。

**進階班**：週三晚班、週四晚班、週五晚班、週六上午班。

**增上班：成唯識論釋**。雙週六晚班（增上重播班）。

**菩薩瓔珞本業經**：平實導師講解。每週二晚上，以台北正覺講堂所錄 DVD 放映；歡迎會外學人共同聽講，不需出示身分證件。

**新竹正覺講堂**　新竹市東光路 55 號二樓之一　電話 03-5724297（晚上）

**第一講堂：**

**禪淨班**：週五晚班。

**進階班**：週三晚班、週四晚班、週六上午班。由禪淨班結業後轉入共修

**增上班：成唯識論釋**。單週六晚班。雙週六晚班（重播班）。

**菩薩瓔珞本業經**：平實導師講解。每週二晚上，以台北正覺講堂所錄

**第二講堂：**

**禪淨班：**週一晚班、週三晚班、週四晚班、週六上午班。

**菩薩瓔珞本業經：**每週二晚上與第一講堂同步播放講經 DVD。

**第三、第四講堂：**裝修完畢，已經啓用。

## 台中正覺講堂　04-23816090（晚上）

**第一講堂**　台中市南屯區五權西路二段 666 號 13 樓之四（國泰世華銀行樓上。鄰近縣市經第一高速公路前來者，由五權西路交流道可以快速到達，大樓旁有停車場，對面有素食館）。

**禪淨班：**週四晚班、週五晚班。

**進階班：**週一晚班、週三晚班、週六上午班（由禪淨班結業後轉入共修）。

**增上班：成唯識論釋**。單週六晚班。雙週六晚班（重播班）。

**菩薩瓔珞本業經：**平實導師講解。每週二晚上，以台北正覺講堂所錄 DVD 放映。歡迎會外學人共同聽講，不需出示身分證件。

**第二講堂**　台中市南屯區五權西路二段 666 號 4 樓

**禪淨班：**週一晚班、週三晚班。

**第三講堂**台中市南屯區五權西路二段 666 號 4 樓

**禪淨班：**週一晚班。

**第四講堂**台中市南屯區五權西路二段 666 號 4 樓。

**進階班：**週一晚班、週三晚班、週四晚班、週五晚班、週六上午班，由禪淨班結業後轉入共修

**菩薩瓔珞本業經：**每週二晚上與第一講堂同步播放講經 DVD。

## 嘉義正覺講堂　嘉義市友愛路 288 號八樓之一　電話：05-2318228

**第一講堂：**

**禪淨班：**週四晚班、週五晚班、週六上午班。

**進階班：**週一晚班、週三晚班（由禪淨班結業後轉入共修）。

**增上班：成唯識論釋**。單週六晚班。雙週六晚班（重播班）。

**菩薩瓔珞本業經：**平實導師講解。每週二晚上，以台北正覺講堂所錄 DVD 放映。歡迎會外學人共同聽講，不需出示身分證件。

**第二講堂**　嘉義市友愛路 288 號八樓之二。

**第三講堂**　嘉義市友愛路 288 號四樓之七。

**禪淨班：**週一晚班、週三晚班。

## 台南正覺講堂

**第一講堂**　台南市西門路四段 15 號 4 樓。06-2820541（晚上）

**禪淨班：**週一晚班、週四晚班、週五晚班、週六下午班。

**增上班：成唯識論釋**。單週六晚班。雙週六晚班（重播班）。

**菩薩瓔珞本業經：**平實導師講解。每週二晚上，以台北正覺講堂所錄 DVD 放映。歡迎會外學人共同聽講，不需出示身分證件。

**第二講堂**　台南市西門路四段 15 號 3 樓。

**進階班：**週六下午班。

**菩薩瓔珞本業經：**每週二晚上與第一講堂同步播放講經 DVD。

**第三講堂**　台南市西門路四段 15 號 3 樓。

**進階班：**週一晚班、週三晚班、週四晚班、週五晚班（由禪淨班結業後轉入共修）。

**菩薩瓔珞本業經：**每週二晚上與第一講堂同步播放講經 DVD。

**高雄正覺講堂**　高雄市新興區中正三路 45 號五樓 07-2234248（晚上）

**第一講堂**（五樓）：

**禪淨班：**週一晚班、週三晚班、週四晚班、週五晚班、週六上午班。

**進階班：**週六下午班（由禪淨班結業後轉入共修）。

**增上班：成唯識論釋**。單週六晚班。雙週六晚班（重播班）。

**菩薩瓔珞本業經：**不實導師講解。每週二晚上，以台北正覺講堂所錄 DVD 放映。歡迎會外學人共同聽講，不需出示身分證件。

**第二講堂**（四樓）：

**進階班：**週三晚班、週四晚班（由禪淨班結業後轉入共修）。

**菩薩瓔珞本業經：**每週二晚上與第一講堂同步播放講經 DVD。

**第三講堂**（三樓）：

**進階班：**週四晚班（由禪淨班結業後轉入共修）。

**二、招生公告**　**本會台北講堂及全省各講堂，每逢四月、十月下旬開新班，每週共修一次**（每次二小時。開課日起三個月內仍可插班）；**各班共修期間皆為二年半，全程免費，欲參加者請向本會函索報名表**（各共修處皆於共修時間方有人執事，非共修時間請勿電詢或前來洽詢、請書），**或直接從本會官方網站**(http://www.enlighten.org.tw/newsflash/class)**或成佛之道網站下載報名表**。共修期滿時，若經報名禪三審核通過者，可參加四天三夜之禪三精進共修，有機會明心、取證如來藏，發起般若實相智慧，成為實義菩薩，脫離凡夫菩薩位。

**三、新春禮佛祈福**　農曆**年假**期間停止共修：自農曆新年前七天起停止共修與弘法，正月 8 日起回復共修、弘法事務。新春期間正月初一～初三 9：00～17：00開放台北講堂、正月初一～初三開放新竹、台中、嘉義、台南、高雄講堂，以及大溪禪三道場（正覺祖師堂），方便會員供佛、祈福及會外人士請書。

**密宗四大派修雙身法，是外道性力派的邪法；又以生滅的識陰作為常住法，是常見外道，是假的藏傳佛教。**

**西藏覺囊巴以他空見弘揚第八識如來藏勝法，才是真藏傳佛教**

# 佛教正覺同修會　弘法行事表

2024/1/02

1、**禪淨班**　以無相念佛及拜佛方式修習動中定力，實證一心不亂功夫。傳授解脫道正理及第一義諦佛法，以及參禪知見。共修期間：二年六個月。每逢四月、十月開新班，詳見招生公告表。

2、**進階班**　禪淨班畢業後得轉入此班，進修更深入的佛法，期能證悟明心。各地講堂各有多班，繼續深入佛法、增長定力，悟後得轉入增上班修學道種智，期能證得無生法忍。

3、**增上班 成唯識論釋**　詳解八識心王的唯識性、唯識相、唯識位，分說八識心王及其心所各別的自性、所依、所緣、相應心所、行相、功用等，並闡述緣生諸法的四緣：因緣、等無間緣、所緣緣、增上緣等四緣，並論及十因五果等。論中闡釋**佛法實證及成就的根本法即是第八識，由第八識成就三界世間及出世間的一切染淨諸法，方有成佛之道可修、可證、可成就，名爲圓成實性**。然後詳解末法時代學人極易混淆的見道位所函蓋的眞見道、相見道、通達位等內容，指正末法時代高慢心一類學人，於見道位前後不斷所墮的同一邪謬處。末後開示修道位的十地之中，各地所應斷的二愚及所應證的一智，乃至佛位的四智圓明及具足四種涅槃等一切種智之眞實正理。由平實導師講述，每逢一、三、五週之週末晚上開示，每逢二、四週之週末爲重播班，供作後悟之菩薩補聞所未聽聞之法。增上班課程僅限已明心之會員參加。未來每逢講完十分之一內容時，便予出書流通；總共十輯，敬請期待。（註：《瑜伽師地論》從 2003 年二月開講，至 2022 年 2 月 19 日已經圓滿，爲期 18 年整。）

4、**菩薩瓔珞本業經**　本經說明菩薩道六度、十度波羅蜜多之修行，要先修十信位，於因位中熏習百法明門，再轉入初住位起修六種瓔珞，總共四十二位，即是十住位、十行位、十迴向位、十地位、等覺位、妙覺位，方得成就六種瓔珞成爲一生補處，然後成就佛道，名爲習種性、性種性、道種性、聖種性、等覺性、妙覺性；連同習種性前的十信位，共爲五十二階位實修完畢，方得成佛。於本經中亦說明大乘初見道的證眞如、發起般若現觀時，若有佛菩薩護持故，即得進第七住位常住不退，然後向上進發，速修佛菩提道。如是實修佛菩提道方是義學，而非學術界所說的相似佛法等玄學，皆是可修可證之法，全都屬於現法樂證樂住並且是現觀的佛法，顯示佛法眞是義學而非玄談或思想。本經已於 2024 年一月上旬起開講，由平實導師詳解。不限制聽講資格。

5、**精進禪三**　主三和尚：平實導師。於四天三夜中，以克勤圓悟大師及大慧宗杲之禪風，施設機鋒與小參、公案密意之開示，幫助會員剋期取證，親證不生不滅之眞實心——人人本有之如來藏。每年四月、十月各舉辦三個梯次；平實導師主持。僅限本會會員參加禪淨班共修期滿，報名審核通過者，方可參加。並選擇會中定力、慧力、福德三條件皆已具足之已明心會員，給以指引，令得眼見自己無形無相之佛性遍佈山河大地，眞實而無障礙，得以肉眼現觀世界身心悉皆如幻，具足成就如幻觀，圓滿十住菩薩之證境。

6、**阿含經**詳解　選擇重要之阿含部經典，依無餘涅槃之實際而加以詳解，令大眾得以現觀諸法緣起性空，亦復不墮斷滅見中，顯示經中所隱說之涅槃實際—如來藏—確實已於四阿含中隱說；令大眾得以聞後觀行，確實斷除我見乃至我執，證得**見到**眞現觀，乃至**身證**……等眞現觀；已得大乘或二乘見道者，亦可由此聞熏及聞後之觀行，除斷我所之貪著，成就慧解脫果。由平實導師詳解。不限制聽講資格。

7、**精選如來藏系經典**詳解　精選如來藏系經典一部，詳細解說，以此完全印證會員所悟如來藏之眞實，得入不退轉住。另行擇期詳細解說之，由平實導師講解。僅限已明心之會員參加。

8、**禪門差別智**　藉禪宗公案之微細淆訛難知難解之處，加以宣說及剖析，以增進明心、見性之功德，啓發差別智，建立擇法眼。每月第一週日全天，由平實導師開示，僅限破參明心後，復又眼見佛性者參加（事冗暫停）。

9、**枯木禪**　先講智者大師的《小止觀》，後說《釋禪波羅蜜》，詳解四禪八定之修證理論與實修方法，細述一般學人修定之邪見與岔路，及對禪定證境之誤會，消除枉用功夫、浪費生命之現象。已悟般若者，可以藉此而實修初禪，進入大乘通教及聲聞教的三果心解脫境界，配合應有的大福德及後得無分別智、十無盡願，即可進入初地心中。親教師：平實導師。未來緣熟時將於正覺寺開講。不限制聽講資格。

**註：**本會例行年假，自 2004 年起，改爲每年農曆新年前七天開始停息弘法事務及共修課程，農曆正月 8 日回復所有共修及弘法事務。新春期間（每日 9.00~17.00）開放台北講堂，方便會員禮佛祈福及會外人士請書。大溪區的正覺祖師堂，開放參訪時間，詳見〈正覺電子報〉或成佛之道網站。本表得因時節因緣需要而隨時修改之，不另作通知。

## 佛教正覺同修會　贈閱書籍 目錄　　2025/2/10

1.**無相念佛**　平實導師著　回郵 36 元
2.**念佛三昧修學次第**　平實導師述著　回郵 52 元
3.**正法眼藏—護法集**　平實導師述著　回郵 76 元
4.**真假開悟簡易辨正法&佛子之省思**　平實導師著　回郵 26 元
5.**生命實相之辨正**　平實導師著　回郵 31 元
6.**如何契入念佛法門**（附：印順法師否定極樂世界）平實導師著　回郵 26 元
7.**平實書箋**—答元覽居士書　平實導師著　回郵 52 元
8.**三乘唯識**—如來藏系經律彙編　平實導師編　回郵 80 元
（精裝本　長 27 cm　寬 21 cm　高 7.5 cm　重 2.8 公斤）
9.**三時繫念全集**—修正本　回郵掛號 52 元（長 26.5 cm×寬 19 cm）
10.**明心與初地**　平實導師述　回郵 31 元
11.**邪見與佛法**　平實導師述著　回郵 36 元
12.**甘露法雨**　平實導師述　回郵 36 元
13.**我與無我**　平實導師述　回郵 36 元
14.**學佛之心態**—修正錯誤之學佛心態始能與正法相應 孫正德老師著 回郵52元
附錄：平實導師著**《略說八、九識並存…等之過失》**
15.**大乘無我觀**—《悟前與悟後》別說　平實導師述著　回郵 36 元
16.**佛教之危機**—中國台灣地區現代佛教之真相（附錄：公案拈提六則）
平實導師著　回郵 52 元
17.**燈 影**—燈下黑（覆「求教後學」來函等）平實導師著　回郵 76 元
18.**護法與毀法**—覆上平居士與徐恒志居士網站毀法二文
張正圜老師著　回郵 76 元
19.**淨土聖道**—兼評**選擇本願念佛**　正德老師著　**由正覺同修會購贈** 回郵52元
20.**辨唯識性相**—對「紫蓮心海《辯唯識性相》書中否定阿賴耶識」之回應
正覺同修會 台南共修處法義組 著　回郵52元
21.**假如來藏**—對法蓮法師《如來藏與阿賴耶識》書中否定阿賴耶識之回應
正覺同修會 台南共修處法義組 著　回郵 76 元
22.**入不二門**—公案拈提集錦 第一輯（於平實導師公案拈提諸書中選錄約二十則，
合輯爲一冊流通之）平實導師著　回郵 52 元
23.**真假邪說**—西藏密宗索達吉喇嘛《破除邪說論》真是邪說
釋正安法師著　上、下冊回郵各 52 元
24.**真假開悟**—真如、如來藏、阿賴耶識間之關係　平實導師述著　回郵 76 元
25.**真假禪和**—辨正釋傳聖之謗法謬說　孫正德老師著　回郵 76 元
26.**眼見佛性**—駁慧廣法師**眼見佛性的含義**文中謬說 游正光老師著 回郵52元

27.**普門自在**—公案拈提集錦 第二輯（於平實導師公案拈提諸書中選錄約二十則，合輯爲一冊流通之）平實導師著 回郵 52 元

28.**印順法師的悲哀**—以現代禪的質疑為線索 恒毓博士著 回郵 52 元

29.**識蘊真義**—現觀識蘊內涵、取證初果、親斷三縛結之具體行門。

—依《成唯識論》及《惟識述記》正義，略顯安慧《大乘廣五蘊論》之邪謬

平實導師著 回郵 76 元

30.**正覺電子報** 各期紙版本 免附回郵 每次最多函索三期或三本。

（已無存書之較早各期，不另增印贈閱）

31.**遠惑趣道**—正覺電子報般若信箱問答錄 第一輯 回郵52 元

32.**遠惑趣道**—正覺電子報般若信箱問答錄 第二輯 回郵52 元

33.**正覺教團電視弘法三乘菩提 DVD 光碟（一）**

由正覺教團多位親教師共同講述錄製 DVD 8 片，MP3 一片，共 9 片。有二大講題：一爲「三乘菩提之意涵」，二爲「學佛的正知見」。內容精闢，深入淺出，精彩絕倫，幫助大眾快速建立三乘法道的正知見，免被外道邪見所誤導。有志修學三乘佛法之學人不可不看。（製作工本費 100 元，回郵 52 元）

34.**正覺教團電視弘法 DVD 專輯（二）**

總有二大講題：一爲「三乘菩提之念佛法門」，一爲「學佛正知見（第二篇）」，由正覺教團多位親教師輪番講述，內容詳細闡述如何修學念佛法門、實證念佛三昧，以及學佛應具有的正確知見，可以幫助發願往生西方極樂淨土之學人，得以把握往生，更可令學人快速建立三乘法道的正知見，免於被外道邪見所誤導。有志修學三乘佛法之學人不可不看。（一套 17 片，工本費 160 元。回郵 76 元）

35.**喇嘛性世界**—揭開假藏傳佛教譚崔瑜伽的面紗 張善思 等人合著

由正覺同修會購贈 回郵52 元

36.**假藏傳佛教的神話**—性、謊言、喇嘛教 張正玄教授編著

由正覺同修會購贈 回郵52 元

37.**隨 緣**—理隨緣與事隨緣 平實導師述 回郵52 元。

38.**學佛的覺醒** 正枝居士 著 回郵52 元

39.**意識虛妄經教彙編** 實證解脫道的關鍵經文 正覺同修會編印 回郵36元

40.**邪箭囈語**—破斥藏密外道多識仁波切《破魔金剛箭雨論》之邪說

陸正元老師著 上、下冊回郵各 52 元

41.**真假沙門**—依 佛聖教闡釋佛教僧寶之定義

蔡正禮老師著 俟正覺電子報連載後結集出版

42.**真假禪宗**—藉評論釋性廣《印順導師對變質禪法之批判及對禪宗之肯定》以顯示真假禪宗

附論一：凡夫知見 無助於佛法之信解行證

附論二：世間與出世間一切法皆從如來藏實際而生而顯

余正偉老師著 俟正覺電子報連載後結集出版 回郵未定

★ 上列贈書之郵資，係台灣本島地區郵資，大陸、港、澳地區及外國地區，請另計酌增（大陸、港、澳、國外地區之郵票不許通用）。尚未出版之書，請勿先寄來郵資，以免增加作業煩擾。

★ 本目錄若有變動，唯於後印之書籍及「成佛之道」網站上修正公佈之，不另行個別通知。

**函索書籍**請寄：佛教正覺同修會　103 台北市承德路 3 段 277 號 9 樓
台灣地區函索書籍者請附寄郵票，無時間購買郵票者可以等值現金抵用，但不接受郵政劃撥、支票、匯票。大陸地區得以人民幣計算，國外地區請以美元計算（請勿寄來當地郵票，在台灣地區不能使用）。欲以掛號寄遞者，請另附掛號郵資。

**親自索閱**：正覺同修會各共修處。　★請於共修時間前往取書，餘時無人在道場，請勿前往索取；共修時間與地點，詳見書末正覺同修會共修現況表（以近期之共修現況表為準）。

**註**：正智出版社發售之局版書，請向各大書局購閱。若書局之書架上已經售出而無陳列者，請向書局櫃台指定洽購；若書局不便代購者，請於正覺同修會共修時間前往各共修處請購，正智出版社已派人於共修時間送書前往各共修處流通。 郵政劃撥購書及 大陸地區 購書，請詳別頁正智出版社發售書籍目錄最後頁之說明。

**成佛之道 網站**：http://www.a202.idv.tw　正覺同修會已出版之結緣書籍，多已登載於 成佛之道 網站，若住外國、或住處遙遠，不便取得正覺同修會贈閱書籍者，可以從本網站閱讀及下載。

**＊＊ 假藏傳佛教修雙身法，非佛教 ＊＊**

# 正覺口袋書 目錄

2024/12/11

1.**如何契入念佛法門** 平實導師著 回郵 26 元
2.**明心與初地** 平實導師述著 回郵 31 元
3.**生命實相之辨正** 平實導師述著 回郵 31 元
4.**真假開悟簡易辨正法＆佛子之省思** 平實導師著 回郵 26 元
5.**現代人應有的宗教觀** 蔡正禮老師著 回郵31 元
6.**確保您的權益**—器官捐贈應注意自我保護 游正光老師 著 回郵31 元
7.**甘露法門—解脫道與佛菩提道** 佛教正覺同修會著 回郵 31 元
8.**概說密宗(一)**—認清西藏密宗(喇嘛教)的底細 正覺教育基金會著 回郵 36 元
9.**概說密宗(二)**—藏密觀想、明點、甘露、持明的真相
正覺教育基金會著回郵 36 元
10.**概說密宗(三)**—密教誇大不實之神通證量 正覺教育基金會著 回郵 36 元
11.**概說密宗(四)**—密宗諸餘邪見(恣意解釋佛法修證上之名相)之一
正覺教育基金會著 回郵 36 元
12.**概說密宗(五)**—密宗之如來藏見及般若中觀 正覺教育基金會著 回郵36 元
13.**概說密宗(六)**—無上瑜伽之雙身修法 正覺教育基金會著 回郵 36 元
14.**成佛之道** 正覺教育基金會著 回郵 36 元
15.**淨土奇特行門**—禪淨法門之速行道與緩行道 正覺教育基金會著 回郵 36 元
16.**如何修證解脫道** 正覺教育基金會著 回郵 36 元
17.**淺談達賴喇嘛之雙身法**—兼論解讀「密續」之達文西密碼
正覺教育基金會著 回郵 36 元
18.**密宗真相**—來自西藏高原的狂密 正覺教育基金會著 回郵 36 元
19.**導師之真實義** 正禮老師著 回郵 36 元
20.**如來藏中藏如來** 正覺教育基金會著 回郵 36 元
21.**觀行斷三縛結**—實證初果 正覺教育基金會著 回郵 36 元
22.**破羯磨僧真義** 佛教正覺同修會著 回郵 36 元
23.**一貫道與開悟** 正覺教育基金會著 回郵 36 元
24.**出家菩薩首重**—虛心求教 勤求證悟 正覺教育基金會著 回郵 36 元
25.**博愛 —愛盡天下女人** 正覺教育基金會著 回郵 36 元
26.**邁向正覺(一)** 作者趙玲子等合著 回郵 36 元
27.**邁向正覺(二)** 作者張善思等合著 回郵 36 元
28.**邁向正覺(三)** 作者許坤田等合著 回郵 36 元
29.**邁向正覺(四)** 作者劉俊娃等合著 回郵 36 元
30.**邁向正覺(五)** 作者林洋毅等合著 回郵 36 元
31.**繫念思惟念佛法門** 正覺教育基金會著 回郵 36 元

32.**邁向正覺(六)**　作者倪式谷等合著　回郵 36 元
33.**廣論之平議(一)~(七)**—宗喀巴《菩提道次第廣論》之平議
作者正雄居士　每冊回郵 36 元
34.**俺曚你把你哄**—六字大明咒揭密　作者正玄教授　回郵 36 元
35.**如何契入念佛法門(中英日文版)**　平實導師著　回郵 36 元
36.**明心與初地(中英文版)**　平實導師述著　回郵 36 元
37.**您不可不知的事實**—揭開藏傳佛教真實面之報導(一)
正覺教育基金會著　回郵 36 元
38.**外道羅丹的悲哀(一)~(三)**—略評外道羅丹等編《佛法與非佛法判別》之邪見 正覺教育基金會著　每冊回郵 36 元
39.**與《廣論》研討班學員談心**　正覺教育基金會著　回郵 36 元
40.**證道歌略釋**　平實導師著　回郵 36 元
41.**甘願做菩薩**　郭正益老師　回郵 36 元
42.**恭祝達賴喇嘛八十大壽**—做賊心虛喊抓賊~喇嘛不是佛教徒
張正玄教授著　回郵 36 元
43.**從一佛所在世界談宇宙大覺者**　高正齡老師著　回郵 36 元
44.**老去人間萬事休，應須洗心從佛祖**—達賴權謀，可以休矣
正覺教育基金會編印　回郵 36 元
45.**表相歸依與實義歸依**—真如為究竟歸依處
正覺同修會編印　回郵 36 元
46.**我為何離開廣論？**　正覺同修會編印　回郵 36 元
47.**三乘菩提之佛典故事(一)**　葉正緯老師講述　回郵 36 元
48.**佛教與成佛—總說**　師子苑居士著　回郵 36 元
49.**三乘菩提概說(一)**　余正文老師講述　回郵 36 元
50.**一位哲學博士的懺悔**　泰洛著　回郵 36 元
51.**三乘菩提概說（二）**　余正文老師講述　回郵 36 元
52.**三乘菩提之佛典故事(二)**　郭正益老師講述　回郵 36 元
53.**尊師重道**　沐中原著　回郵 50 元
54.**心經在說什麼？**　平實導師講述　回郵 36 元
55.**佛典故事集**　正覺教育基金會編 回郵 36 元
56.**正覺總持咒的威德力**　游宗明老師等 回郵 36 元

## **正智出版社** 籌募弘法基金發售書籍目錄　2024/04/10

1.**宗門正眼**—公案拈提 第一輯 重拈　平實導師著　500元
因重寫內容大幅度增加故，字體必須改小，並增為576頁 主文546頁。比初版更精彩、更有內容。初版《禪門摩尼寶聚》之讀者，可寄回本公司免費調換新版書。免附回郵，亦無截止期限。（2007年起，每冊附贈本公司精製公案拈提〈超意境〉CD一片。市售價格280元，多購多贈。）

2.**禪淨圓融**　平實導師著　200元（第一版舊書可換新版書。）

3.**真實如來藏**　平實導師著　400元

4.**禪—悟前與悟後**　平實導師著　上、下冊，每冊250元

5.**宗門法眼**—公案拈提 第二輯　平實導師著　500元
（2007年起，每冊附贈本公司精製公案拈提〈超意境〉CD一片）

6.**楞伽經詳解**　平實導師著　全套共10輯　每輯250元

7.**宗門道眼**—公案拈提 第三輯　平實導師著　500元
（2007年起，每冊附贈本公司精製公案拈提〈超意境〉CD一片）

8.**宗門血脈**—公案拈提 第四輯　平實導師著　500元
（2007年起，每冊附贈本公司精製公案拈提〈超意境〉CD一片）

9.**宗通與說通**—成佛之道 平實導師著 主文381頁 全書400頁售價300元

10.**宗門正道**—公案拈提 第五輯　平實導師著　500元
（2007年起，每冊附贈本公司精製公案拈提〈超意境〉CD一片）

11.**狂密與真密 一～四輯**　平實導師著　西藏密宗是人間最邪淫的宗教，本質不是佛教，只是披著佛教外衣的印度教性力派流毒的喇嘛教。此書中將西藏密宗密傳之男女雙身合修樂空雙運所有祕密與修法，毫無保留完全公開，並將全部喇嘛們所不知道的部分也一併公開。內容比大辣出版社喧騰一時的《西藏慾經》更詳細。並且涵蓋藏密的所有祕密及其錯誤的中觀見、如來藏見……等，藏密的所有法義都在書中詳述、分析、辨正。每輯主文三百餘頁　每輯全書約400頁　售價每輯300元

12.**宗門正義**—公案拈提 第六輯　平實導師著　500元
（2007年起，每冊附贈本公司精製公案拈提〈超意境〉CD一片）

13.**心經密意**—心經與解脫道、佛菩提道、祖師公案之關係與密意　平實導師述　300元

14.**宗門密意**—公案拈提 第七輯　平實導師著　500元
（2007年起，每冊附贈本公司精製公案拈提〈超意境〉CD一片）

15.**淨土聖道**—兼評「選擇本願念佛」　正德老師著　200元

16.**起信論講記**　平實導師述著　共六輯　每輯三百餘頁　售價各250元

17.**優婆塞戒經講記**　平實導師述著 共八輯 每輯三百餘頁 售價各250元

18.**真假活佛**—略論附佛外道盧勝彥之邪說（對前岳靈犀網站主張「盧勝彥是證悟者」之修正）　正犀居士（岳靈犀）著　流通價140元

19.**阿含正義**—唯識學探源　平實導師著　共七輯　每輯300元

20.**超意境 CD** 以平實導師公案拈提書中超越意境之頌詞，加上曲風優美

的旋律，錄成令人嚮往的超意境歌曲，其中包括正覺發願文及平實導師親自譜成的黃梅調歌曲一首。詞曲雋永，殊堪翫味，可供學禪者吟詠，有助於見道。內附設計精美的彩色小冊，解說每一首詞的背景本事。每片 280 元。【每購買公案拈提書籍一冊，即贈送一片。】

21.**菩薩底憂鬱** CD 將菩薩情懷及禪宗公案寫成新詞，並製作成超越意境的優美歌曲。 1.主題曲〈菩薩底憂鬱〉，描述地後菩薩能離三界生死而迴向繼續生在人間，但因尚未斷盡習氣種子而有極深沈之憂鬱，非三賢位菩薩及二乘聖者所知，此憂鬱在七地滿心位方才斷盡；本曲之詞中所說義理極深，昔來所未曾見；此曲係以優美的情歌風格寫詞及作曲，聞者得以激發嚮往諸地菩薩境界之大心，詞、曲都非常優美，難得一見；其中勝妙義理之解說，已印在附贈之彩色小冊中。 2.以各輯公案拈提中直示禪門入處之頌文，作成各種不同曲風之超意境歌曲，值得玩味、參究；聆聽公案拈提之優美歌曲時，請同時閱讀內附之印刷精美說明小冊，可以領會超越三界的證悟境界；未悟者可以因此引發求悟之意向及疑情，眞發菩提心而邁向求悟之途，乃至因此眞實悟入般若，成眞菩薩。 3.正覺總持咒新曲，總持佛法大意；總持咒之義理，已加以解說並印在隨附之小冊中。本 CD 共有十首歌曲，長達 63 分鐘。每盒各附贈二張購書優惠券。每片 320 元。

22.**禪意無限** CD 平實導師以公案拈提書中偈頌寫成不同風格曲子，與他人所寫不同風格曲子共同錄製出版，幫助參禪人進入禪門超越意識之境界。盒中附贈彩色印製的精美解說小冊，以供聆聽時閱讀，令參禪人得以發起參禪之疑情，即有機會證悟本來面目而發起實相智慧，實證大乘菩提般若，能如實證知般若經中的眞實意。本 CD 共有十首歌曲，長達 69 分鐘，每盒各附贈二張購書優惠券。每片 320 元。

23.**我的菩提路**第一輯　釋悟圓、釋善藏等人合著　售價 300 元

24.**我的菩提路**第二輯　郭正益等人合著　售價 300 元

（初版首刷至第四刷，都可以寄來免費更換爲第二版，免附郵費）

25.**我的菩提路**第三輯　王美伶等人合著　售價 300 元

26.**我的菩提路**第四輯　陳晏平等人合著　售價 300 元

27.**我的菩提路**第五輯　林慈慧等人合著　售價 300 元

28.**我的菩提路**第六輯　劉惠莉等人合著　售價 300 元

29.**我的菩提路**第七輯　余正偉等人合著　售價 300 元

30.**鈍鳥與靈龜**—考證後代凡夫對大慧宗杲禪師的無根誹謗。

平實導師著 共 458 頁 售價 350 元

31.**維摩詰經講記** 平實導師述 共六輯 每輯三百餘頁 售價各 250 元

32.**真假外道**—破劉東亮、杜大威、釋證嚴常見外道見　正光老師著　200 元

33.**勝鬘經講記**—兼論印順《勝鬘經講記》對於《勝鬘經》之誤解。

平實導師述　共六輯　每輯三百餘頁　售價250 元

34.**楞嚴經講記**—平實導師述 共**15**輯，每輯三百餘頁 售價300元

35.**明心與眼見佛性**—駁慧廣〈蕭氏「眼見佛性」與「明心」之非〉文中謬說
正光老師著 共448頁 售價300元

36.**見性與看話頭** 黃正倖老師 著，本書是禪宗參禪的方法論。
內文375頁，全書416頁，售價300元。

37.**達賴真面目**—玩盡天下女人 白正偉老師 等著 中英對照彩色精裝大本 800元

38.**喇嘛性世界**—揭開假藏傳佛教譚崔瑜伽的面紗 張善思 等人著 200元

39.**假藏傳佛教的神話**—性、謊言、喇嘛教 正玄教授編著 200元

40.**金剛經宗通** 平實導師述 共九輯 每輯售價250元。

41.**末代達賴**—性交教主的悲歌 張善思、呂艾倫、辛燕編著 售價250元

42.**霧峰無霧**—給哥哥的信 辨正釋印順對佛法的無量誤解
游宗明 老師著 售價250元

43.**霧峰無霧**—第二輯 救護佛子向正道 細說釋印順對佛法的各類誤解
游宗明 老師著 售價250元

44.**第七意識與第八意識？**—穿越時空「超意識」
平實導師述 每冊300元

45.**黯淡的達賴**—失去光彩的諾貝爾和平獎
正覺教育基金會編著 每冊250元

46.**童女迦葉考**—論呂凱文〈佛教輪迴思想的論述分析〉之謬。
平實導師 著 定價180元

47.**人間佛教**—實證者必定不悖三乘菩提
平實導師 述，定價400元

48.**實相經宗通** 平實導師述 共八輯 每輯250元

49.**真心告訴您(一)**—達賴喇嘛在幹什麼？
正覺教育基金會編著 售價250元

50.**中觀金鑑**—詳述應成派中觀的起源與其破法本質
孫正德老師著 分為上、中、下三冊，每冊250元

51.**藏傳佛教要義**—《狂密與真密》之簡體字版 平實導師 著 上、下冊
僅在大陸流通 每冊300元

52.**法華經講義**—平實導師述 共二十五輯 每輯三百餘頁 售價300元

53.**西藏「活佛轉世」制度**—附佛、造神、世俗法
許正豐、張正玄老師合著 定價150元

54.**廣論三部曲**—郭正益老師著 定價150元

55.**真心告訴您(二)**—達賴喇嘛是佛教僧侶嗎？
—補祝達賴喇嘛八十大壽
正覺教育基金會編著 售價300元

56.**次法**—實證佛法前應有的條件
張善思居士著 分為上、下二冊，每冊250元

57.**涅槃**—解說四種涅槃之實證及內涵 平實導師著 上、下冊 各350元

58.**佛藏經講義**—平實導師述　共二十一輯 每輯三百餘頁 售價 300 元。
59.**成唯識論**—大唐 玄奘菩薩所著鉅論。重新正確斷句，並以不同字體及標點符號顯示質疑文，令得易讀。全書 288 頁，精裝大本 400 元。
60.**大法鼓經講義**—平實導師述　共六輯 每輯三百餘頁 售價 300 元
61.**成唯識論釋**—詳解大唐玄奘菩薩所著《成唯識論》，平實導師著述。共十輯，每輯內文四百餘頁，12 級字編排，於每講完一輯的分量以後即予出版，2023 年五月底出版第一輯，以後每七到十個月出版一輯，每輯 400 元。
62.**不退轉法輪經講義**—平實導師述 2024 年 1 月 30 日開始出版　共十輯 每二個月出版一輯，每輯 300 元
63.**中論正義**—釋龍樹菩薩《中論》頌正理。孫正德老師著　共上下二冊　下冊於 2024/6/30 出版 每冊 300 元
64.**誰是 師子身中蟲**—平實導師述著　2024 年 5 月 30 出版，每冊 110 元。
65.**解深密經講義**—平實導師述 輯數未定　將於《不退轉法輪經講義》出版後整理出版。
66.**菩薩瓔珞本業經講義**—平實導師述 約○輯　將於《解深密經講義》出版後整理出版。
67.**假鋒虛焰金剛乘**—揭示顯密正理，兼破索達吉師徒《般若鋒兮金剛焰》　釋正安法師著 簡體字版 即將出版 售價未定
68.**廣論之平議**—宗喀巴《菩提道次第廣論》之平議　正雄居士著　約二或三輯　俟正覺電子報連載後結集出版　書價未定
69 **八識規矩頌**詳解　○○居士 註解　出版日期另訂　書價未定。
70.**中觀正義**—註解平實導師《中論正義頌》。　○○法師（居士）著　出版日期未定　書價未定
71.**中國佛教史**—依中國佛教正法史實而論。 ○○老師 著　書價未定。
72.**印度佛教史**—法義與考證。依法義史實評論印順《印度佛教思想史、佛教史地考論》之謬說　正偉老師著　出版日期未定　書價未定
73.**阿含經講記**—將選錄四阿含中數部重要經典全經講解之，講後整理出版。　平實導師述　約二輯　每輯 300 元　出版日期未定
74.**實積經講記** 平實導師述　每輯三百餘頁 優惠價 300 元 出版日期未定
75.**修習止觀坐禪法要講記**　平實導師述　每輯三百餘頁　將於正覺寺建成後重講、以講記逐輯出版　出版日期未定
76.**無門關**—《無門關》公案拈提　平實導師著　出版日期未定
77.**中觀再論**—兼述印順《中觀今論》謬誤之平議。正光老師著 出版日期未定
78.**輪迴與超度**—佛教超度法會之真義。　○○法師（居士）著　出版日期未定　書價未定
79.**《釋摩訶衍論》平議**—對偽稱龍樹所造《釋摩訶衍論》之平議　○○法師（居士）著　出版日期未定　書價未定
80.**正覺發願文**註解—以真實大願為因 得證菩提　正德老師著　出版日期未定　書價未定

81.**正覺總持咒**—佛法之總持　正圜老師著　出版日期未定　書價未定
82.**三自性**—依四食、五蘊、十二因緣、十八界法，說三性三無性。
作者未定　出版日期未定
83.**道品**—從三自性說大小乘三十七道品　作者未定　出版日期未定
84.**大乘緣起觀**—依四聖諦七真如現觀十二緣起 作者未定　出版日期未定
85.**三德**—論解脫德、法身德、般若德。　作者未定　出版日期未定
86.**真假如來藏**—對印順《如來藏之研究》謬說之平議　作者未定 出版日期未定
87.**大乘道次第**　作者未定　出版日期未定　書價未定
88.**四緣**—依如來藏故有四緣。　作者未定　出版日期未定
89.**空之探究**—印順《空之探究》謬誤之平議　作者未定 出版日期未定
90.**十法義**—論阿含經中十法之正義　作者未定　出版日期未定
91.**外道見**—論述外道六十二見　作者未定　出版日期未定

# 正智出版社有限公司　書籍介紹

**禪淨圓融：**言淨土諸祖所未曾言，示諸宗祖師所未曾示；禪淨圓融，另闢成佛捷徑，兼顧自力他力，闡釋淨土門之速行易行道，亦同時揭櫫聖教門之速行易行道；令廣大淨土行者得免緩行難證之苦，亦令聖道門行者得以藉著淨土速行道而加快成佛之時劫。乃前無古人之超勝見地，非一般弘揚禪淨法門典籍也，先讀爲快。平實導師著 200元。

**宗門正眼—公案拈提第一輯：**繼承克勤圜悟大師碧巖錄宗旨之禪門鉅作。先則舉示當代大法師之邪說，消弭當代禪門大師鄉愿之心態，摧破當今禪門「世俗禪」之妄談；次則旁通教法，表顯宗門正理；繼以道之次第，消弭古今狂禪；後藉言語及文字機鋒，直示宗門入處。悲智雙運，禪味十足，數百年來難得一睹之禪門鉅著也。平實導師著　500元（原初版書《禪門摩尼寶聚》，改版後補充爲五百餘頁新書，總計多達二十四萬字，內容更精彩，並改名爲《宗門正眼》，讀者原購初版《禪門摩尼寶聚》皆可寄回本公司免費換新，免附回郵，亦無截止期限）（2007年起，凡購買公案拈提第一輯至第七輯，每購一輯皆贈送本公司精製公案拈提〈超意境〉CD一片，市售價格280元，多購多贈）。

**禪—悟前與悟後：**本書能建立學人悟道之信心與正確知見，圓滿具足而有次第地詳述禪悟之功夫與禪悟之內容，指陳參禪中細微淆訛之處，能使學人明自眞心、見自本性。若未能悟入，亦能以正確知見辨別古今中外一切大師究係眞悟？或屬錯悟？便有能力揀擇，捨名師而選明師，後時必有悟道之緣。一旦悟道，遲者七次人天往返，便出三界，速者一生取辦。學人欲求開悟者，不可不讀。　平實導師著。上、下冊共500元，單冊250元。

**真實如來藏：**如來藏眞實存在，乃宇宙萬有之本體，並非印順法師、達賴喇嘛等人所說之「唯有名相、無此心體」。如來藏是涅槃之本際，是一切有智之人竭盡心智、不斷探索而不能得之生命實相；是古今中外許多大師自以爲悟而當面錯過之生命實相。如來藏即是阿賴耶識，乃是一切有情本自具足、不生不滅之眞實心。當代中外大師於此書出版之前所未能言者，作者於本書中盡情流露、詳細闡釋。眞悟者讀之，必能增益悟境、智慧增上；錯悟者讀之，必能檢討自己之錯誤，免犯大妄語業；未悟者讀之，能知參禪之理路，亦能以之檢查一切名師是否眞悟。此書是一切哲學家、宗教家、學佛者及欲昇華心智之人必讀之鉅著。　平實導師著　售價400元。

**宗門法眼—公案拈提第二輯：**列舉實例，闡釋土城廣欽老和尚之悟處；並直示這位不識字的老和尚妙智橫生之根由，繼而剖析禪宗歷代大德之開悟公案，解析當代密宗高僧卡盧仁波切之錯悟證據，並例舉當代顯宗高僧、大居士之錯悟證據（凡健在者，爲免影響其名聞利養，皆隱其名）。藉辨正當代名師之邪見，向廣大佛子指陳禪悟之正道，彰顯宗門法眼。悲勇兼出，強捋虎鬚；慈智雙運，巧探驪龍，摩尼寶珠在手，直示宗門入處，禪味十足；若非大悟徹底，不能爲之。禪門精奇人物，允宜人手一冊，供作參究及悟後印證之圭臬。本書於2008年4月改版，增寫爲大約500頁篇幅，以利學人研讀參究時更易悟入宗門正法，以前所購初版首刷及初版二刷舊書，皆可免費換取新書。平實導師著　500元（2007年起，凡購買公案拈提第一輯至第七輯，每購一輯皆贈送本公司精製公案拈提〈超意境〉CD一片，市售價格280元，多購多贈）。

**宗門道眼—公案拈提第三輯：**繼宗門法眼之後，再以金剛之作略、慈悲之胸懷、犀利之筆觸，舉示寒山、拾得、布袋三人士之悟處，消弭當代錯悟者對於寒山大士……等之誤會及誹謗。　亦舉出民初以來與虛雲和尚齊名之蜀郡鹽亭袁煥仙夫子——南懷瑾老師之師，其「悟處」何在？並蒐羅許多眞悟祖師之證悟公案，顯示禪宗歷代祖師之睿智，指陳部分祖師、奧修及當代顯密大師之謬悟，作爲殷鑑，幫助禪子建立及修正參禪之方向及知見。假使讀者閱此書已，一時尚未能悟，亦可一面加功用行，一面以此宗門道眼辨別眞假善知識，避開錯誤之印證及歧路，可免大妄語業之長劫慘痛果報。欲修禪宗之禪者，務請細讀。平實導師著　售價500元（2007年起，凡購買公案拈提第一輯至第七輯，每購一輯皆贈送本公司精製公案拈提〈超意境〉CD一片，市售價格280元，多購多贈）。

**楞伽經詳解**：本經是禪宗見道者印證所悟眞僞之根本經典，亦是禪宗見道者悟後起修之依據經典；故達摩祖師於印證二祖慧可大師之後，將此經典連同佛鉢祖衣一併交付二祖，令其依此經典佛示金言、進入修道位，修學一切種智。由此可知此經對於眞悟之人修學佛道，是非常重要之一部經典。此經能破外道邪說，亦破佛門中錯悟名師之謬說，亦破禪宗部分祖師之狂禪：不讀經典、一向主張「一悟即成究竟佛」之謬執。並開示愚夫所行禪、觀察義禪、攀緣如禪、如來禪等差別，令行者對於三乘禪法差異有所分辨；亦糾正禪宗祖師古來對於如來禪之誤解，嗣後可免以訛傳訛之弊。此經亦是法相唯識宗之根本經典，禪者悟後欲修一切種智而入初地者，必須詳讀。　平實導師著，全套共十輯，已全部出版完畢，每輯主文約320頁，每冊約352頁，定價250元。

**宗門血脈—公案拈提第四輯**：末法怪象—許多修行人自以爲悟，每將無念靈知認作眞實；崇尙二乘法諸師及其徒衆，則將外於如來藏之緣起性空—無因論之無常空、斷滅空、一切法空—錯認爲　佛所說之般若空性。這兩種現象已於當今海峽兩岸及美加地區顯密大師之中普遍存在；人人自以爲悟，心高氣壯，便敢寫書解釋祖師證悟之公案，大多出於意識思惟所得，言不及義，錯誤百出，因此誤導廣大佛子同陷大妄語之地獄業中而不能自知。彼等書中所說之悟處，其實處處違背第一義經典之聖言量。彼等諸人不論是否身披袈裟，都非佛法宗門血脈，或雖有禪宗法脈之傳承，亦只徒具形式；猶如螟蛉，非眞血脈，未悟得根本眞實故。禪子欲知　佛、祖之眞血脈者，請讀此書，便知分曉。平實導師著，主文452頁，全書464頁，定價500元（2007年起，凡購買公案拈提第一輯至第七輯，每購一輯皆贈送本公司精製公案拈提〈超意境〉CD一片，市售價格280元，多購多贈）。

**宗通與說通**：古今中外，錯誤之人如麻似粟，每以常見外道所說之靈知心，認作眞心；或妄想虛空之勝性能量爲眞如，或錯認物質四大元素藉冥性（靈知心本體）能成就吾人色身及知覺，或認初禪至四禪中之了知心爲不生不滅之涅槃心。此等皆非通宗者之見地。復有錯悟之人一向主張「宗門與教門不相干」，此即尙未通達宗門之人也。其實宗門與教門互通不二，宗門所證者乃是眞如與佛性，故教門與宗門不二。本書作者以宗教二門互通之見地，細說「宗通與說通」，從初見道至悟後起修之道、細說分明；並將諸宗諸派在整體佛教中之地位與次第，加以明確之教判，學人讀之即可了知佛法之梗概也。欲擇明師學法之前，允宜先讀。平實導師著，主文共381頁，全書392頁，只售成本價300元。

**宗門正道—公案拈提第五輯：**修學大乘佛法有二果須證—解脫果及大菩提果。二乘人不證大菩提果，唯證解脫果；此果之智慧，名為聲聞菩提、緣覺菩提。大乘佛子所證二果之菩提果為佛菩提，故名大菩提果，其慧名為一切種智—函蓋二乘解脫果。然此大乘二果修證，須經由禪宗之宗門證悟方能相應。而宗門證悟極難，自古已然；其所以難者，咎在古今佛教界普遍存在三種邪見：1.以修定認作佛法，2.以無因論之緣起性空—否定涅槃本際如來藏以後之一切法空作為佛法，3.以常見外道邪見（離語言妄念之靈知性）作為佛法。如是邪見，或因自身正見未立所致，或因邪師之邪教導所致，或因無始劫來虛妄熏習所致。若不破除此三種邪見，永劫不悟宗門真義、不入大乘正道，唯能外門廣修菩薩行。平實導師於此書中，有極為詳細之說明，有志佛子欲摧邪見、入於內門修菩薩行者，當閱此書。主文共496頁，全書512頁。售價500元（2007年起，凡購買公案拈提第一輯至第七輯，每購一輯皆贈送本公司精製公案拈提〈超意境〉CD一片，市售價格280元，多購多贈）。

**狂密與真密：**密教之修學，皆由有相之觀行法門而入，其最終目標仍不離顯教經典所說第一義諦之修證；若離顯教第一義經典、或違背顯教第一義經典，即非佛教。西藏密教之觀行法，如灌頂、觀想、遷識法、寶瓶氣、大聖歡喜雙身修法、喜金剛、無上瑜伽、大樂光明、樂空雙運等，皆是印度教兩性生生不息思想之轉化，自始至終皆以如何能運用交合淫樂之法達到全身受樂為其中心思想，純屬欲界五欲的貪愛，不能令人超出欲界輪迴，更不能令人斷除我見；何況大乘之明心與見性，更無論矣！故密宗之法絕非佛法也。而其明光大手印、大圓滿法教，又皆同以常見外道所說離語言妄念之無念靈知心錯認為佛地之真如，不能直指不生不滅之真如。西藏密宗所有法王與徒眾，都尚未開頂門眼，不能辨別真偽，以依人不依法、依密續不依經典故，不肯將其上師喇嘛所說對照第一義經典，純依密續之藏密祖師所說為準，因此而誇大其證德與證量，動輒謂彼祖師上師為究竟佛、為地上菩薩；如今台海兩岸亦有自謂其師證量高於 釋迦文佛者，然觀其師所述，猶未見道，仍在觀行即佛階段，尚未到禪宗相似即佛、分證即佛階位，竟敢標榜為究竟佛及地上法王，誑惑初機學人。凡此怪象皆是狂密，不同於真密之修行者。近年狂密盛行，密宗行者被誤導者極眾，動輒自謂已證佛地真如，自視為究竟佛，陷於大妄語業中而不知自省，反謗顯宗真修實證者之證量粗淺；或如義雲高與釋性圓…等人，於報紙上公然誹謗真實證道者為「騙子、無道人、人妖、癩蛤蟆…」等，造下誹謗大乘勝義僧之大惡業；或以外道法中有為有作之甘露、魔術……等法，誑騙初機學人，狂言彼外道法為真佛法。如是怪象，在西藏密宗及附藏密之外道中，不一而足，舉之不盡，學人宜應慎思明辨，以免上當後又犯毀破菩薩戒之重罪。密宗學人若欲遠離邪知邪見者，請閱此書，即能了知密宗之邪謬，從此遠離邪見與邪修，轉入真正之佛道。平實導師著 共四輯 每輯約400頁（主文約340頁）每輯售價300元。

**宗門正義—公案拈提第六輯：**佛教有六大危機，乃是藏密化、世俗化、膚淺化、學術化、宗門密意失傳、悟後進修諸地之次第混淆；其中尤以宗門密意之失傳，爲當代佛教最大之危機。由宗門密意失傳故，易令 世尊本懷普被錯解，易令 世尊正法被轉易爲外道法，以及加以淺化、世俗化，是故宗門密意之廣泛弘傳與具緣佛弟子，極爲重要。然而欲令宗門密意之廣泛弘傳予具緣之佛弟子者，必須同時配合錯誤知見之解析、普令佛弟子知之，然後輔以公案解析之直示入處，方能令具緣之佛弟子悟入。而此二者，皆須以公案拈提之方式爲之，方易成其功、竟其業，是故平實導師續作宗門正義一書，以利學人。 全書500餘頁，售價500元（2007年起，凡購買公案拈提第一輯至第七輯，每購一輯皆贈送本公司精製公案拈提〈超意境〉CD一片，市售價格280元，多購多贈）。

**心經密意**—心經與解脫道、佛菩提道、祖師公案之關係與密意。二乘菩提所證之解脫道，實依第八識心之斷除煩惱障現行而立解脫之名；大乘菩提所證之佛菩提道，實依親證第八識如來藏之涅槃性、清淨自性、及其中道性而立般若之名；禪宗祖師公案所證之眞心，即是此第八識如來藏；是故三乘佛法所修所證之三乘菩提，皆依此如來藏心而立名也。此第八識心，即是《心經》所說之心也。證得此如來藏已，即能漸入大乘佛菩提道，亦可因證知此心而了知二乘無學所不能知之無餘涅槃本際，是故《心經》之密意，與三乘佛菩提之關係極爲密切、不可分割，三乘佛法皆依此心而立名故。今者平實導師以其所證解脫道之無生智及佛菩提之般若種智，將《心經》與解脫道、佛菩提道、祖師公案之關係與密意，以演講之方式，用淺顯之語句和盤托出，發前人所未言，呈三乘菩提之眞義，令人藉此《心經密意》一舉而窺三乘菩提之堂奧，迴異諸方言不及義之說；欲求眞實佛智者、不可不讀！主文317頁，連同跋文及序文…等共384頁，售價300元。

**宗門密意—公案拈提第七輯：**佛教之世俗化，將導致學人以信仰作爲學佛，則將以感應及世間法之庇祐，作爲學佛之主要目標，不能了知學佛之主要目標爲親證三乘菩提。大乘菩提則以般若實相智慧爲主要修習目標，以二乘菩提解脫道爲附帶修習之標的；是故學習大乘法者，應以禪宗之證悟爲要務，能親入大乘菩提之實相般若智慧中故，般若實相智慧非二乘聖人所能知故。此書則以台灣世俗化佛教之三大法師，說法似是而非之實例，配合眞悟祖師之公案解析，提示證悟般若之關節，令學人易得悟入。平實導師著，全書五百餘頁，售價500元（2007年起，凡購買公案拈提第一輯至第七輯，每購一輯皆贈送本公司精製公案拈提〈超意境〉CD一片，市售價格280元，多購多贈）。

**淨土聖道**—兼評選擇本願念佛：佛法甚深極廣，般若玄微，非諸二乘聖僧所能知之，一切凡夫更無論矣！所謂一切證量皆歸淨土是也！是故大乘法中「聖道之淨土、淨土之聖道」，其義甚深，難可了知；乃至眞悟之人，初心亦難知也。今有正德老師眞實證悟後，復能深探淨土與聖道之緊密關係，憐憫眾生之誤會淨土實義，亦欲利益廣大淨土行人同入聖道，同獲淨土中之聖道門要義，乃振奮心神、書以成文，今得刊行天下。主文279頁，連同序文等共301頁，總有十一萬六千餘字，正德老師著，成本價200元。

**起信論講記**：詳解大乘起信論心生滅門與心眞如門之眞實意旨，消除以往大師與學人對起信論所說心生滅門之誤解，由是而得了知眞心如來藏之非常非斷中道正理；亦因此一講解，令此論以往隱晦而被誤解之眞實義，得以如實顯示，令大乘佛菩提道之正理得以顯揚光大；初機學者亦可藉此正論所顯示之法義，對大乘法理生起正信，從此得以眞發菩提心，眞入大乘法中修學，世世常修菩薩正行。平實導師演述，共六輯，都已出版，每輯三百餘頁，售價各250元。

**優婆塞戒經講記**：本經詳述在家菩薩修學大乘佛法，應如何受持菩薩戒？對人間善行應如何看待？對三寶應如何護持？應如何正確地修集此世後世證法之福德？應如何修集後世「行菩薩道之資糧」？並詳述第一義諦之正義：五蘊非我非異我、自作自受、異作異受、不作不受……等深妙法義，乃是修學大乘佛法、行菩薩行之在家菩薩所應當了知者。出家菩薩今世或未來世登地已，捨報之後多數將如華嚴經中諸大菩薩，以在家菩薩身而修行菩薩行，故亦應以此經所述正理而修之，配合《楞伽經、解深密經、楞嚴經、華嚴經》等道次第正理，方得漸次成就佛道；故此經是一切大乘行者皆應證知之正法。平實導師講述，每輯三百餘頁，售價各250元；共八輯，已全部出版。

**真假活佛**—略論附佛外道盧勝彥之邪說：人人身中都有眞活佛，永生不滅而有大神用，但衆生都不了知，所以常被身外的西藏密宗假活佛籠罩欺瞞。本來就眞實存在的眞活佛，才是眞正的密宗無上密！諾那活佛因此而說禪宗是大密宗，但藏密的所有活佛都不知道、也不曾實證自身中的眞活佛。本書詳實宣示眞活佛的道理，舉證盧勝彥的「佛法」不是眞佛法，也顯示盧勝彥是假活佛，直接的闡釋第一義佛法見道的眞實正理。眞佛宗的所有上師與學人們，都應該詳細閱讀，包括盧勝彥個人在內。正犀居士著，優惠價140元。

**阿含正義**—唯識學探源：廣說四大部《阿含經》諸經中隱說之眞正義理，一一舉示佛陀本懷，令阿含時期初轉法輪根本經典之眞義，如實顯現於佛子眼前。並提示末法大師對於阿含眞義誤解之實例，一一比對之，證實唯識增上慧學確於原始佛法之阿含諸經中已隱覆密意而略說之，證實 世尊確於原始佛法中已曾密意而說第八識如來藏之總相；亦證實 世尊在四阿含中已說此藏識是名色十八界之因、之本—證明如來藏是能生萬法之根本心。佛子可據此修正以往受諸大師（譬如西藏密宗應成派中觀師：印順、昭慧、性廣、大願、達賴、宗喀巴、寂天、月稱、……等人）誤導之邪見，建立正見，轉入正道乃至親證初果而無困難；書中並詳說三果所證的心解脫，以及四果慧解脫的親證，都是如實可行的具體知見與行門。全書共七輯，已出版完畢。平實導師著，每輯三百餘頁，售價300元。

**超意境CD**：以平實導師公案拈提書中超越意境之頌詞，加上曲風優美的旋律，錄成令人嚮往的超意境歌曲，其中包括正覺發願文及平實導師親自譜成的黃梅調歌曲一首。詞曲雋永，殊堪翫味，可供學禪者吟詠，有助於見道。內附設計精美的彩色小冊，解說每一首詞的背景本事。每片280元。【每購買公案拈提書籍一冊，即贈送一片。】

**我的菩提路第一輯**：凡夫及二乘聖人不能實證的佛菩提證悟，末法時代的今天仍然有人能得實證，由正覺同修會釋悟圓、釋善藏法師等二十餘位實證如來藏者所寫的見道報告，已爲當代學人見證宗門正法之絲縷不絕，證明大乘義學的法脈仍然存在，爲末法時代求悟般若之學人照耀出光明的坦途。由二十餘位大乘見道者所繕，敘述各種不同的學法、見道因緣與過程，參禪求悟者必讀。全書三百餘頁，售價300元。

**我的菩提路第二輯**：由郭正益老師等人合著，書中詳述彼等諸人歷經各處道場學法，一一修學而加以檢擇之不同過程以後，因閱讀正覺同修會、正智出版社書籍而發起抉擇分，轉入正覺同修會中修學；乃至學法及見道之過程，都一一詳述之。**本書已改版印製重新流通**，讀者原購的初版書，不論是第一刷或第二、三、四刷，都可以寄回換新，免附郵費。

**我的菩提路第三輯**：由王美伶老師等人合著。自從正覺同修會成立以來，每年夏初、冬初都舉辦精進禪三共修，藉以助益會中同修們得以證悟明心發起般若實相智慧；凡已實證而被平實導師印證者，皆書具見道報告用以證明佛法之眞實可證而非玄學，證明佛法並非純屬思想、理論而無實質，是故每年都能有人證明正覺同修會的「實證佛教」主張並非虛語。特別是眼見佛性一法，自古以來中國禪宗祖師實證者極寡，較之明心開悟的證境更難令人信受；至2017年初，正覺同修會中的證悟明心者已近五百人，然而其中眼見佛性者至今唯十餘人爾，可謂難能可貴，是故明心後欲冀眼見佛性者實屬不易。黃正倖老師是懸絕七年無人見性後的第一人，她於2009年的見性報告刊於本書的第二輯中，爲大衆證明佛性確實可以眼見；其後七年之中求見性者都屬解悟佛性而無人眼見，幸而又經七年後的2016冬初，以及2017夏初的禪三，復有三人眼見佛性，希冀鼓舞四衆佛子求見佛性之大心，今則具載一則於書末，顯示求見佛性之事實經歷，供養現代佛教界欲得見性之四衆弟子。全書四百頁，售價300元，已於2017年6月30日發行。

**我的菩提路第四輯**：由陳晏平等人著。中國禪宗祖師往往有所謂「見性」之言，所言多屬看見如來藏具有能令人發起成佛之自性，並非《大般涅槃經》中 如來所說之眼見佛性。眼見佛性者，於親見佛性之時，即能於山河大地眼見自己佛性，亦能於他人身上眼見自己佛性及對方之佛性，如是境界無法爲尚未實證者解釋；勉強說之，縱使眞實明心證悟之人聞之，亦只能以自身明心之境界想像之，但不論如何想像多屬非量，能有正確之比量者亦是稀有，故說眼見佛性極爲困難。眼見佛性之人若所見極分明時，在所見佛性之境界下所眼見之山河大地、自己五蘊身心皆是虛幻，自有異於明心者之解脫功德受用，此後永不思證二乘涅槃，必定邁向成佛之道而進入第十住位中，已超第一阿僧祇劫三分有一，可謂之爲超劫精進也。今又有明心之後眼見佛性之人出於人間，將其明心及後來見性之報告，連同其餘證悟明心者之精彩報告一同收錄於此書中，供養眞求佛法實證之四衆佛子。全書380頁，售價300元，已於2018年6月30日發行。

**我的菩提路第五輯**：林慈慧老師等人著，本輯中所舉學人從相似正法中來到正覺同修會的過程，各人都有不同，發生的因緣亦是各有差別，然而都會指向同一個目標——證實生命實相的源底，確證自己生從何來、死往何去的事實，所以最後都證明佛法眞實而可親證，絕非玄學；本書將彼等諸人的始修及末後證悟之實例，羅列出來以供學人參考。本期亦有一位會裡的老師，是從1995年即開始追隨 平實導師修學，1997年明心後持續進修不斷，直到2017年眼見佛性之實例，足可證明《大般涅槃經》中世尊開示眼見佛性之法正眞無訛，第十住位的實證在末法時代的今天仍有可能，如今一併具載於書中以供學人參考，並供養現代佛教界欲得見性之四衆弟子。全書四百頁，售價300元，已於2019年12月31日發行。

**我的菩提路第六輯**：劉惠莉老師等人著，本輯中舉示劉老師明心多年以後的眼見佛性實錄，供末法時代學人了知明心之異於見性本質，足可證明《大般涅槃經》中世尊開示眼見佛性之法正眞無訛。亦列舉多篇學人從各道場來到正覺學法之不同過程，以及如何發覺邪見之異於正法的所在，最後終能在正覺禪三中悟入的實況，以證明佛教正法仍在末法時代的人間繼續弘揚的事實，鼓舞一切眞實學法的菩薩大衆思之：我等諸人亦可有因緣證悟，絕非空想臆思。約四百頁，售價300元，已於2020年6月30日發行。

**我的菩提路第七輯**：余正偉老師等人著，本輯中舉示余老師明心二十餘年以後的眼見佛性實錄，供末法時代學人了知明心異於見性之本質，並且舉示其見性後與平實導師互相討論眼見佛性之諸多疑訛處；除了證明《大般涅槃經》中世尊開示眼見佛性之法正真無訛以外，亦得一解明心後尚未見性者之所未知處，甚爲精彩。此外亦列舉多篇學人從各不同宗教進入正覺學法之不同過程，以及發覺諸方道場邪見之內容與過程，最終得於正覺精進禪三中悟入的實況，足供末法精進學人借鑑，以彼鑑己而生信心，得以投入了義正法中修學及實證。凡此，皆足以證明不唯明心所證之第七住位般若智慧及解脫功德仍可實證，乃至第十住位的實證與當場發起如幻觀之實證，於末法時代的今天皆仍有可能。本書約四百頁，售價300元。

**鈍鳥與靈龜**：鈍鳥及靈龜二物，被宗門證悟者說爲二種人：前者是精修禪定而無智慧者，也是以定爲禪的愚癡禪人；後者是或有禪定、或無禪定的宗門證悟者，凡已證悟者皆是靈龜。但後者被人虛造事實，用以嘲笑大慧宗杲禪師，說他雖是靈龜，卻不免被天童禪師預記「患背」痛苦而亡：「鈍鳥離巢易，靈龜脫殼難。」藉以貶低大慧宗杲的證量。同時將天童禪師實證如來藏的證量，曲解爲意識境界的離念靈知。自從大慧禪師入滅以後，錯悟凡夫對他的不實毀謗就一直存在著，不曾止息，並且捏造的假事實也隨著年月的增加而越來越多，終至編成「鈍鳥與靈龜」的假公案、假故事。本書是考證大慧與天童之間的不朽情誼，顯現這件假公案的虛妄不實；更見大慧宗杲面對惡勢力時的正直不阿，亦顯示大慧對天童禪師的至情深義，將使後人對大慧宗杲的誣謗至此而止，不再有人誤犯毀謗賢聖的惡業。書中亦舉證宗門的所悟確以第八識如來藏爲標的，詳讀之後必可改正以前被錯悟大師誤導的參禪知見，日後必定有助於實證禪宗的開悟境界，得階大乘眞見道位中，即是實證般若之賢聖。全書459頁，售價350元。

**維摩詰經講記**：本經係　世尊在世時，由等覺菩薩維摩詰居士藉疾病而演說之大乘菩提無上妙義，所說函蓋甚廣，然極簡略，是故今時諸方大師與學人讀之悉皆錯解，何況能知其中隱含之深妙正義，是故普遍無法爲人解說；若強爲人說，則成依文解義而有諸多過失。今由平實導師公開宣講之後，詳實解釋其中密意，令維摩詰菩薩所說大乘不可思議解脫之深妙正法得以正確宣流於人間，利益當代學人及與諸方大師。書中詳實演述大乘佛法深妙不共二乘之智慧境界，顯示諸法之中絕待之實相境界，建立大乘菩薩妙道於永遠不敗不壞之地，以此成就護法偉功，欲冀永利娑婆人天。已經宣講圓滿整理成書流通，以利諸方大師及諸學人。全書共六輯，每輯三百餘頁，售價各250元。

**真假外道**：本書具體舉證佛門中的常見外道知見實例，並加以教證及理證上的辨正，幫助讀者輕鬆而快速的了知常見外道的錯誤知見，進而遠離佛門內外的常見外道知見，因此即能改正修學方向而快速實證佛法。游正光老師著 。成本價200元。

**勝鬘經講記**：如來藏爲三乘菩提之所依，若離如來藏心體及其含藏之一切種子，即無三界有情及一切世間法，亦無二乘菩提緣起性空之出世間法；本經詳說無始無明、一念無明皆依如來藏而有之正理，藉著詳解煩惱障與所知障間之關係，令學人深入了知二乘菩提與佛菩提相異之妙理；聞後即可了知佛菩提之特勝處及三乘修道之方向與原理，邁向攝受正法而速成佛道的境界中。平實導師講述，共六輯，每輯三百餘頁，售價各250元。

**楞嚴經講記**：楞嚴經係大乘祕密教之重要經典，亦是佛教中普受重視之經典；經中宣說明心與見性之內涵極爲詳細，將一切法都會歸如來藏及佛性—妙眞如性；亦闡釋五陰區宇及五陰盡的境界，作諸地菩薩自我檢驗證量之依據，旁及佛菩提道修學過程中之種種魔境，以及外道誤會涅槃之狀況，亦兼述明三界世間之起源，具足宣示大乘菩提之奧祕。然因言句深澀難解，法義亦復深妙寬廣，學人讀之普難通達，是故讀者大多誤會，不能如實理解佛所說之明心與見性內涵，亦因是故多有悟錯之人引爲開悟之證言，成就大妄語罪。今由平實導師詳細講解之後，整理成文，以易讀易懂之語體文刊行天下，以利學人。全書十五輯，全部出版完畢。每輯三百餘頁，售價每輯300元。

**明心與眼見佛性**：本書細述明心與眼見佛性之異同，同時顯示了中國禪宗破初參明心與重關眼見佛性二關之間的關聯；書中又藉法義辨正而旁述其他許多勝妙法義，讀後必能遠離佛門長久以來積非成是的錯誤知見，令讀者在佛法的實證上有極大助益。也藉慧廣法師的謬論來教導佛門學人回歸正知正見，遠離古今禪門錯悟者所墮的意識境界，非唯有助於斷我見，也對未來的開悟明心實證第八識如來藏有所助益，是故學禪者都應細讀之。游正光老師著　共448頁　售價300元。

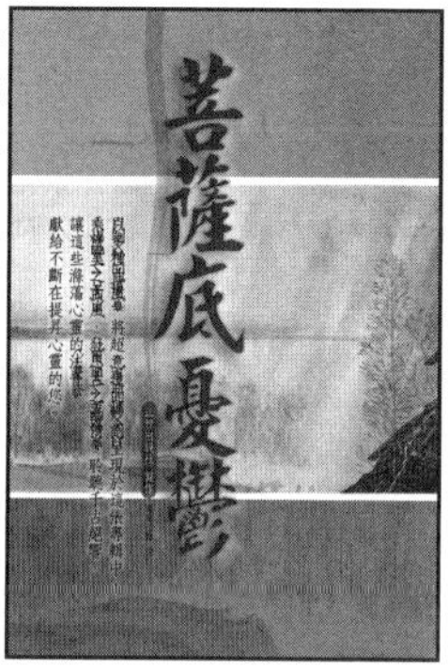


**菩薩底憂鬱CD**：將菩薩情懷及禪宗公案寫成新詞，並製作成超越意境的優美歌曲。1.主題曲〈菩薩底憂鬱〉，描述地後菩薩能離三界生死而迴向繼續生在人間，但因尚未斷盡習氣種子而有極深沈之憂鬱，非三賢位菩薩及二乘聖者所知，此憂鬱在七地滿心位方才斷盡；本曲之詞中所說義理極深，昔來所未曾見；此曲係以優美的情歌風格寫詞及作曲，聞者得以激發嚮往諸地菩薩境界之大心，詞、曲都非常優美，難得一見；其中勝妙義理之解說，已印在附贈之彩色小冊中。2.以各輯公案拈提中直示禪門入處之頌文，作成各種不同曲風之超意境歌曲，值得玩味、參究；聆聽公案拈提之優美歌曲時，請同時閱讀內附之印刷精美說明小冊，可以領會超越三界的證悟境界；未悟者可以因此引發求悟之意向及疑情，真發菩提心而邁向求悟之途，乃至因此真實悟入般若，成真菩薩。3.正覺總持咒新曲，總持佛法大意；總持咒之義理，已加以解說並印在隨附之小冊中。本CD共有十首歌曲，長達63分鐘，附贈二張購書優惠券。每片320元。

**金剛經宗通**：三界唯心，萬法唯識，是成佛之修證內容，是諸地菩薩之所修；般若則是成佛之道（實證三界唯心、萬法唯識）的入門，若未證悟實相般若，即無成佛之可能，必將永在外門廣行菩薩六度，永在凡夫位中。然而實相般若的發起，全賴實證萬法的實相；若欲證知萬法的眞相，則必須探究萬法之所從來，則須實證自心如來—金剛心如來藏，然後現觀這個金剛心的金剛性、眞實性、如如性、清淨性、涅槃性、能生萬法的自性性、本住性，名爲證眞如；進而現觀三界六道唯是此金剛心所成，人間萬法須藉八識心王和合運作方能現起。如是實證《華嚴經》的「三界唯心、萬法唯識」以後，由此等現觀而發起實相般若智慧，繼續進修第十住位的如幻觀、第十行位的陽焰觀、第十迴向位的如夢觀，再生起增上意樂而勇發十無盡願，方能滿足三賢位的實證，轉入初地；自知成佛之道而無偏倚，從此按部就班、次第進修乃至成佛。第八識自心如來是般若智慧之所依，般若智慧的修證則要從實證金剛心自心如來開始；《金剛經》則是解說自心如來之經典，是一切三賢位菩薩所應進修之實相般若經典。這一套書，是將平實導師宣講的《金剛經宗通》內容，整理成文字而流通之；書中所說義理，迥異古今諸家依文解義之說，指出大乘見道方向與理路，有益於禪宗學人求開悟見道，及轉入內門廣修六度萬行。已於2013年9月出版完畢，總共9輯，每輯約三百餘頁，售價各250元。

**禪意無限CD**：平實導師以公案拈提書中偈頌寫成不同風格曲子，與他人所寫不同風格曲子共同錄製出版，幫助參禪人進入禪門超越意識之境界。盒中附贈彩色印製的精美解說小冊，以供聆聽時閱讀，令參禪人得以發起參禪之疑情，即有機會證悟本來面目，實證大乘菩提般若。本CD共有十首歌曲，長達69分鐘，每盒各附贈二張購書優惠券。每片320元。

**霧峰無霧—給哥哥的信**　本書作者藉兄弟之間信件往來論義，略述佛法大義；並以多篇短文辨義，舉出釋印順對佛法的無量誤解證據，並一一給予簡單而清晰的辨正，令人一讀即知。久讀、多讀之後即能認清楚釋印順的六識論見解，與眞實佛法之牴觸是多麼嚴重；於是在久讀、多讀之後，於不知不覺之間提升了對佛法的極深入理解，正知正見就在不知不覺間建立起來了。當二乘佛法的正知見建立起來之後，對於三乘菩提的見道條件便將隨之具足，於是聲聞解脫道的見道也就水到渠成；接著大乘見道的因緣也將次第成熟，未來自然也會有親見大乘菩提之道的因緣，悟入大乘實相般若也將自然成功，自能通達般若系列諸經而成實義菩薩。作者居住於南投縣霧峰鄉，自喻見道之後不復再見霧峰之霧，故鄉原野美景一一明見，於是立此書名爲《霧峰無霧》；讀者若欲撥霧見月，可以此書爲緣。游宗明　老師著　已於2015年出版　售價250元。

**霧峰無霧—第二輯—救護佛子向正道**　本書作者藉釋印順著作中之各種錯謬法義提出辨正，以詳實的文義一一提出理論上及實證上之解析，列舉釋印順對佛法的無量誤解證據，藉此教導佛門大師與學人釐清佛法義理，遠離岐途轉入正道，然後知所進修，久之便能見道明心而入大乘勝義僧數。被釋印順誤導的大師與學人極多，很難救轉，是故作者大發悲心深入解說其錯謬之所在，佐以各種義理辨正而令讀者在不知不覺之間轉歸正道。如是久讀之後欲得斷身見、證初果，即不爲難事；乃至久之亦得大乘見道而得證眞如，脫離空有二邊而住中道，實相般若智慧生起，於佛法不再茫然，漸漸亦知悟後進修之道。屆此之時，對於大乘般若等深妙法之迷雲暗霧亦將一掃而空，生命及宇宙萬物之故鄉原野美景一一明見，是故本書仍名《霧峰無霧》，爲第二輯；讀者若欲撥雲見日、離霧見月，可以此書爲緣。游宗明　老師著　已於2019年出版　售價250元。

**假藏傳佛教的神話—性、謊言、喇嘛教：**本書編著者是由一首名爲「阿姊鼓」的歌曲爲緣起，展開了序幕，揭開假藏傳佛教—喇嘛教—的神秘面紗。其重點是蒐集、摘錄網路上質疑「喇嘛教」的帖子，以揭穿「假藏傳佛教的神話」爲主題，串聯成書，並附加彩色插圖以及說明，讓讀者們瞭解西藏密宗及相關人事如何被操作爲「神話」的過程，以及神話背後的眞相。作者：張正玄教授。售價200元。

**達賴真面目—玩盡天下女人**：假使您不想戴綠帽子，請記得詳細閱讀此書；假使您不想讓好朋友戴綠帽子，請您將此書介紹給您的好朋友。假使您想保護家中的女性，也想要保護好朋友的女眷，請記得將此書送給家中的女性和好友的女眷都來閱讀。本書爲印刷精美的大本彩色中英對照精裝本，爲您揭開達賴喇嘛的眞面目，內容精彩不容錯過，爲利益社會大眾，特別以優惠價格嘉惠所有讀者。編著者：白志偉等。大開版雪銅紙彩色精裝本。售價800元。

**童女迦葉考—論呂凱文〈佛教輪迴思想的論述分析〉之謬**：童女迦葉是佛世率領五百大比丘遊行於人間的歷史事實，是以童貞行而依止菩薩戒弘化於人間的大菩薩，不依別解脫戒（聲聞戒）來弘化於人間。這是大乘佛教與聲聞佛教同時存在於佛世的歷史明證，證明大乘佛教不是從聲聞法中分裂出來的部派佛教的產物，卻是聲聞佛教分裂出來的部派佛教聲聞凡夫僧所不樂見的史實；於是古今聲聞法中的凡夫都欲加以扭曲而作詭說，更是末法時代高聲大呼「大乘非佛說」的六識論聲聞凡夫極力想要扭曲的佛教史實之一，於是想方設法扭曲迦葉菩薩爲聲聞僧，以及扭曲迦葉童女爲比丘僧等荒謬不實之論著便陸續出現，古時聲聞僧寫作的《分別功德論》是最具體之事例，現代之代表作則是呂凱文先生的〈佛教輪迴思想的論述分析〉論文。鑑於如是假藉學術考證以籠罩大眾之不實謬論，未來仍將繼續造作及流竄於佛教界，繼續扼殺大乘佛教學人法身慧命，必須舉證辨正之，遂成此書。平實導師 著，每冊180元。

**末代達賴—性交教主的悲歌**：簡介從藏傳僞佛教（喇嘛教）的修行核心—性力派男女雙修，探討達賴喇嘛及藏傳僞佛教的修行內涵。書中引用外國知名學者著作、世界各地新聞報導，包含：歷代達賴喇嘛的祕史、達賴六世修雙身法的事蹟，以及《時輪續》中的性交灌頂儀式……等；達賴喇嘛書中開示的雙修法、達賴喇嘛的黑暗政治手段；達賴喇嘛所領導的寺院爆發喇嘛性侵兒童；新聞報導《西藏生死書》作者索甲仁波切性侵女信徒、澳洲喇嘛秋達公開道歉、美國最大假藏傳佛教組織領導人邱陽創巴仁波切的性氾濫，等等事件背後眞相的揭露。作者：張善思、呂艾倫、辛燕。售價250元。

**黯淡的達賴—失去光彩的諾貝爾和平獎**：本書舉出很多證據與論述，詳述達賴喇嘛不為世人所知的一面，顯示達賴喇嘛並不是真正的和平使者，而是假借諾貝爾和平獎的光環來欺騙世人；透過本書的說明與舉證，讀者可以更清楚的瞭解，達賴喇嘛是結合暴力、黑暗、淫欲於喇嘛教裡的集團首領，其政治行為與宗教主張，早已讓諾貝爾和平獎的光環染污了。　本書由財團法人正覺教育基金會寫作、編輯，由正覺出版社印行，每冊250元。

**第七意識與第八意識？—穿越時空「超意識」**：「三界唯心，萬法唯識」是佛教中應該實證的聖教，也是《華嚴經》中明載而可以實證的法界實相。唯心者，三界一切境界、一切諸法唯是一心所成就，即是每一個有情的第八識如來藏，不是意識心。唯識者，即是人類各各都具足的八識心王——眼識、耳鼻舌身意識、意根、阿賴耶識，第八阿賴耶識又名如來藏，人類五陰相應的萬法，莫不由八識心王共同運作而成就，故說萬法唯識。依聖教量及現量、比量，都可以證明意識是二法因緣生，是由第八識藉意根與法塵二法為因緣而出生，又是夜夜斷滅不存之生滅心，即無可能反過來出生第七識意根、第八識如來藏，當知不可能從生滅性的意識心中，細分出恆審思量的第七識意根，更無可能細分出恆而不審的第八識如來藏。本書是將演講內容整理成文字，細說如是內容，並已在《正覺電子報》連載完畢，今彙集成書以廣流通，欲幫助佛門有緣人斷除意識我見，跳脫於識陰之外而取證聲聞初果；嗣後修學禪宗時即得不墮外道神我之中，得以求證第八識金剛心而發起般若實智。平實導師 述，每冊300元。

**中觀金鑑—詳述應成派中觀的起源與其破法本質：**學佛人往往迷於中觀學派之不同學說，被應成派與自續派所迷惑；修學般若中觀二十年後自以爲實證般若中觀了，卻仍不曾入門，甫聞實證般若中觀者之所說，則茫無所知，迷惑不解；隨後信心盡失，不知如何實證佛法；凡此，皆因惑於這二派中觀學說所致。自續派中觀所說同於常見，以意識境界立爲第八識如來藏之境界，應成派所說則同於斷見，但又同立意識爲常住法，故亦具足斷常二見。今者孫正德老師有鑑於此，乃將起源於密宗的應成派中觀學說，追本溯源，詳考其來源之外，亦一一舉證其立論內容，詳加辨正，令密宗雙身法祖師以識陰境界而造之應成派中觀學說本質，詳細呈現於學人眼前，令其維護雙身法之目的無所遁形。若欲遠離密宗此二大派中觀謬說，欲於三乘菩提有所進道者，允宜具足閱讀並細加思惟，反覆讀之以後將可捨棄邪道返歸正道，則於般若之實證即有可能，證後自能現觀如來藏之中道境界而成就中觀。本書分上、中、下三冊，每冊250元，全部出版完畢。

**人間佛教—實證者必定不悖三乘菩提：**「大乘非佛說」的講法似乎流傳已久，卻只是日本人企圖擺脫中國正統佛教的影響，而在明治維新時期才開始提出來的說法；台灣佛教、大陸佛教的淺學無智之人，由於未曾實證佛法而迷信日本人錯誤的學術考證，錯認爲這些別有用心的日本佛學考證的講法爲天竺佛教的眞實歷史；甚至還有更激進的反對佛教者提出「釋迦牟尼佛並非眞實存在，只是後人捏造的假歷史人物」，竟然也有少數佛教徒願意跟著「學術」的假光環而信受不疑，亦導致部分台灣佛教界人士，造作了反對中國大乘佛教而推崇南洋小乘佛教的行爲，使台灣佛教的信仰者難以檢擇，亦導致一般大陸人士開始轉入基督教的盲目迷信中。在這些佛教及外教人士之中，也就有一分人根據此邪說而大聲主張「大乘非佛說」的謬論，這些人以「人間佛教」的名義來抵制中國正統佛教，公然宣稱中國的大乘佛教是由聲聞部派佛教的凡夫僧所創造出來的。這樣的說法流傳於台灣及大陸佛教界凡夫僧之中已久，卻非眞正的佛教歷史中曾經發生過的事，只是繼承六識論的聲聞法中凡夫僧，以及別有居心的日本佛教界，依自己的意識境界立場，純憑臆想而編造出來的妄想說法，卻已經影響許多無智之凡夫僧俗信受不移。本書則是從佛教的經藏法義實質及實證的現量內涵本質立論，證明大乘佛法本是佛說，是從《阿含正義》尚未說過的不同面向來討論「人間佛教」的議題，證明「大乘眞佛說」。閱讀本書可以斷除六識論邪見，迴入三乘菩提正道發起實證的因緣；也能斷除禪宗學人學禪時普遍存在之錯誤知見，對於建立參禪時的正知見有很深的著墨。平實導師 述，內文488頁，全書528頁，定價400元。

**喇嘛性世界—揭開假藏傳佛教譚崔瑜伽的面紗**：這個世界中的喇嘛，號稱來自世外桃源的香格里拉，穿著或紅或黃的喇嘛長袍，散布於我們的身邊傳教灌頂，吸引了無數的人嚮往學習；這些喇嘛虔誠地為大眾祈福，手中拿著寶杵（金剛）與寶鈴（蓮花），口中唸著咒語：「唵．嘛呢．叭咪．吽……」，咒語的意思是說：「我至誠歸命金剛杵上的寶珠伸向蓮花寶穴之中」！「喇嘛性世界」是什麼樣的「世界」呢？本書將為您呈現喇嘛世界的面貌。當您發現真相以後，您將會唸：「噢！喇嘛．性．世界，譚崔性交嘛！」作者：張善思、呂艾倫。售價200元。

**見性與看話頭**：黃正倖老師的《見性與看話頭》於《正覺電子報》連載完畢，今結集出版。書中詳說禪宗看話頭的詳細方法，並細說看話頭與眼見佛性的關係，以及眼見佛性者求見佛性前必須具備的條件。本書是禪宗實修者追求明心開悟時參禪的方法書，也是求見佛性者作功夫時必讀的方法書，內容兼顧眼見佛性的理論與實修之方法，是依實修之體驗配合理論而詳述，條理分明而且極為詳實、周全、深入。本書內文375頁，全書416頁，售價300元。

**實相經宗通**：學佛之目的在於實證一切法界背後之實相，禪宗稱之為本來面目或本地風光，佛菩提道中稱之為實相法界；此實相法界即是金剛藏，又名佛法之祕密藏，即是能生有情五陰、十八界及宇宙萬有（山河大地、諸天、三惡道世間）的第八識如來藏，又名阿賴耶識心，即是禪宗祖師所說的真如心，此心即是三界萬有背後的實相。證得此第八識心時，自能瞭解般若諸經中隱說的種種密意，即得發起實相般若——實相智慧。每見學佛人修學佛法二十年後仍對實相般若茫然無知，亦不知如何入門，茫無所趣；更因不知三乘菩提的互異互同，是故越是久學者對佛法越覺茫然，都肇因於尚未瞭解佛法的全貌，亦未瞭解佛法的修證內容即是第八識心所致。本書對於修學佛法者所應實證的實相境界提出明確解析，並提示趣入佛菩提道的入手處，有心親證實相般若的佛法實修者，宜詳讀之，於佛菩提道之實證即有下手處。平實導師述著，共八輯，已於2016年出版完畢，每輯成本價250元。

**真心告訴您(一)—達賴喇嘛在幹什麼？**這是一本報導篇章的選集，更是「破邪顯正」的暮鼓晨鐘。「破邪」是戳破假象，說明達賴喇嘛及其所率領的密宗四大派法王、喇嘛們，弘傳的佛法是仿冒的佛法；他們是假藏傳佛教，是坦特羅(譚崔性交)外道法和藏地崇奉鬼神的苯教混合成的「喇嘛教」，推廣的是以所謂「無上瑜伽」的男女雙身法冒充佛法的假佛教，詐財騙色誤導眾生，常常造成信徒家庭破碎、家中兒少失怙的嚴重後果。「顯正」是揭櫫眞相，指出眞正的藏傳佛教只有一個，就是覺囊巴，傳的是 釋迦牟尼佛演繹的第八識如來藏妙法，稱爲他空見大中觀。正覺教育基金會即以此古今輝映的如來藏正法正知見，在眞心新聞網中逐次報導出來，將箇中原委「眞心告訴您」，如今結集成書，與想要知道密宗眞相的您分享。售價250元。

**法華經講義：**此書爲平實導師始從2009/7/21演述至2014/1/14之講經錄音整理所成。世尊一代時教，總分五時三教，即是華嚴時、聲聞緣覺教、般若教、種智唯識教、法華時；依此五時三教區分爲藏、通、別、圓四教。本經是最後一時的圓教經典，圓滿收攝一切法教於本經中，是故最後的圓教聖訓中，特地指出無有三乘菩提，其實唯有一佛乘；皆因眾生愚迷故，方便區分爲三乘菩提以助眾生證道。世尊於此經中特地說明如來示現於人間的唯一大事因緣，便是爲有緣眾生「開、示、悟、入」諸佛的所知所見——第八識如來藏妙眞如心，並於諸品中隱說「妙法蓮花」如來藏心的密意。然因此經所說甚深難解，眞義隱晦，古來難得有人能窺堂奧；平實導師以知如是密意故，特爲末法佛門四眾演述《妙法蓮華經》中各品蘊含之密意，使古來未曾被古德註解出來的「此經」密意，如實顯示於當代學人眼前。乃至〈藥王菩薩本事品〉、〈妙音菩薩品〉、〈觀世音菩薩普門品〉、〈普賢菩薩勸發品〉中的微細密意，亦皆一併詳述之，可謂開前人所未曾言之密意，示前人所未見之妙法。最後乃至以〈法華大義〉而總其成，全經妙旨貫通始終，而依佛旨圓攝於一心如來藏妙心，厥爲曠古未有之大說也。平實導師述，共有25輯，已於2019/05/31出版完畢。每輯300元。

**西藏「活佛轉世」制度—附佛、造神、世俗法：**歷來關於喇嘛教活佛轉世的研究，多針對歷史及文化兩部分，於其所以成立的理論基礎，較少系統化的探討。尤其是此制度是否依據「佛法」而施設？是否合乎佛法真實義？現有的文獻大多含糊其詞，或人云亦云，不曾有明確的闡釋與如實的見解。因此本文先從活佛轉世的由來，探索此制度的起源、背景與功能，並進而從活佛的尋訪與認證之過程，發掘活佛轉世的特徵，以確認「活佛轉世」在佛法中應具足何種果德。定價150元。

**真心告訴您（二）—達賴喇嘛是佛教僧侶嗎？補祝達賴喇嘛八十大壽：**這是一本針對當今達賴喇嘛所領導的喇嘛教，冒用佛教名相、於師徒間或師兄姊間，實修男女邪淫，而從佛法三乘菩提的現量與聖教量，揭發其謊言與邪術，證明達賴及其喇嘛教是仿冒佛教的外道，是「假藏傳佛教」。藏密四大派教義雖有「八識論」與「六識論」的表面差異，然其實修之內容，皆共許「無上瑜伽」四部灌頂為究竟「成佛」之法門，也就是共以男女雙修之邪淫法為「即身成佛」之密要，雖美其名曰「欲貪為道」之「金剛乘」，並誇稱其成就超越於（應身佛）釋迦牟尼佛所傳之顯教般若乘之上；然詳考其理論，則或以意識離念時之粗細心為第八識如來藏，或以中脈裡的明點為第八識如來藏，或如宗喀巴與達賴堅決主張第六意識為常恆不變之真心者，分別墮於外道之常見與斷見中：全然違背 佛說能生五蘊之如來藏的實質。售價300元。

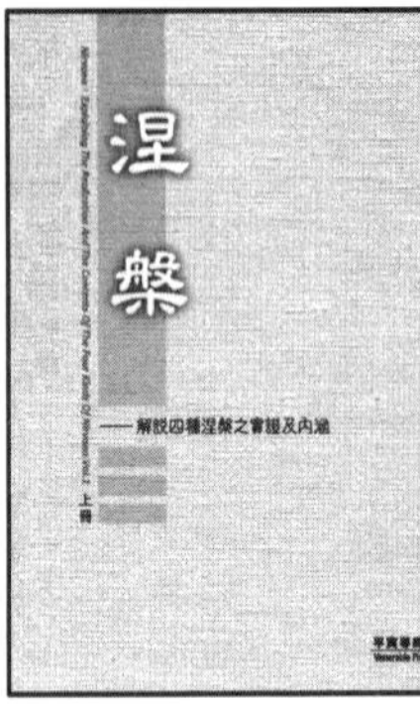


**涅槃—解說四種涅槃之實證及內涵**：眞正學佛之人，首要即是見道，由見道故方有涅槃之實證，證涅槃者方能出生死，但涅槃有四種：二乘聖者的有餘涅槃、無餘涅槃，以及大乘聖者的本來自性清淨涅槃、佛地的無住處涅槃。大乘聖者實證本來自性清淨涅槃，入地前再取證二乘涅槃，然後起惑潤生捨離二乘涅槃，繼續進修而在七地心前斷盡三界愛之習氣種子，依七地無生法忍之具足而證得念念入滅盡定；八地後進斷異熟生死，直至妙覺地下生人間成佛，具足四種涅槃，方是眞正成佛。此理古來少人言，以致誤會涅槃正理者比比皆是，今於此書中廣說四種涅槃、如何實證之理、實證前應有之條件，實屬本世紀佛教界極重要之著作，令人對涅槃有正確無訛之認識，然後可以依之實行而得實證。本書共有上下二冊，每冊各四百餘頁，對涅槃詳加解說，每冊各350元。

**佛藏經講義**：本經說明爲何佛菩提難以實證之原因，都因往昔無數阿僧祇劫前的邪見，引生此世求證時之業障而難以實證。即以諸法實相詳細解說，繼之以念佛品、念法品、念僧品，說明諸佛與法之實質；然後以淨戒品之說明，期待佛弟子四衆堅持清淨戒而轉化心性，並以往古品的實例說明歷代學佛人在實證上的業障由來，教導四衆務必滅除邪見轉入正見中，不再造作謗法及謗賢聖之大惡業，以免未來世尋求實證之時被業障所障；然後以了戒品的說明和囑累品的付囑，期望末法時代的佛門四衆弟子皆能清淨知見而得以實證。平實導師於此經中有極深入的解說，總共21輯，已於2022/11/30出版完畢，每輯三百餘頁，售價300元。

**大法鼓經講義**：本經解說佛法的總成：法、非法。由開解法、非法二義，說明了義佛法與世間戲論法的差異，指出佛法實證之標的即是法——第八識如來藏；並顯示實證後的智慧，如實擊大法鼓、演深妙法，演說如來祕密教法，非二乘定性及諸凡夫所能得聞，唯有具足菩薩性者方能得聞。正聞之後即得依於 世尊大願而拔除邪見，入於正法而得實證；深解不了義經之方便說，亦能實解了義經所說之眞實義，得以證法——如來藏，而得發起根本無分別智，乃至進修而發起後得無分別智；並堅持布施及受持清淨戒而轉化心性，得以現觀眞我眞法如來藏之各種層面。此爲第一義諦聖教，並授記末法最後餘八十年時，一切世間樂見離車童子以七地證量而示現爲凡夫身，將繼續護持此經所說正法。平實導師於此經中有極深入的解說，總共六輯，已於2023/11/30出版完畢，每輯三百餘頁，售價每輯300元。

**成唯識論釋**：本論係大唐玄奘菩薩揉合當時天竺十大論師的說法加以辨正而著成，攝盡佛門證悟菩薩及部派佛教聲聞凡夫論師對佛法的論述，並函蓋當時天竺諸大外道對生命實相的錯誤論述加以辨正，是由玄奘大師依據無生法忍證量加以評論確定而成爲此論。平實導師弘法初期即已依於證量略講過一次，歷時大約四年，當時正覺同修會規模尚小，聞法成員亦多尚未證悟，是故並未整理成書；如今正覺同修會中的證悟同修已超過六百人，鑑於此論在護持正法、實證佛法及悟後進修上的重要性，已於2022年初重講，並已經預先註釋完畢編輯成書，名爲《成唯識論釋》，總共十輯，每輯目次41頁、序文7頁、每輯內文多達四百餘頁，並將原本13級字縮小爲12級字編排，以增加其內容；於增上班宣講時的內容將會更詳細於書中所說，涉及佛法密意的詳細內容只於增上班中宣講，於書中皆依佛誡隱覆密意而說，然已足夠所有學人藉此一窺佛法堂奧而進入正道、免入岐途。重新判教後編成的〈目次〉已經詳盡判定論中諸段句義，用供學人參考；是故讀者閱完此論之釋，即可深解成佛之道的正確內涵。本書總共十輯，預定每一輯內容講述完畢時即予出版，第一輯於2023年五月底出版，然後每七至十個月出版下一輯，每輯定價400元。

**不退轉法輪經講義**：世尊弘法有五時三教之別，分爲藏、通、別、圓四教之理，本經是大乘般若期前的通教經典，所說之大乘般若正理與所證解脫果，通於二乘解脫道，佛法智慧則通大乘般若，皆屬大乘般若與解脫甚深之理，故其所證解脫果位通於二乘法教；而其中所說第八識無分別法之正理，即是世尊降生人間的唯一大事因緣。如是第八識能仁而且寂靜，恆順眾生於生死之中從無乖違，識體中所藏之本來無漏性的有爲法以及眞如涅槃境界，皆能助益學人最後成就佛道；此謂釋迦意爲能仁，牟尼意爲寂靜，此第八識即名釋迦牟尼，釋迦牟尼即是能仁寂靜的第八識眞如；若有人聽聞如是第八識常住、如來不滅之正理，信受奉行之人皆有大乘實證之因緣，永得不退於成佛之道，是故聽聞釋迦牟尼名號而解其義者，皆得不退轉於無上正等正覺，未來世中必有實證之因緣。如是深妙經典，已由平實導師詳述圓滿並整理成書，於2024/01/30開始，每二個月發行一輯，總共十輯，每輯300元。

**中論正義**：本書是依龍樹菩薩之《中論》詳解而成，《中論》是依第八識眞如心常處中道的自性而作論議，亦是依此眞如心與所生諸法之間的非一非異、非俱非不俱等中道自性而作論議；然而自從 佛入滅後四百餘年的部派佛教開始廣弘之時起，本論已被部派佛教諸聲聞凡夫僧以意識的臆想思惟而作思想層面之解釋，此後的中論宗都以如是錯誤的解釋廣傳天下，**積非成是**以後便成為現在佛教界的應成派中觀與自續派中觀的六識論思想，成為邪見而荼毒廣大學人，幾至全面荼毒之局面。今作者孫正德老師以其所證第八識眞如的中道性現觀，欲救末法大師與學人所墮之意識境界中道邪觀，造作此部《中論正義》，詳解《中論》之正理，欲令廣大學人皆得轉入正見中修學，而後可有實證之機緣成為實義菩薩，眞可謂悲心深重也。本書分為上下兩冊，下冊將於上冊出版後兩個月再行出版，每冊售價300元。

**誰是師子身中蟲**：本書是平實導師歷年來於會員大會中，闡述佛教界的**師子身中蟲**的開示文，今已全部整理成文字並結集成書，昭告佛教界所有大師與學人，欲普令佛教界所有人都能遠離師子身中蟲，使正法得以廣傳而助益更多佛弟子四衆得以遠離師子身中蟲等人所說之邪見，迴心於如來所說的八識論大乘法教，則大衆實證第八識眞如，實相般若智慧的生起即有可望，亦令天界大得利益。今已出版，每冊110元。

**解深密經講義**：本經是所有尋求大乘見道及悟後欲入地者所應詳讀串習的三經之一，即是《楞伽經》、《解深密經》、《楞嚴經》三經中的一經，亦可作為見道眞假的自我印證依據。此經是 世尊晚年第三轉法輪時，宣說地上菩薩所應熏修之無生法忍唯識正義經典；經中總說眞見道位所見的智慧總相，兼及相見道位所應熏修的七眞如等法；亦開示入地應修之十地眞如等義理，乃是大乘一切種智增上慧學，以阿陀那識—如來藏—阿賴耶識為成佛之道的主體。禪宗之證悟者，若欲修證初地無生法忍乃至八地無生法忍者，必須修學《楞伽經、解深密經、楞嚴經》所說之八識心王一切種智。此三經所說正法，方是眞正成佛之道；印順法師否定第八識如來藏之後所說萬法緣起性空之法，墮於六識論中而著作的《成佛之道》，乃宗本於密宗宗喀巴六識論邪思而寫成的邪見，是以誤會後之二乘解脫道取代大乘眞正成佛之道，承襲自古天竺部派佛教聲聞凡夫論師的邪見，尙且不符二乘解脫道正理，亦已墮於斷滅見及常見中，所說全屬臆想所得的外道見，不符本經、諸經中佛所說的正義。平實導師曾於本會郭故理事長往生時，於喪宅中從**首七**開始宣講此經，於每一七起各宣講三小時，至**十七**而快速略講圓滿，作爲郭老之往生後的佛事功德，迴向郭老早證八地、速返娑婆住持正法。茲爲今時後世學人故，已經開始重講《解深密經》，以淺顯之語句講畢後，將會整理成文並梓行流通，用供證悟者進道；亦令諸方未悟者，據此經中佛語正義修正邪見，依之速能入道。平實導師述著，全書輯數未定，每輯三百餘頁，預定於《不退轉法輪經講義》發行圓滿之後遂輯陸續出版。

**菩薩瓔珞本業經講義**：本經是律部經典，依之修行可免誤犯大妄語業。成佛之道總共有五十二階位，前十階位爲十信位，是對佛法僧三寶修學正確的信心，如實理解三寶的實質都是依第八識如來藏而成就的；然後轉入四十二個位階修學，才是正式修學佛道，即是十住、十行、十迴向、十地、等覺、妙覺，分別名爲習種性、性種性、道種性、聖種性、等覺性、妙覺性，所應修習完成的是銅寶瓔珞、銀寶瓔珞、金寶瓔珞、琉璃寶瓔珞、摩尼寶瓔珞、水精瓔珞，依於如是所應修學的內容及階位而實修，方是眞正的成佛之道。此經中亦對大乘菩提的見道提出了判位，名爲「第六般若波羅蜜正觀現在前」，說明正觀現時應該如何方能成爲眞見道菩薩，否則皆必退轉。平實導師述著，全書輯數未定，每輯三百餘頁，預定於《解深密經講義》出版發行圓滿之後遂輯陸續出版。

**修習止觀坐禪法要講記**：修學四禪八定之人，往往錯會禪定之修學知見，欲以無止盡之坐禪而證禪定境界，卻不知修除性障之行門才是修證四禪八定不可或缺之要素，故智者大師云「性障初禪」：性障不除，初禪永不現前，云何修證二禪等？又：行者學定，若唯知數息，而不解六妙門之方便善巧者，欲求一心入定，未到地定極難可得，智者大師名之爲「事障未來」：障礙未到地定之修證。又禪定之修證，不可違背二乘菩提及第一義法，否則縱使具足四禪八定，亦不能實證涅槃而出三界。此諸知見，智者大師於《修習止觀坐禪法要》中皆有闡釋。作者平實導師以其第一義之見地及禪定之實證證量，曾加以詳細解析。將俟正覺寺竣工啓用後重講，不限制聽講者資格；講後將以語體文整理出版。欲修習世間定及增上定之學者，宜細讀之。平實導師述著。

**阿含經講記—小乘解脫道之修證：**數百年來，南傳佛法所說證果之不實，所說解脫道之虛妄，所弘解脫道法義之世俗化，皆已少人知之；阿含解脫道從南洋傳入台灣與大陸之後，所說法義虛謬之事，亦復少人知之；今時台灣全島印順系統之法師居士，多不知南傳佛法數百年來所說解脫道之義理已然偏斜、已然世俗化、已非眞正之二乘解脫正道，猶極力推崇與弘揚。彼等南傳佛法近代所謂之證果者皆非眞實證果者，譬如阿迦曼、葛印卡、帕奧禪師、一行禪師……等人，悉皆未斷我見故。近年更有台灣南部大願法師，高抬南傳佛法之二乘修證行門爲「捷徑究竟解脫之道」者，然而南傳佛法縱使眞修實證，得成阿羅漢，至高唯是二乘菩提解脫之道，絕非究竟解脫，無餘涅槃中之實際尚未得證故，法界之實相尚未了知故，習氣種子待除故，一切種智未實證故，焉得謂爲「究竟解脫」？即使南傳佛法近代眞有實證之阿羅漢，尚且不及三賢位中之七住明心菩薩本來自性清淨涅槃智慧境界，則不能知此賢位菩薩所證之無餘涅槃實際，仍非大乘佛法中之見道者，何況彼等普未實證聲聞果乃至未斷我見之人？謬充證果已屬逾越，更何況是誤會二乘菩提之後，以未斷我見之凡夫知見所說之二乘菩提解脫偏斜法道，焉可高抬爲「究竟解脫」？而且自稱「捷徑之道」？又妄言解脫之道即是成佛之道，完全否定般若實智、否定三乘菩提所依之如來藏心體，此理大大不通也！平實導師爲令修學二乘菩提欲證解脫果者，普得迴入二乘菩提正見、正道中，是故選錄四阿含諸經中，對於二乘解脫道法義有具足圓滿說明之經典，預定未來十年內將會加以詳細講解，令學佛人得以了知二乘解脫道之修證理路與行門，庶免被人誤導之後，未證言證，梵行未立，干犯道禁自稱阿羅漢或成佛，成大妄語，欲升反墮。本書首重斷除我見，以助行者斷除我見而實證初果爲著眼之目標，若能根據此書內容，配合平實導師所著《識蘊眞義》《阿含正義》內涵而作實地觀行，實證初果非爲難事，行者可以藉此三書自行確認聲聞初果爲實際可得現觀成就之事。此書中除依二乘經典所說加以宣示外，亦依斷除我見等之證量，及大乘法中道種智之證量，對於意識心之體性加以細述，令諸二乘學人必定得斷我見、常見，免除三縛結之繫縛。次則宣示斷除我執之理，欲令升進而得薄貪瞋痴，乃至斷五下分結…等。平實導師將擇期講述，然後整理成書。共二冊，每冊三百餘頁。每輯300元。

**＊喇嘛教修外道雙身法，墮識陰境界，非佛教＊**

**＊弘揚如來藏他空見的覺囊派才是眞正藏傳佛教＊**

**總經銷： 聯合發行股份有限公司**

231 新北市新店區寶橋路 235 巷 6 弄 6 號 4F

Tel.02－2917-8022（代表號） Fax.02－2915-6275（代表號）

**零售：**1.**全台連鎖經銷書局：**

三民書局、誠品書局、何嘉仁書店

敦煌書店、紀伊國屋、金石堂書局、建宏書局

諾貝爾圖書城、墊腳石圖書文化廣場

2.**台北市：**佛化人生 **大安區**羅斯福路 3 段 325 號 6 樓之 4 台電大樓對面

3.**新北市：**春大地書店 **蘆洲區**中正路 117 號

4.**桃園市：**御書堂 **龍潭區**中正路 123 號

5.**新竹市：**大學書局 **東區**建功路 10 號

6.**台中市：**瑞成書局 **東區**雙十路 1 段 4 之 33 號

佛教詠春書局 **南屯區**永春東路 884 號

文春書店 **霧峰區**中正路 1087 號

7.**彰化市：**心泉佛教文化中心 南瑤路 286 號

8.**高雄市：**政大書城 **前鎮區**中華五路 789 號 2 樓（高雄夢時代店）

明儀書局 **三民區**明福街 2 號

青年書局 **苓雅區**青年一路 141 號

9.**台東市：**東普佛教文物流通處 博愛路 282 號

10.**其餘鄉鎮市經銷書局：**請電詢總經銷**聯合**公司。

11.**大陸地區請洽：**

**香港：**樂文書店

銅鑼灣店 :香港銅鑼灣駱克道 506 號 2 樓

電話 : (852) 2881 1150 email: luckwinbs@gmail.com

**廈門：**廈門外圖臺灣書店有限公司

地址：廈門市思明區湖濱南路809 號 廈門外圖書城3 樓 郵編：361004

電話：0592-5061658（臺灣地區請撥打 86-592-5061658）

E-mail：JKB118＠188.COM

12.**美國：世界日報圖書部：**紐約圖書部 電話 7187468889#6262

洛杉磯圖書部 電話 3232616972#202

13.**國內外地區網路購書：**

**正智出版社 書香園地** http://books.enlighten.org.tw/

（書籍簡介、經銷書局可直接聯結下列網路書局購書）

**三民** 網路書局 http://www.sanmin.com.tw

**誠品** 網路書局 http://www.eslitebooks.com

**博客來** 網路書局 http://www.books.com.tw

**金石堂** 網路書局 http://www.kingstone.com.tw

**聯合** 網路書局 http:// www.nh.com.tw

**附註：**1.請儘量向各經銷書局購買：郵政劃撥需要八天才能寄到（本公司在您劃撥後第四天才能接到劃撥單，次日寄出後第二天您才能收到書籍，此六天中可能會遇到週休二日，是故共需八天才能收到書籍）若想要早日收到書籍者，請劃撥完畢後，將劃撥收據貼在紙上，旁邊寫上您的姓名、住址、郵區、電話、買書詳細內容，直接傳眞到本公司 02-28344822，並來電 02-28316727、28327495 確認是否已收到您的傳眞，即可提前收到書籍。 2.因台灣每月皆有五十餘種宗教類書籍上架，書局書架空間有限，故唯有新書方有機會上架，通常每次只能有一本新書上架；本公司出版新書，大多上架不久便已售出，若書局未再叫貨補充者，書架上即無新書陳列，則請直接向書局櫃台訂購。 3.若書局不便代購時，可於晚上共修時間向正覺同修會各共修處請購（共修時間及地點，詳閱**共修現況表**。每年例行年假期間請勿前往請書，年假期間請見共修現況表）。 4.郵購：郵政劃撥帳號 19068241。 5.正覺同修會會員購書都以八折計價（戶籍台北市者爲一般會員，外縣市爲護持會員）都可獲得優待，欲一次購買全部書籍者，可以考慮入會，節省書費。入會費一千元（第一年初加入時才需要繳），年費二千元。**6.尚未出版之書籍，請勿預先郵寄書款與本公司，謝謝您！** 7.若欲一次購齊本公司書籍，或同時取得正覺同修會贈閱之全部書籍者，請於正覺同修會共修時間，親到各共修處請購及索取；**台北市讀者**請洽：103 台北市承德路三段 267 號 10 樓（捷運淡水線 圓山站旁）請書時間：週一至週五爲 18.00~21.00，第一、三、五週週六爲 10.00~21.00，雙週之週六爲 10.00~18.00 請購處專線電話：25957295-分機 14（於請書時間方有人接聽）。

**敬告大陸讀者：**

大陸讀者購書、索書捷徑（尚未在大陸出版的書籍，以下二個途徑都可以購得，電子書另包括結緣書籍）：

**1.廈門外國圖書公司**：廈門市思明區湖濱南路 809 號 廈門外圖書城 3F

郵編：361004　電話：0592-5061658　網址：http://www.xibc.com.cn/

**2.電子書**：正智出版社有限公司及正覺同修會在台灣印行的各種局版書、結緣書，已有『**正覺電子書**』陸續上線中，提供讀者於手機、平板電腦上購書、下載、閱讀正智出版社、正覺同修會及正覺教育基金會所出版之電子書，詳細訊息敬請參閱『正覺電子書』專頁：http://books.enlighten.org.tw/ebook

關於平實導師的書訊，請上網查閱：

成佛之道　http://www.a202.idv.tw

正智出版社 書香園地　http://books.enlighten.org.tw/

**中國網**採訪佛教正覺同修會、正覺教育基金會訊息：

http://foundation.enlighten.org.tw/newsflash/20150817_1

http://video.enlighten.org.tw/zh-CN/visit_category/visit10

★ 正智出版社有限公司售書之稅後盈餘，全部捐助財團法人正覺寺籌備處、佛教正覺同修會、正覺教育基金會，供作弘法及購建道場之用；懇請諸方大德支持，功德無量。

## ★ 聲　明 ★

本社於 2015/01/01 開始調整本目錄中部分書籍之售價，以因應各項成本的持續增加。

＊ 喇嘛教修外道雙身法、墮識陰境界，非佛教 ＊

＊ 弘揚如來藏他空見的覺囊派才是真正藏傳佛教 ＊

## 售後服務—換書啓事（免附回郵）　2017/12/05

**《楞伽經詳解》第三輯初版免費調換新書啓事：**茲因 平實導師弘法早期尚未回復往世全部證量，有些法義接受他人的說法，寫書當時並未察覺而有二處（同一種法義）跟著誤說，如今發現已將之修正。茲爲顧及讀者權益，已開始免費調換新書；敬請所有讀者將以前所購第三輯（不論第幾刷），攜回或寄回本公司免費換新；郵寄者之回郵由本公司負擔，不需寄來郵票。因此而造成讀者閱讀、以及換書的不便，在此向所有讀者致上萬分的歉意，祈請讀者大眾見諒！

**《楞嚴經講記》第 14 輯初版首刷本免費調換新書啓事：**本講記第 14 輯出版前因 平實導師諸事繁忙，未將之重新閱讀而只改正校對時發現的錯別字，故未能發覺十年前所說法義有部分錯誤，於第 15 輯付印前重閱時才發覺第 14 輯中有部分錯誤尚未改正。今已重新審閱修改並已重印完成，煩請所有讀者將以前所購第 14 輯初版首刷本，寄回本公司免費換新（初版二刷本無錯誤），本公司將於寄回新書時同時附上您寄書來換新時的郵資，並在此向所有讀者致上最誠懇的歉意。

**《心經密意》初版書免費調換二版新書啓事：**本書係演講錄音整理成書，講時因時間所限，省略部分段落未講。後於再版時補寫增加 13 頁，維持原價流通之。茲爲顧及初版讀者權益，自 2003/9/30 開始免費調換新書，原有初版一刷、二刷書籍，皆可寄來本公司換書。

**《宗門法眼》**已經增寫改版爲 464 頁新書，2008 年 6 月中旬出版。讀者原有初版之第一刷、第二刷書本，都可以寄回本公司免費調換改版新書。改版後之公案及錯悟事例維持不變，但將內容加以增說，較改版前更具有廣度與深度，將更能助益讀者參究實相。

**換書**者**免附回郵**，亦無截止期限；舊書請寄：111 台北郵政 73-151 號信箱 或 103 台北市承德路三段 267 號 10 樓 正智出版社有限公司。舊書若有塗鴨、殘缺、破損者，仍可換取新書；但缺頁之舊書至少應仍有五分之三頁數，方可換書。所有讀者不必顧念本公司是否有盈餘之問題，都請踴躍寄來換書；本公司成立之目的不是營利，只要能眞實利益學人，即已達到成立及運作之目的。若以郵寄方式換書者，免附回郵；並於寄回新書時，由本公司附上您寄來書籍時耗用的郵資。造成您不便之處，再次致上萬分的歉意。

正智出版社有限公司 啓

# 免費換書公告

2023/7/15

**《法華經講義》第十三輯初版免費調換新書啓事**：本書因謄稿、印製等相關人員作業疏失，導致該書中的經文及內文用字將「**親近**」誤植成「清淨」。茲爲顧及讀者權益，自 2017/8/30 開始免費調換新書；敬請所有讀者將以前所購第十三輯初版首刷及二刷本，攜回或寄回本公司免費換新。錯誤更正說明如下：

一、第 256 頁第 10 行~第 14 行：【就是先要具備「**法親近處**」、「**眾生親近處**」；法**親近**處就是在實相之法有所實證，如果在實相法上有所實證，他在二乘菩提中自然也能有所實證，以這個作爲第一個**親近**處——第一個基礎。然後還要有第二個基礎，就是瞭解應該如何善待眾生；對於眾生不要有排斥或者是貪取之心，平等觀待而攝受、親近一切有情。以這兩個**親近**處作爲基礎，來實行其他三個安樂行法。】。

二、第 268 頁第 13 行：【具足了那兩個「**親近處**」，使你能夠在末法時代，如實而圓滿的演述《法華經》時，那麼你作這個夢，它就是如理作意的，完全符合邏輯去完成這個過程，就表示你那個晚上，在那短短的一場夢中，已經度了不少眾生了。

**《大法鼓經講義》第一輯初版免費調換二版新書啓事**：本書因校對相關人員作業疏失錯失別字，導致該書中的內文 255 頁倒數 5 行有二字錯植而無發現，乃「『**智慧**』的滅除不容易」應更正爲「『**煩惱**』的滅除不容易」。茲爲顧及讀者權益，自 2023/4/1 開始免費調換新書，或請自行更正其中的錯誤之處；敬請所有讀者將以前所購第一輯初版首刷及二刷本，攜回或寄回本公司免費換新。

**《涅槃》**下冊初版　刷至六刷**免費調換新書啓事**：本書因法義上有少處疏失而重新印製，乃第 20 頁倒數 6 行的「法智忍、法智」更正爲「**法智、類智**」，同頁倒數 4 行的「類智忍、類智」更正爲「**法智忍、類智忍**」；並將書中引文重新標點後重印。敬請讀者攜回或寄回本公司免費換新。

**換書者免附回郵**，郵寄者之回郵由本公司負擔，不需寄來郵票，亦無截止期限；同時對因此而造成讀者閱讀、以及換書的困擾及不便，在此向所有讀者致上最誠懇的歉意，祈請讀者大眾見諒！

正智出版社有限公司　敬啓

國家圖書館出版品預行編目(CIP) 資料

不退轉法輪經講義. 第八輯 / 平實導師述著.-- 初版. --
臺北市: 正智出版社有限公司, 2025.03　　面;　公分

ISBN 978-626-97355-8-7(平裝)
ISBN 978-626-98256-2-2(平裝)
ISBN 978-626-98256-5-3(平裝)
ISBN 978-626-7517-00-0(平裝)
ISBN 978-626-7517-04-8(平裝)
ISBN 978-626-7517-06-2(平裝)
ISBN 978-626-7517-09-3(平裝)
ISBN 978-626-7517-12-3(平裝)

1.CST: 經集部

221.733　　114002955

# 不退轉法輪經講義

——第八輯

著　述　者：平實導師
音文轉換：劉惠莉　鄭瑞卿　劉夢瓚
校　　對：章乃鈞　孫淑貞　陳介源　王美伶　張善思
出　版　者：正智出版社有限公司
電話：〇二 28327495　28316727（白天）
傳眞：〇二 28344822
111 台北郵政 73-151 號信箱
郵政劃撥帳號：一九〇六八二四一
正覺講堂：總機〇二 25957295（夜間）
總　經　銷：聯合發行股份有限公司
231 新北市新店區寶橋路 235 巷 6 弄 6 號 4 樓
電話：〇二 29178022（代表號）
傳眞：〇二 29156275
初版首刷：二〇二五年三月三十日　二千冊
定　　價：三〇〇元